ANNUAL REPORT ON INTELLECTUAL PROPERTY OPERATION IN CHINA (2022)

中国知识产权运营年度报告（2022年）

本书编写组　组织编写

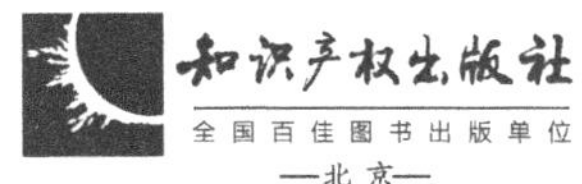

图书在版编目（CIP）数据

中国知识产权运营年度报告．2022 年 / 本书编写组组织编写．—北京：知识产权出版社，2023．10

ISBN 978－7－5130－8943－2

Ⅰ．①中…　Ⅱ．①本…　Ⅲ．①知识产权—研究报告—中国—2022　Ⅳ．①D923．404

中国国家版本馆 CIP 数据核字（2023）第 187329 号

责任编辑： 王小玲　　**责任校对：** 王　岩

封面设计： 智兴设计室·张国仓　　**责任印制：** 孙婷婷

中国知识产权运营年度报告（2022 年）

本书编写组　组织编写

出版发行： 知识产权出版社有限责任公司　　**网　　址：** http：//www. ipph. cn

社　　址： 北京市海淀区气象路 50 号院　　**邮　　编：** 100081

责编电话： 010－82000860 转 8252　　**责编邮箱：** shdwxl2010@163. com

发行电话： 010－82000860 转 8101/8102　　**发行传真：** 010－82000893/82005070/82000270

印　　刷： 北京中献拓方科技发展有限公司　　**经　　销：** 新华书店、各大网上书店及相关专业书店

开　　本： 720mm×1000mm　1/16　　**印　　张：** 21

版　　次： 2023 年 10 月第 1 版　　**印　　次：** 2023 年 10 月第 1 次印刷

字　　数： 305 千字　　**定　　价：** 98.00 元

ISBN 978－7－5130－8943－2

编 委 会

主　任：雷筱云　刘　超

副主任：赵梅生　彭　文　李　程

委　员：陈明媛　葛　亮　李　牧　姜　伟

　　　　饶波华　马　斌　崔国振

编 写 组

组　长：陈明媛　崔国振

成　员：（按姓氏笔画排序）

　　　　马　斌　王海军　井庆涛　甘子珍

　　　　全金泽　刘　佳　严济洋　杨　青

　　　　余　博　张亚东　张余华　卑晓峰

　　　　饶波华　姜海飞　曹　璇　曾艳琳

　　　　潘　蓉

执 笔 人

绪　论：马　斌　杨　青
第 1 章：王海军　杨　青　张亚东
第 2 章：崔国振　卑晓峰　潘　蓉
第 3 章：王海军　甘子珍　张余华
第 4 章：严济洋　崔国振　刘　佳
第 5 章：余　博　杨　青　甘子珍
第 6 章：井庆涛　潘　蓉　卑晓峰
第 7 章：余　博　杨　青　曾艳琳
第 8 章：曹　璇　姜海飞　潘　蓉
第 9 章：全金泽　杨　青　潘　蓉
第 10 章：曹　璇　姜海飞　全金泽
统稿人：陈明媛　饶波华　崔国振

前　言

2022年是党的二十大胜利召开之年，也是全面贯彻落实《知识产权强国建设纲要（2021—2035年）》和深入贯彻执行《“十四五”国家知识产权保护和运用规划》的关键一年。纲要和规划分别提出要“建设激励创新发展的知识产权市场运行机制”“提高知识产权转移转化成效，支撑实体经济创新发展”，对知识产权运用工作作出一系列具体部署。

2022年，国家知识产权局认真贯彻落实党中央、国务院决策部署，以实施纲要和规划为总抓手，会同相关部门先后出台《推动知识产权高质量发展年度工作指引（2022）》《关于知识产权助力专精特新中小企业创新发展的若干措施》《关于组织开展“千校万企”协同创新伙伴行动的通知》《关于组织开展“百校千项”高价值专利培育转化行动的通知》《专利开放许可试点工作方案》《关于做好2022年专利转化专项计划有关工作的通知》等重要文件，突出知识产权高质量创造和高效益运用导向，进一步完善知识产权运用促进政策，积极稳妥推进知识产权质押融资工作，畅通知识产权价值实现渠道，助力经济平稳健康发展，取得了积极成效。一是知识产权流转活跃程度明显提升，创新活力加速释放。先后支持建设37个知识产权运营服务体系建设重点城市（以下简称重点城市）①、33个知识产权运营平台（中心），不断完善知识产权运营服务体系布局，为知识产权的供需对接、交易流转、金融赋能提供支撑。2022年，全国

---

① 本书中所称知识产权运营服务体系建设重点城市，包括城市和直辖市所属区。

专利运营总次数首次突破 50 万次，达到 50.7 万次，较 2021 年同比增长 4.5%；备案的高校专利实施许可次数达到 8109 次，同比大幅提升 175.0%；知识产权使用费进出口总额达 3872.5 亿元，同比增长 2.4%，其中出口额同比增长 17%。二是知识产权金融赋能市场主体，资金保障更加有力。融资方面，通过深入推动知识产权质押融资、保险、证券化等工作，为市场主体带来“真金白银”，促进“六稳”“六保”。2022 年全国专利商标质押融资金额达到 4868.8 亿元，连续三年保持 40% 以上的增速，惠及企业 2.6 万家，其中 70.5% 为中小微企业。我国知识产权保险已经覆盖了专利、商标、著作权、地理标志、集成电路布图设计、植物新品种以及商业秘密等知识产权类型，涵盖知识产权创造、保护、运用各个环节。截至 2022 年底，知识产权保险累计为超过 2.8 万家企业的 4.6 万余件专利、商标、地理标志及集成电路布图设计提供了逾 1100 亿元风险保障，全国共在沪深证券交易所发行 91 单知识产权证券化产品，实际募资 210 亿元，涉及北京、山东、浙江、广东等多个省市。三是知识产权运用效益加速显现，助力经济高质量发展作用更加凸显。在助力创新型经济发展方面，2021 年全国专利密集型产业增加值达到 14.3 万亿元，同比增长 17.9%，占 GDP 比重达到 12.4%，经济增长拉动作用明显。在助力品牌经济发展方面，深入实施商标品牌战略，推动全国布局建设 3400 余家商标品牌指导站，年服务企业超 40 万次。在助力特色经济发展方面，连续三年深入实施地理标志运用促进工程，加强对 160 件地理标志运用的联系指导，接续开展地理标志助力乡村振兴行动，有力促进品牌经济和特色经济发展。

《中国知识产权运营年度报告（2022 年）》分为转移转化篇、融资服务篇和体系建设篇。转移转化篇以 2022 年度中国专利和商标转让、许可数据为基础，从不同时间维度、不同运营方式、不同区域和主体等角度进行全面分析，并结合具体的案例，对专利实施、专利转移转化、商标品牌培育等转化实施典型模式进行梳理、归纳和总结。融资服务篇重点对

2022 年度中国专利和商标质押数据、2022 年上市公司知识产权资产数据进行了梳理、分析和总结，选取了若干质押融资和保险典型案例，并对科创板企业上市的知识产权要点进行了梳理。体系建设篇聚焦国家知识产权运营服务体系建设情况，在重点城市相关数据分析的基础上，展示了部分重点城市、重点产业知识产权运营基金、知识产权运营机构的相关建设经验及典型案例。

期待本书能为政府部门、企事业单位和相关从业者提供翔实有力的知识产权运营数据支撑和决策参考，为今后开展知识产权运营工作提供借鉴和指导，进一步促进全国知识产权运营工作向纵深发展。

目　录

融资服务篇

绪 论

《中国知识产权运营年度报告（2022年）》分为转移转化篇、融资服务篇、体系建设篇三个篇章，以专利和商标转化运用数据为基础，将数据分析与典型案例有机结合，较为系统全面地勾勒出2022年中国知识产权运营业态发展的全貌。主要情况如下：

1. **2022年专利实施运用水平稳步提升**

国家知识产权局发布的《2022年中国专利调查报告》显示：2020年至2022年中国有效专利实施率呈现波动态势，2022年产业化率小幅提升。从专利类型来看，有效外观设计专利实施率最高，达到69.8%；从专利权人类型看，企业的有效专利实施率及产业化率虽然较2021年有所下降，但仍是有效专利实施率及产业化率最高的专利权人，高校有效专利实施率及产业化率明显提升；从企业的规模及成立时间来看，中型企业有效专利的产业化率最高，成立超过20年的企业有效专利产业化率最高，国家高新技术企业具有优势，小微企业发明专利转化率有所降低。

2. **专利运营数据分析**

（1）总体分析。

数据显示，2022年我国专利转让、许可、质押三种类型的运营总量规模持续提升。专利转让、许可、质押三种类型的运营总次数首次突破50万次，达到507323次，较2021年同比增长4.5%，涉及专利件数达483669件，同比增长6.2%，全国专利质押融资金额达4015亿元，同比增长82.6%。

从转让、许可和质押这三种专利运营的类型来看，专利转让仍然是专利运营的主要形式。2022年，专利转让次数为383591次，较2021年略有下降，占当年专利运营总次数的75.6%，占比较2021年也有所下降。专利许可次数为26004次，同比增长29.3%。专利质押次数为97728次，同比大幅增长53.7%。

从运营的专利类型来看，发明专利所占的比例最大，达到了48.1%，其次为实用新型专利，占比达到45.7%，外观设计专利所占的比例仅为6.3%。其中专利转让和专利许可中发明专利占比最高，专利转让中发明专利占51.3%，同比下降6.9个百分点，专利许可中发明专利占48.9%，同比上升0.4个百分点，专利转让和专利许可中实用新型占比有所提升，分别同比增长7.0%和6.0%。专利质押中发明专利占35.2%，比2021年（38.3%）有所下降，实用新型专利占比为62.2%，同比上升3.0个百分点。各类型专利运营次数有升有降，其中实用新型专利运营次数同比增长25.9%，发明专利和外观设计专利的运营次数有所降低，发明专利同比降低9.0%，外观设计专利同比降低4.5%。

从涉及转让、许可活动的专利所属国民经济行业分类来看，发生转让和许可的行业分类覆盖广泛，共涉及国民经济行业分类的53个大类，金属制品、机械和设备修理业领域的专利转让次数跃居首位，紧随其后的是仪器仪表制造业，专用设备制造业，通用设备制造业，机动车、电子产品和日用产品修理业以及计算机、通信和其他电子设备制造业等行业；专利许可主要集中在金属制品、机械和设备修理业，仪器仪表制造业，专用设备制造业，通用设备制造业等制造业领域。

2022年中国专利运营活动主要来源于中国本土，运营次数占比为94.7%，具体到各省市可以看出，专利运营呈现明显地域集中态势，近六成运营活动集中在广东、浙江、江苏、山东和北京五省市。国外来华占比为5.3%，其中在华专利运营较为活跃的国家分别为美国、日本、德国、韩国和瑞士。

从专利运营的主体来看，在专利转让方面，我国专利转让活动仍由中国企业主导，技术驱动型企业比较突出，TOP 20 的让与人中，中国让与人占 16 位，来自日本的让与人有 2 位，韩国和德国让与人各有 1 位。其中，北京奇虎科技有限公司［奇智软件（北京）有限公司为共同让与人］、华为技术有限公司、韩国企业株式会社 LG 化学排名居前三位，南京林业大学为唯一上榜高校。在专利许可方面，中国本土权利人占据许可主体地位，在许可人排行 TOP 20 中有 19 位中国许可人，其中企业许可人占据 6 位，高校院所许可人占据 13 位，与 2021 年相比高校许可活跃度明显提升，湖州市湖梯协电梯技术服务有限公司、深圳迈瑞生物医疗电子股份有限公司、广州大学居前三位。在专利质押方面，2022 年，全国专利质押融资金额达 4015 亿元，同比增长 82.6%。专利质押次数达到 97728 次，保持持续增长态势。从专利类型来看，实用新型专利质押次数占比基本维持在 60% 左右，占据专利质押的主导地位。在质权人类型分布中，银行占近八成，融资担保公司占 16.0%，其他类型占 5.0%，银行作为质权人的质押合同数占比提升了 7.7 个百分点，农村金融机构的专利质押合同数占全年专利质押合同总数的 24.1%，541 家农村商业银行开展知识产权质押融资业务。

（2）重点城市专利运营数据分析。

2022 年，37 个重点城市专利运营次数达到 22.7 万次，占全国运营总次数的 44.8%，专利质押金额达到 1553.2 亿元，占全国专利质押融资总额的 38.7%，重点城市的质押项目数①和专利质押金额继续保持快速增长，同比分别增长 48.3%、46.2%。

在专利转让方面，37 个重点城市的专利转让次数共计 180464 次，约占全国总量的 47.0%，排名前五位的重点城市分别为深圳、广州、苏州、杭州和北京海淀，转让次数均破万。

① 本书中所称专利质押项目数为专利质押合同数，在引用国家知识产权局相关统计数据时，为保持数据的一致性，使用质押项目数表述。

在专利许可方面，37 个重点城市的专利许可次数共计 11224 次，占全国专利许可次数的 43.2%，排名前五位的重点城市分别为深圳、广州、杭州、宁波和南京。

在专利质押方面，37 个重点城市专利质押融资总额达到 1553.2 亿元，专利质押金额排名前五位的城市分别为杭州、台州、深圳、广州和宁波，37 个重点城市共涉及专利质押项目 10565 项，占全国总量的 42.2%，专利质押登记合同数量排名前五位的城市分别是杭州、西安、广州、台州和南京，专利质押登记合同数量均在 500 笔以上。

（3）高校专利转让许可数据分析。

2022 年共有 1030 余所中国高校进行了专利转让，专利转让共计 23146 次，占全国专利转让总量的 6.0%，转让次数排名 TOP 20 的高校共计转让专利 5607 次，约占全国高校专利转让总次数的 24.2%，TOP 20 高校中北京大学、温州职业技术学院、西北工业大学和山东大学增长幅度较大，转让次数排名前五位的高校分别为南京林业大学、北京大学、温州职业技术学院、西安交通大学和天津大学。

在专利许可方面，2022 年有近 240 所中国高校参与专利实施许可活动，专利实施许可次数达 8109 次，占全国总量的比重提升至 31.2%，比 2021 年大幅增长了 175.0%，排名前十高校的专利许可尤为活跃，许可次数占中国高校许可总次数的近一半，排名前五位的高校分别为广州大学、深圳大学、桂林电子科技大学、桂林理工大学和佛山科学技术学院。

3. **商标运用数据分析**

2022 年全国商标转让、许可、质押三种类型的运用总量有所下降，商标转让、许可、质押三种类型的运用总次数为 654661 次，同比下降 10.0%，全国商标质押融资金额近 854 亿元，同比下降 5.1%，质押项目达 3675 笔，同比增长 43.2%，商标质押的普惠性日益增强。

从商标的转让情况来看，2022 年，商标转让次数为 595540 次，较 2021 年下降 10.6%，占全年商标运用总次数的 91.0%，占比较 2021 年也有所下降，商标使用的导向作用更加凸显。中国本土转让占绝对优势且持续增多，广东、浙江、北京转让活跃。国外来华商标转让数量略有下降，占中国整体商标转让数量的4.1%，美国、日本、韩国、英国、德国较为突出。企业类商标转让人占比近八成，排名第一的甜维你（上海）商贸有限公司2022年商标转让1307次。日本、美国等来华国家的商标转让人集中度较高。广告/商业服务等、服装/鞋/帽类的商标转让依然独占鳌头。

商标许可次数为40240次，同比下降5.4%。本土商标许可申请人的许可占比持续上涨，国外来华许可占比持续下降，区域集中度进一步提高。商标许可最为活跃的五个省市分别是广东、浙江、北京、福建和上海，其中福建许可次数增幅最大。美国、日本、德国商标许可次数位居国外来华国家前三位，德国商标许可次数较2021年涨幅较大。食品（30、29类）、饲料种籽（31类）、医药品（5类）商标许可依然很活跃。

商标专用权质押达到18881次，共涉及18185件商标，质押次数同比上升0.7%。中国商标专用权质押区域集中度进一步提高，排行前十省市的质押金额占全国商标专用权质押总金额的89.6%，与2021年持平；浙江蝉联第一，四川和黑龙江质押金额上升明显，华东地区占比超七成。企业出质人是商标专用权质押的实施主体，古蔺县久盛投资有限公司是质押金额最多的出质人。超八成质权人是银行，其中城市商业银行和农村商业银行的质押项目占比约六成。

4. 知识产权运营典型案例情况

为准确把握全国知识产权运营新业态、新模式，本书从专利转化实施、商标品牌培育、知识产权质押融资及保险、重点产业知识产权运营基金投资和知识产权运营机构建设，以及重点城市特色做法等多个方面甄选了二十余个典型案例，兼顾了政府、企业和高校院所等不同类型的主体，反映了近年来知识产权运营的新实践、新探索，希望可以为从业者提供较为丰富的启示和借鉴。

（1）专利转化实施典型案例。

报告分别从专利实施、专利转移转化两个维度共计选取了七个典型案例。在专利实施案例中，选取了获得专利金奖的部分企业及其专利进行展示，分别是上海君实“抗 PD－1 抗体及其应用”、中车四方“专利轨道车辆车头（2018－02）”、韶音科技“一种抑制骨传导扬声器漏音的方法及骨传导扬声器”及科大讯飞“语音识别方法及系统”。各案例分别从专利技术研发背景、自实施过程、自实施模式等方面归纳了经验和要点，总结了案例的亮点做法及效益情况。在专利转移转化方面，综合考虑专利运营的成效成果、运营主体的不同类型、所属不同行业和技术领域等因素，梳理了有研集团围绕车载固态储氢装置技术促进其系列专利成果转移转化的过程，东南大学不断创新组织构架和工作模式以促进学校科研成果产业化落地的经验，四川大学华西医院“新型骨骼肌松弛药物 YJJS－71”的专利技术研发背景、自实施过程、自实施模式及案例亮点。

（2）商标品牌培育典型案例。

总体来看，我国商标品牌价值挖掘的空间与市场开发的机会依然巨大。报告从企业商标品牌培育、地理标志商标品牌培育和商标品牌指导站三大类别着眼，每一类别各提供了两个典型案例，梳理了企业、商标品牌指导站和地方有关部门在商标品牌培育方面的主要做法，展示了各地方各单位取得的有效成果，总结了其中有益的启示经验。

（3）知识产权质押融资及保险典型案例。

在推广知识产权质押融资的长期实践中，全国各地积极探索适合当地情况的质押融资模式，例如，江苏省知识产权局、中国银保监会江苏监管局联合辖内多家金融机构深入开展“百亿融资行动”，着力构建知识产权金融生态圈；为了解决轻资产科技型中小企业融资难、融资贵的问题，湖南省知识产权局积极探索市场化背景下的知识产权质押融资风险补偿机制；中国银行则以“知识产权首选服务银行”为目标，以“知识产权融资创新实验室”为依托，打造了“全周期、全场景、全链条”的知识产权金融服务生态；中国建设银行股份有限公司东莞分行推广“技术流”评价体系，做实知识产权金融；北京市开展为期三年的知识产权保险试点工作，打造知识产权保险服务样板。为推广知识产权金融助力实施创新驱动发展战略的成功经验，报告遴选了以上五个知识产权质押典型案例，案例从政府部门和银行机构的政策创新、模式创新、服务创新等方面，全面展现了他们探索知识产权质押融资工作的好经验、好做法。

（4）重点城市相关经验与典型案例。

为总结和推广重点城市的先进做法和典型经验，充分发挥示范引领作用，报告根据重点城市绩效评价掌握的有关案例情况，在此前年度报告已刊登部分优秀重点城市经验案例的基础上，本次选取杭州和烟台两个重点城市的建设经验和典型案例进行展示，以期为更多城市开展知识产权运营相关工作提供借鉴。

（5）运营基金及机构建设经验与典型案例。

2015 年以来，北京、上海、浙江、广东等地面向战略性产业和区域优势产业，设立重点产业知识产权运营基金，不少社会资本涌入新材料、智能制造、生物医药、新一代信息技术等新兴产业。一些企业、投资机构和知识产权服务机构自发成立各类知识产权运营基金，探索知识产权运营的有效模式。多个省份还发挥中央财政资金引导作用，以股权投资的方式培育若干专业化的知识产权运营机构，同时带动一大批知识产权运营机构发展，不断搞活、壮大我国知识产权市场。报告选取了上海、浙江、苏州三个省市的重点产业知识产权运营基金投资典型案例以及两家知识产权运营机构建设典型案例，重点对其基本情况、具体做法和举措进行了详述，并对运营基金及机构的建设经验和亮点进行了总结，以期为重点产业知识产权运营基金和机构的建设提供启示和借鉴。

5. 上市公司知识产权资产分析和科创板企业上市的知识产权要点

为了探究中国上市公司知识产权资产披露情况，报告以我国金融市场 A 股主板、创业板、科创板和北交所的 4929 家公司在 2022 年年度报告中披露的数据作为研究对象，分板块、分行业、分地区展示我国企业知识产权资产情况和信息披露现状。

笔者也关注到科创板上市企业的科创属性日益被重视的同时，其中涉及的知识产权问题也愈加凸显。本书拟在梳理相关知识产权政策的基础上加以归纳总结，初步建立一个知识产权要点框架，帮助读者快速了解在科创板上市中需要注意的知识产权问题。

综上，本书力图从数据和案例两个维度，从转移转化、融资服务、体系建设三个方面，较为全面、相对客观地描绘2022年度中国知识产权运营的生动实践。这些实践的图景和印记中，不论相关政府部门、企事业单位还是服务机构，都是息息相关的参与者、推动者、利益攸关者。殷切期望本书能为相关从业者开展知识产权运营相关工作提供富有价值的参考。

转移转化篇

第1章 专利实施、转让、许可分析

专利实施、转让、许可是专利运营的重要方式，也是实现专利市场价值的重要手段。专利实施是指专利权人或者专利权人许可他人为了生产经营的目的，制造、使用、许诺销售、销售、进口其专利产品或使用其专利方法以及使用、许诺销售、销售、进口依照该专利方法直接获得的产品。专利实施率是指已经实施的专利件数占拥有的有效专利数量的比例，与之对应的是专利的产业化率，即有效专利中用于生产出产品并投放市场的专利占全部有效专利的比例。这两个比例对于研究专利创造市场价值的能力和效率具有非常重要的意义。专利转让包括专利申请权转让和专利所有权转让。专利许可是指专利技术所有人或其授权人许可他人在一定期限、一定地区、以一定方式实施其所拥有的专利，并向他人收取使用费用。

本章针对中国专利的实施、转让和许可的比例（专利实施率、产业化率、转让占比、许可占比）、创新主体、分布地域、所属行业、运营特点等方面进行了全面分析，以上述特定指标来对中国专利的实施、转让和许可进行总体描绘。同时，针对高校的专利转让许可情况等进行了进一步详细分析，以期对高校的专利转移转化情况进行全面了解。

1.1 2022年专利实施状况分析

1.1.1 中国有效专利实施率波动，产业化率小幅提升

专利实施和专利产业化是将专利技术真正应用于工业生产中为社会创

造财富的专利运用方式，也是企业发挥专利价值的途径。国家知识产权局发布的《2022 年中国专利调查报告》[①] 显示：2022 年中国有效专利实施率为 58.7%，较 2021 年下降了 2.4 个百分点。2020 年至 2022 年中国有效专利实施率呈现波动态势，如图 1－1 所示。

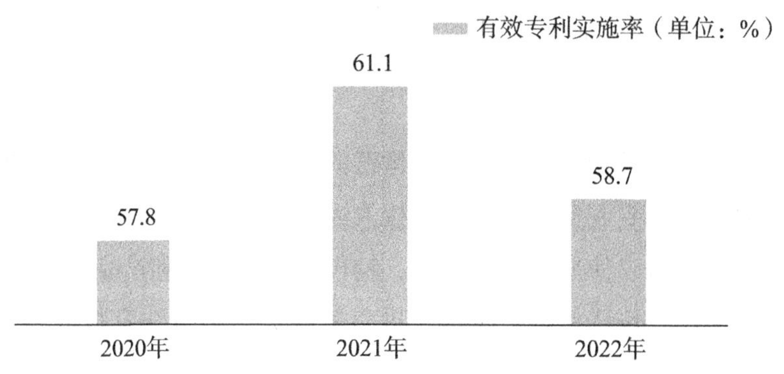

数据来源：《2022年中国专利调查报告》

图 1－1　2020—2022 年有效专利实施率

2022 年中国有效专利产业化率为 45.0%，较 2021 年小幅提升 0.4 个百分点。2020—2022 年，中国有效专利产业化率呈现稳步上升趋势，如图 1－2 所示。

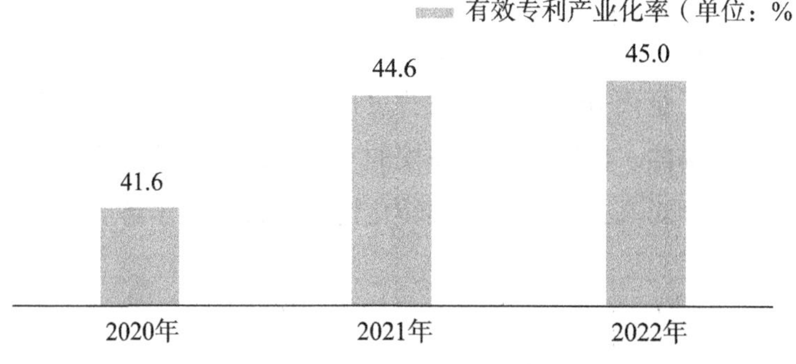

数据来源：《2022年中国专利调查报告》

图 1－2　2020—2022 年有效专利产业化率

① 2022 年中国专利调查范围覆盖我国 24 个省（区、市），涉及截至 2021 年底拥有有效专利的企业、高校、科研单位共三类专利权人，及其拥有的发明、实用新型、外观设计三种专利。

1.1.2　有效外观设计专利实施率及产业化率持续领先

从不同类型的专利来看，如图1-3所示，在专利实施方面，有效外观设计专利实施率最高，达到69.8%；其次为有效实用新型专利，比有效外观设计专利低了10.5个百分点，实施率为59.3%；有效发明专利的实施率相对较低，为48.0%。在专利产业化方面，有效外观设计专利的产业化率仍然最高，达到58.7%；有效发明专利最低，为36.7%。有效外观设计专利实施率及产业化率明显高于有效发明专利和有效实用新型专利的实施率及产业化率。

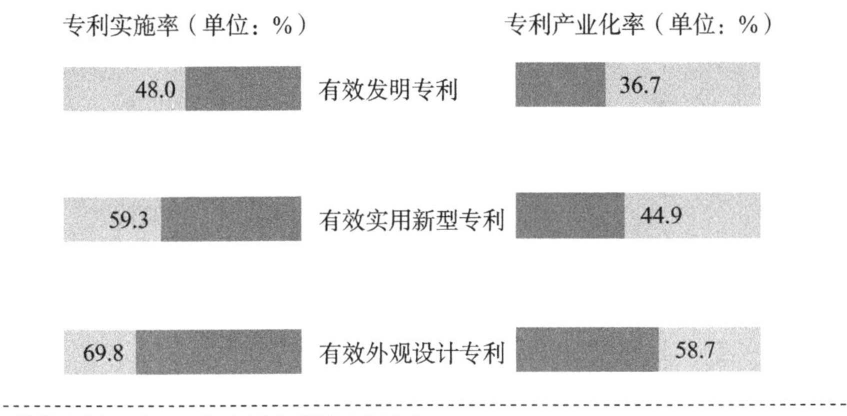

图1-3　不同类型专利有效专利实施率及产业化率

1.1.3　高校有效专利实施率及产业化率明显提升

从不同类型的专利权人来看，如图1-4所示，在专利实施方面，企业作为市场主体，是最具备实施能力的专利权人，其有效专利实施率也最高，为63.8%，但较2021年下降了3.3个百分点；其次是科研单位，为23.0%；高校的实施率处于第三位，为12.5%，较2021年提高1.7个百分点。如图1-5所示，在专利产业化方面，仍然是企业最高，专利产业化率为49.3%，较2021年小幅下降了0.5个百分点；科研单位为14.3%；

高校为3.5%。可见，企业的有效专利实施率及产业化率虽然较2021年有所下降①，但仍是有效专利实施率及产业化率最高的专利权人。专利实施始终是企业专利运用的主要方式，企业专利一般与市场的关联性较强，实施条件也更为有利。2022年度高校有效专利实施率和产业化率都较2021年有所提升，成为三种类型专利权人中唯一实现提升的类型，国家和地方持续推进的促进高校知识产权转移转化的鼓励政策、高校职务科技成果权属改革、高校转移转化机构普遍设立等因素对高校专利实施和产业化的促进效果逐渐显现。

数据来源：《2022年中国专利调查报告》

图 1-4　不同类型专利权人有效专利实施率

数据来源：《2022年中国专利调查报告》

图 1-5　不同类型专利权人有效专利产业化率

① 《2021年中国专利调查报告》显示，2021年企业有效专利实施率为67.1%，有效专利产业化率为49.8%；高校有效专利实施率为10.8%，有效专利产业化率为2.3%。

从不同类型专利权人不同专利类型产业化率来看，如图1－6所示，企业的外观设计专利产业化率占比明显高于发明专利和实用新型专利，达到60.4%。科研单位的实用新型专利产业化率为16.0%，该占比略高于发明专利和外观设计专利产业化率。高校的发明专利产业化率占比比实用新型专利和外观设计专利产业化率略高，分别为3.9%、3.0%和1.6%。

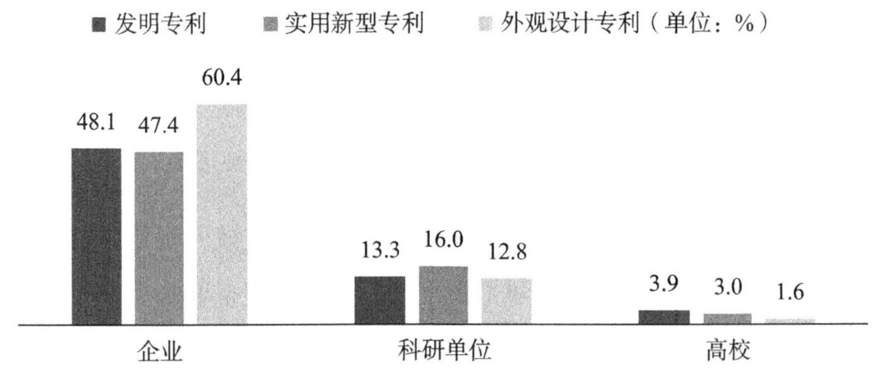

数据来源：《2022年中国专利调查报告》

图1－6　不同类型专利权人不同专利类型产业化率

1.1.4　企业专利产业化率整体提升，国家高新技术企业凸显优势，小微企业发明专利产业化率有所降低

从企业登记注册类型来看，如图1－7所示，港澳台商投资企业的专利产业化率为65.5%，高于外商投资企业和内资企业，且较2021年提升了13.4个百分点。外商投资企业的专利产业化率为57.7%，较2021年提升了10.1个百分点。内资企业的专利产业化率较2021年略有提升，为47.9%[①]。

① 《2021年中国专利调查报告》显示，2021年港澳台商投资企业的专利产业化率为52.1%，外商投资企业为47.6%，内资企业为47.4%。

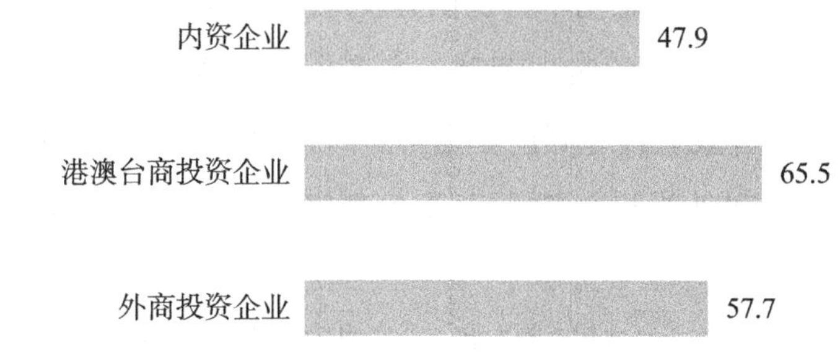

数据来源：《2022年中国专利调查报告》

图 1－7　不同登记注册类型企业有效专利产业化率

从企业规模来看，如图 1－8 所示，中型企业有效专利的产业化率最高，为 56.5%，略高于 2021 年 1.8 个百分点；小型企业和大型企业略低于中型企业，微型企业有效专利产业化率最低，为 36.9%，比 2021 年提升了 4.2 个百分点。所有类型企业的有效专利的产业化率均较 2021 年有所提高，一定程度上说明专利对于企业的重要性有所提升。从不同规模的企业不同的专利类型产业化率来看，中型企业和小型企业三种有效专利产业化率差距较小，微型企业的有效发明专利的产业化率明显较低，为 22.0%，低于实用新型专利和外观设计专利的产业化率（分别为 41.9% 和 51.9%），也明显低于 2021 年的 26.6%①，可见 2022 年微型企业更多进行实用新型专利和外观设计专利的产业化，微型企业发明专利产业化方面相比大中型企业可能面临更多障碍。四种类型企业的外观设计专利产业化率均高于发明专利和实用新型专利。

从企业成立时间来看，有效专利产业化率随企业成立时间增加而提高，成立超过 20 年的企业有效专利产业化率最高，达到 53.1%；成立时

① 国家知识产权局．2021 年中国专利调查报告［EB/OL］．（2022－07－13）［2023－05－16］．https：//www. cnipa. gov. cn/art/2022/7/13/art_88_176539. html.

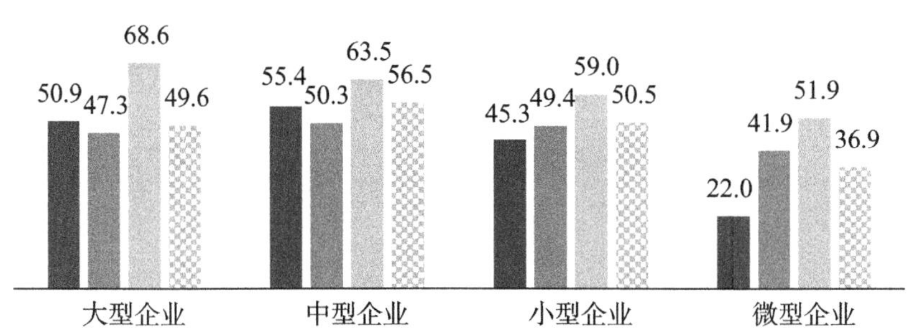

数据来源：《2022年中国专利调查报告》

图1－8　不同规模企业不同类型有效专利产业化率

间在5年以下的企业有效专利产业化率最低，为35.1%，且有效发明专利的产业化率低于成立时间长的企业。成立时间在20年以上的企业和成立时间在6—20年的企业实用新型有效专利的产业化率相差不大，分别为48.0%和48.6%，两者外观设计有效专利产业化率分别为69.1%和61.0%，前者高于后者8.1个百分点，如图1－9所示。

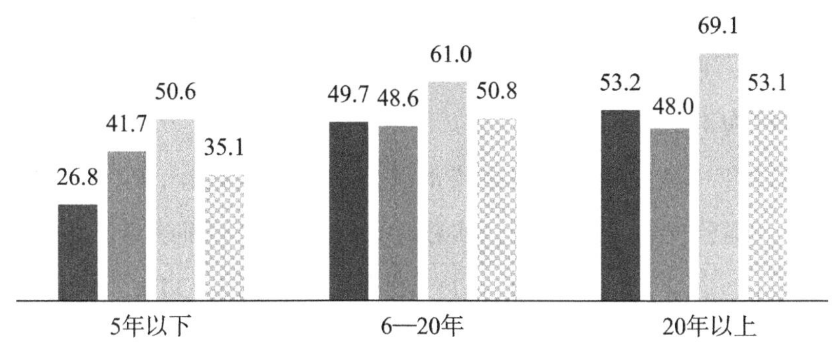

数据来源：《2022年中国专利调查报告》

图1－9　不同成立时间企业有效专利产业化率

调查显示，国家高新技术企业的有效专利产业化率高于非国家高新技术企业，如图 1－10 所示，两者有效专利产业化率差距较 2021 年有所加大[①]。

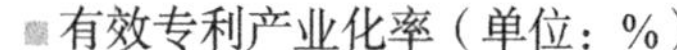

数据来源：《2022年中国专利调查报告》

图 1－10　国家高新/非国家高新技术企业有效专利产业化率

1.2　2022 年专利转让数据分析

1.2.1　专利转让次数略有下降，实用新型专利同比增长 14.9%

数据显示，2022 年，中国专利转让次数达到 383591 次，涉及专利 368912 件，平均每件专利转让约 1.04 次。专利转让次数较 2021 年略有下降，降幅为 4.5%。

2022 年中国专利运营的主要形式仍然是专利转让，全年专利转让次数占专利运营次数（专利转让次数、许可次数和质押次数之和）的比例为 75.6%，较 2021 年下降了 7.1 个百分点，如图 1－11 所示。

从 2022 年中国专利转让涉及的专利类型构成来看，如图 1－12 所示，发明专利仍然是专利转让活动的主要专利类型。其中，发明专利转让次数为 196694 次，占总次数的比例为 51.3%；实用新型专利转让共计 159340 次，

① 《2021 年中国专利调查报告》显示，2021 年国家高新技术企业有效专利产业化率为 53.1%，非国家高新技术企业有效专利产业化率为 45.7%。

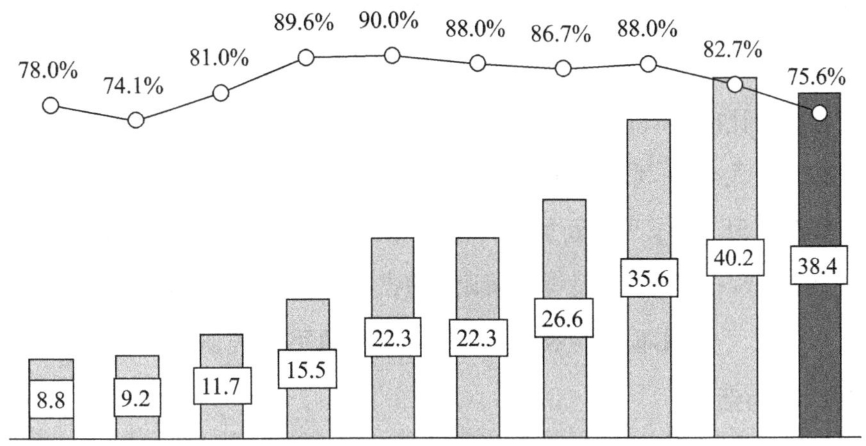

数据来源：知识产权出版社i智库
数据时间：法律状态公告日为2013年1月1日至2022年12月31日

图1－11　2013—2022年中国专利转让次数变化趋势

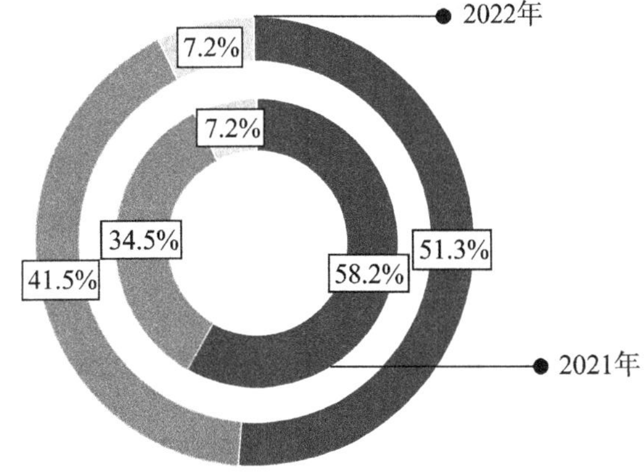

数据来源：知识产权出版社i智库
数据时间：法律状态公告日为2021年1月1日至2022年12月31日

图1－12　2021—2022年中国专利转让涉及专利类型占比情况

占比为 41.5%；外观设计专利转让共计 27557 次，占比为 7.2%。与 2021 年相比，发明专利的转让次数有所下降，同比降幅为 15.9%；实用新型专利的转让次数和 2021 年相比增长幅度较大，增长了 14.9%；而外观设计专利的转让次数略有下降，同比降幅为 5.1%。从专利类型的占比情况来看，2022 年发明专利转让次数占比与 2021 年相比下降 6.9 个百分点，由 58.2% 降至 51.3%；实用新型专利转让次数占比上升 7 个百分点，从 34.5% 上升至 41.5%；而外观设计专利转让次数占比与 2021 年持平，均为 7.2%。

1.2.2 中国本土专利转让基本保持稳定，美国、日本、德国等权利人较为活跃

从 2022 年中国专利转让主体的地域分布情况来看，如图 1－13 所示，专利转让/受让国家都比较集中，其中来自中国本土的让与人参与的专利转让活动占比为 93.1%，中国本土受让人参与的专利转让活动占比为 93.2%，两者占比均与 2021 年基本持平。2022 年，中国本土让与人共计转让专利 357259 次，同比下降 4.4%。中国本土受让人共计受让专利 357650 次，相比 2021 年也略有下降，降幅为 4.7%。2022 年，国外来华

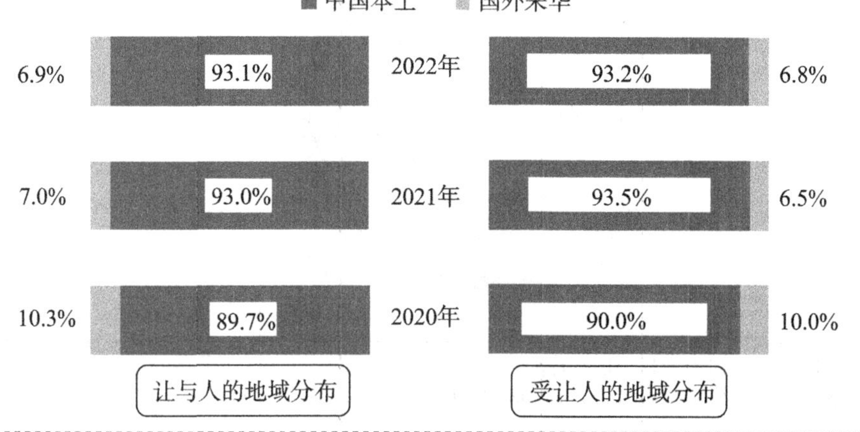

数据来源：知识产权出版社i智库
数据时间：法律状态公告日为2020年1月1日至2022年12月31日

图 1－13　2020—2022 年中国专利转让主体地域分布

让与人参与的专利转让活动占比为6.9%，国外来华受让人参与的专利转让活动占比为6.8%，这一比例较2021年同期基本持平，与2020年相比有所下降。2022年，国外来华共计转让专利26332次，同比下降6.0%。国外来华共计受让专利25941次，相比2021年略有下降，降幅为0.7%。

从专利转让让与人/受让人涉及的国家（地区）来看，2022年中国专利转让活动中的让与人来自70个国家（地区），比2021年增加4个。除中国外，来自美国、日本、德国、韩国、瑞士、法国和开曼群岛的权利人参与专利转让活动较为活跃。在专利转让让与人所在国家（地区）中，排名前八位的中国、美国、日本、德国、韩国、瑞士、法国和开曼群岛共计转出专利379918次，占2022年总转让次数的99.0%。专利受让人来自56个国家（地区），排名前八位的中国、美国、日本、德国、韩国、瑞士、荷兰和新加坡共计受让专利379371次，占2022年全年总受让次数的98.9%。具体到各个国家（地区）让与人的专利流向和各个国家（地区）受让人的专利来源，大部分的专利转让活动是本区域内部权利人之间的转让，如图1－14所示。

进一步从各个国家（地区）专利转让的流向来看，各区域普遍呈现出同一国家（地区）专利权人间的转让占主导地位的特点，但占比情况有所不同。其中，来自中国的让与人转让给中国受让人共计355699次，占比达到99.6%，基本和2021年持平，中国的专利除流向本国外还流向了荷兰、美国、新加坡等国家（地区）。美国的专利转让行为也主要指向本国，其指向本国的专利转出次数占其专利转出总次数的比例为76.1%，还有一部分流向中国、瑞士、新加坡等国家（地区）。来自日本、德国和韩国的专利流向本国的比例较高，占比均在80%以上。瑞士的专利除流向本国的占37.6%，流向中国的占比也达到33.5%，还流向了荷兰、美国等国家（地区）。法国的专利主要流向本国和德国，分别占49.1%和35.8%。开曼群岛的专利主要受让国家（地区）为中国、本地区、新加坡和美国，其中中国的受让比例高达73.1%，如表1－1所示。

（单位：次）

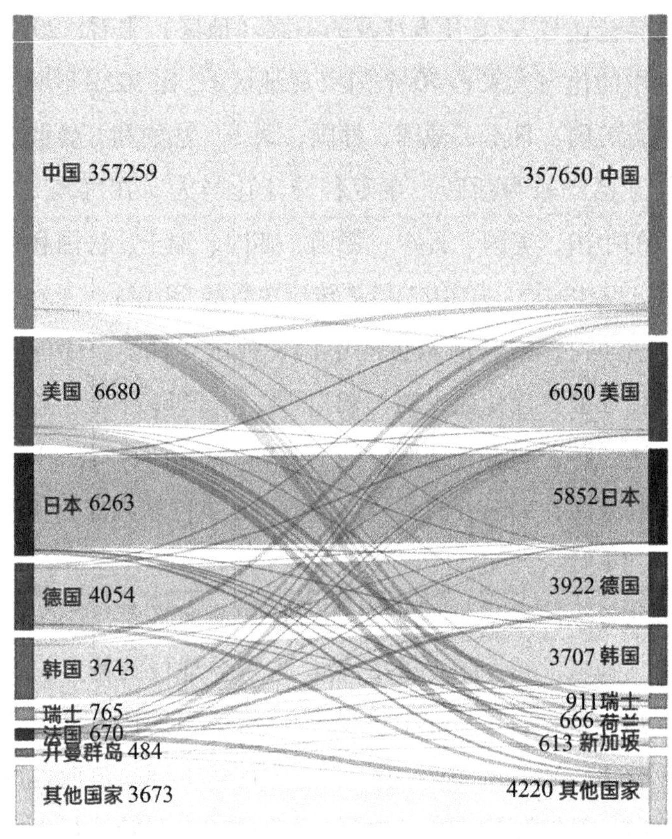

数据来源：知识产权出版社i智库
数据时间：法律状态公告日为2022年1月1日至2022年12月31日
注：分别挑选转让数量排名前八的让与人/受让人国家进行流向、来源分析，其余均归入其他国家

图 1－14　2022 年中国专利转让的让与人/受让人国家（地区）分布及流向、来源

表1－1　2022年中国专利转让的让与人/受让人国家（地区）分布及占比

（单位：%）

让与人国家（地区）	受让人国家（地区）								
	中国	美国	日本	德国	韩国	瑞士	荷兰	新加坡	其他国家（地区）
中国	99.6	0.1	0.03	0.002	0.01	0.02	0.1	0.1	0.2
美国	5.4	76.1	1.2	1.0	0.5	5.2	0.2	3.0	7.4
日本	2.0	1.5	88.6	1.8	1.5	0.1		1.5	2.9
德国	1.6	3.8	0.7	84.0	1.8	0.5	0.8		6.7
韩国	8.7	2.4	0.1		88.8				
瑞士	33.5	3.1	0.5	2.7	0.1	37.6	14.6	0.1	
法国	1.3	1.8	0.6	35.8	1.6	6.9			51.9
开曼群岛	73.1	4.8					1.0	9.1	12.0

数据来源：知识产权出版社i智库

数据时间：法律状态公告日为2022年1月1日至2022年12月31日

注：表中所列让与人国家（地区）为排名前八位的国家（地区）；所列受让人国家（地区）为排名前八位的国家（地区），其他受让人计入其他国家（地区）

对中国专利转让排名靠前的国家（地区）主要让与人的构成情况进行分析，如表1－2所示。其中，中国有104330位让与人参与专利转让，平均转让次数为3次，让与人数量比2021年增长了11.9%。转让次数排名前三位的让与人分别是北京奇虎科技有限公司［奇智软件（北京）有限公司为其共同让与人］、华为技术有限公司、大族激光科技产业集团股份有限公司。其中北京奇虎科技有限公司的转让次数达到了3321次，约占中国总转让次数的0.9%。

美国共有1057位让与人参与专利转让，平均转让次数为6次，主要让与人纳幕尔杜邦公司、盖瑞特交通一公司和福特全球技术公司的转让次数分别占其专利转让次数的4.3%、3.8%和3.7%。日本共有677位让与人参与专利转让，平均转让次数为9次，其中麦克赛尔株式会社、东芝存储器株式会社、川崎重工业株式会社总转让次数为 1873 次，约占日本转让总次数的三成。德国参与专利转让的让与人数量为 406 位，平均转让次数为 10 次，主要让与人西门子公司和西门子股份公司的专利转让次数总和占本国总数的 44.9%，两家公司的主要受让人为来自本国的西门子医疗有限公司、西门子能源全球有限公司、西门子能源国际公司等。韩国共有 338 位让与人参与专利转让，平均转让次数为 11 次，其中株式会社 LG 化学为最主要的让与人，其转让次数占韩国总转让次数的比例高达 51.6%。

表 1－2　2022 年中国专利转让排名靠前的国家（地区）主要让与人

排名	国家（地区）	让与人数量（位）	主要让与人	转让次数（次）	占本国转让次数比例（%）
1	中国	104330	北京奇虎科技有限公司；奇智软件（北京）有限公司	3321	0.9
			华为技术有限公司	2796	0.8
			大族激光科技产业集团股份有限公司	1353	0.4
2	美国	1057	纳幕尔杜邦公司	290	4.3
			盖瑞特交通一公司	255	3.8
			福特全球技术公司	249	3.7
3	日本	677	麦克赛尔株式会社	911	14.5
			东芝存储器株式会社	614	9.8
			川崎重工业株式会社	348	5.6
4	德国	406	西门子公司	1545	38.1
			西门子股份公司	275	6.8
			汉高知识产权控股有限责任公司	196	4.8
5	韩国	338	株式会社 LG 化学	1932	51.6
			SK 新技术株式会社	346	9.2
			万都移动系统股份公司	230	6.1

数据来源：知识产权出版社 i 智库

数据时间：法律状态公告日为 2022 年 1 月 1 日至 2022 年 12 月 31 日

1.2.3　发生转让的专利所属行业分类覆盖广泛，金属制品、机械和设备修理业的专利转让次数升至首位

依据国际专利分类与国民经济行业分类参照关系表（2018）[①]，将各转让专利的国际专利分类（IPC）主分类号与国民经济行业分类中的大类进行匹配。匹配结果显示，2022年涉及转让活动的专利所属行业分类非常广泛，共涉及国民经济行业分类的53个大类。如图1－15所示，其中金属制品、机械和设备修理业的专利转让次数最多，达到了183054次，

图1－15　2022年中国专利转让国民经济行业分类排名（TOP 20）

---

① 国家知识产权局．国际专利分类与国民经济行业分类参照关系表（2018）[EB/OL]．（2018－10－08）[2023－07－12]．https：//www.cnipa.gov.cn/art/2018/10/8/art_75_131968.html.

紧随其后的是仪器仪表制造业，涉及的专利转让次数为 175007 次。另外，专用设备制造业，通用设备制造业，机动车、电子产品和日用产品修理业以及计算机、通信和其他电子设备制造业等行业涉及的专利转让也较多。与 2021 年相比，金属制品、机械和设备修理业排名上升 1 位，取代仪器仪表制造业排名居首位，转让次数增量最大，增长了 11855 次，而仪器仪表制造业排名下降 1 位，废弃资源综合利用业排名上升 4 位，进入 TOP 20 榜单，其转让次数增长了 2377 次，通用设备制造业的转让次数增幅也较大，增长了 7058 次，专用设备制造业，机动车、电子产品和日用产品修理业的转让次数均增长了近 4000 次。

在转让次数排名前 20 的行业分类中，不考虑中国让与人的情况下，不同国家（地区）在各行业中的活跃度有显著特色，如表 1－3 所示。日本、美国、韩国和德国的专利转让活动最为活跃的行业均为仪器仪表制造业，这四个国家在金属制品、机械和设备修理业，计算机、通信和其他电子设备制造业，通用设备制造业，专用设备制造业等多个行业也较为活跃。瑞士在金属制品、机械和设备修理业比较活跃，开曼群岛则在计算机、通信和其他电子设备制造业具有一定的活跃度。此外，韩国在机动车、电子产品和日用产品修理业，电气机械和器材制造业行业中的专利转让活动也比较活跃。

表 1－3　2022 年中国专利转让涉及主要国家（地区）国民经济行业分布

（单位：次）

技术分类	中国	日本	美国	韩国	德国	瑞士	开曼群岛	法国
金属制品、机械和设备修理业	171318	2848	1884	2729	1815	395	273	251
仪器仪表制造业	159983	3615	3473	3228	2055	338	210	366
专用设备制造业	116628	1743	2210	2585	1553	136	75	132
通用设备制造业	101631	2422	1408	2268	1372	317	37	175

续表

技术分类	中国	日本	美国	韩国	德国	瑞士	开曼群岛	法国
机动车、电子产品和日用产品修理业	83892	1658	1126	2496	582	99	325	105
计算机、通信和其他电子设备制造业	53136	2566	1864	696	502	35	389	100
电气机械和器材制造业	44526	1271	1204	2329	793	245	38	82
金属制品业	42439	221	251	43	164	47	0	37
软件和信息技术服务业	30307	709	786	127	147	15	299	42
非金属矿物制品业	27883	780	881	257	178	71	11	45
化学原料和化学制品制造业	23844	440	1036	231	402	82	6	71
互联网和相关服务	21607	516	437	74	77	7	251	36
橡胶和塑料制品业	15958	126	435	63	132	67	0	18
木材加工和木、竹、藤、棕、草制品业	15166	78	148	15	51	44	0	12
汽车制造业	9289	467	332	178	228	131	2	92
铁路、船舶、航空航天和其他运输设备制造业	8950	421	200	44	350	125	4	10
文教、工美、体育和娱乐用品制造业	9303	74	75	6	10	3	7	2
废弃资源综合利用业	7129	120	96	1979	82	5	0	2
土木工程建筑业	9133	7	33	7	36	4	0	2
造纸和纸制品业	8028	37	280	9	32	38	0	10

数据来源：知识产权出版社 i 智库

数据时间：法律状态公告日为2022年1月1日至2022年12月31日

注：选取总转让次数排名前20的国民经济行业分类

1.2.4　国内专利转让活动保持地域集中态势，近六成转让集中在广东、江苏、浙江、北京和山东五省市

2022 年中国专利转让活动最为活跃的五个省市分别是广东、江苏、浙江、北京和山东，如图 1－16 所示。五个省市累计专利转出次数为 212766 次，占 2022 年中国本土专利转让次数的 59.6%；共计受让专利 201419 次，占 2022 年中国本土受让专利次数的 56.3%。从专利转让活动的流向来看，各省市本区域内权利人之间的转让活动占主流。其中，广东、江苏、浙江、北京和山东分别有 59.6%、62.9%、53.4%、57.0% 和 68.8% 的专利转让给本省（市）的权利人，其余专利转让行为也大多发生在上述五个省市之间以及安徽、上海等地，专利转让活动依然呈现出明显的地域集中态势。

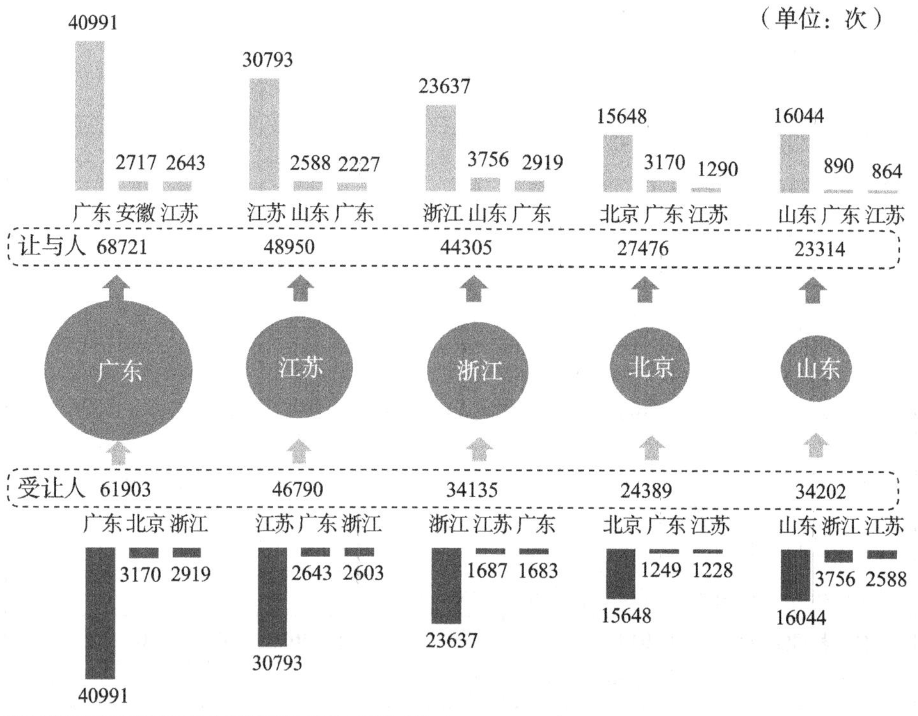

图 1－16　2022 年中国专利转让的让与人/受让人重点省份分布及流向

具体来看，2022年中国专利转让最为活跃的省份仍然是广东，共计转让专利68721次，受让专利61903次。江苏、浙江、北京和山东分别排名第二位至第五位。其中，根据转让次数和受让次数的差值，广东、江苏、浙江和北京为专利转让净流出省份，山东为专利转让净流入省份。前五省市中除山东和江苏外，专利转让次数和专利受让次数均有不同程度的下降。从专利转让次数来看，江苏和山东的转让次数分别同比上涨6.6%、4.0%，广东的转让次数略有下降，降幅为0.7%，浙江同比下降7.3%，北京的下降幅度最大，降幅达30.0%，以上五省市基本维持了2021年的专利转让次数排名位次，江苏超过浙江居第二位。从专利受让次数来看，山东的受让次数同比上涨5.8%，其他四个省市均有所下降，其中广东降幅最小（4.4%），江苏和浙江的降幅分别达到13.0%和18.9%，而北京的降幅最大，达到34.4%。

1.2.5　我国专利转让活动分析及其分类

1. 我国专利转让活动中技术驱动型企业比较突出

2022年，我国专利转让活动仍由中国权利人主导，如表1－4所示，在让与人排行TOP 20中，中国让与人有16位，来自日本的让与人有2位，韩国和德国让与人各有1位。其中北京奇虎科技有限公司［奇智软件（北京）有限公司为共同让与人］、华为技术有限公司、韩国企业株式会社LG化学排名居前三位，专利转让次数分别为3321次、2796次和1932次。德国企业西门子公司、日本企业麦克赛尔株式会社、日本企业东芝存储器株式会社的专利转让次数分别位居让与人排名第四、第九和第十五位。

从让与人的类型来看，除南京林业大学和中国建设银行股份有限公司（建信金融科技有限责任公司为共同让与人）外，中国企业主要是信息技术企业和制造业企业，技术驱动型企业比较突出，如北京奇虎科技有限公司［奇智软件（北京）有限公司为共同让与人］、华为技术有限公司、大族激光科技产业集团股份有限公司、歌尔光学科技有限公司等。南京林业大学作为 2022 年唯一处于 TOP 20 让与人的高校，其转让专利的次数为 1009 次，比 2021 年的转让次数增加了 98 次，排名从第十四位上升至第八位。

从 TOP 20 让与人的转让行为来看，共计 5 位让与人存在商业性转让①，中国让与人中的华为技术有限公司、南京林业大学、腾讯科技（深圳）有限公司存在商业性转让，其他中国让与人所开展的多为集团公司内部的转让活动，国外企业中的株式会社 LG 化学和西门子公司存在商业性转让。

在专利转让活跃度方面，TOP 20 让与人的专利转让次数约占专利转让总量的 5.7%，该占比较 2021 年下降了 1.1 个百分点②。转让专利次数排名居首位的是北京奇虎科技有限公司［奇智软件（北京）有限公司为共同让与人］，其专利转让给北京奇虎科技有限公司（单独所有）、三六零科技集团有限公司、成都全景智能科技有限公司等集团内部公司或关联企业。华为技术有限公司的转让次数位居第二，对应 13 位国内外受让人，其受让人涉及生产研究型企业、高校以及专利组织，其中对华为云计算技术有限公司、超聚变数字技术有限公司的转让次数分别为 1369 次和 1177 次，约占其总转让次数的 91.1%，也有少量专利转让给英伟特 SPE 有限责任公司和 OIN 有限责任公司这两家国外公司。

南京林业大学的受让人数量最多，共涉及 131 位受让人，绝大多数受让人为林业相关的上下游企业，排名前三的受让人为南京顶特机械设备有限公司、南京后羿文化发展有限公司、南京国豪装饰安装工程股份有限公司，转让次数分别为 68 次、49 次和 48 次，转让集中度不高，有 93 位受让人的转让次数不足 10 次。集团公司内部企业之间的专利转让是企业专利转让活动的主要模式，如北京奇虎科技有限公司和三六零科技集团有限

---

① 本书中的专利转让行为分为商业性转让与非商业性转让，具体分类参见表 1-6。

② 2021 年 TOP 20 让与人的专利转让次数约占总量的 6.8%。

公司之间，株式会社LG化学和株式会社LG新能源之间，西门子公司和西门子医疗有限公司之间，大族激光科技产业集团股份有限公司和深圳市大族锂电智能装备有限公司等子公司之间，均属于此类型的专利转让活动。

表1－4　2022年中国专利转让让与人排行TOP 20

排名	让与人	国家	转让次数（次）	商业性转让
1	北京奇虎科技有限公司；奇智软件（北京）有限公司	中国	3321	无
2	华为技术有限公司	中国	2796	有
3	株式会社LG化学	韩国	1932	有
4	西门子公司	德国	1554	有
5	大族激光科技产业集团股份有限公司	中国	1353	无
6	歌尔光学科技有限公司	中国	1119	无
7	中国建设银行股份有限公司；建信金融科技有限责任公司	中国	1032	无
8	南京林业大学	中国	1009	有
9	麦克赛尔株式会社	日本	911	无
10	宁波奥克斯电气股份有限公司；宁波奥克斯智能商用空调制造有限公司	中国	882	无
11	徐工集团工程机械有限公司	中国	841	无
12	佛山市顺德区美的洗涤电器制造有限公司	中国	677	无
13	腾讯科技（深圳）有限公司	中国	666	有
14	平安医疗健康管理股份有限公司	中国	620	无
15	东芝存储器株式会社	日本	614	无

续表

排名	让与人	国家	转让次数（次）	商业性转让
16	宁波奥克斯智能家用电器制造有限公司；宁波奥克斯电气股份有限公司	中国	596	无
17	湖北亿咖通科技有限公司	中国	565	无
18	佛山市顺德区美的洗涤电器制造有限公司；美的集团股份有限公司	中国	521	无
19	芜湖美的厨卫电器制造有限公司	中国	486	无
20	浙江三花制冷集团有限公司	中国	458	无

数据来源：知识产权出版社 i 智库

数据时间：法律状态公告日为 2022 年 1 月 1 日至 2022 年 12 月 31 日

在受让人 TOP 20 中，中国受让人有 16 位，其余 4 位分别来自日本（2 位）、韩国（1 位）和德国（1 位）。从转让行为来看，共有 6 位受让人存在商业性受让，其中 5 位是中国企业，分别为超聚变数字技术有限公司、中国建设银行股份有限公司、江苏正力新能电池技术有限公司、江苏徐工工程机械研究院有限公司和展讯通信（上海）有限公司，另有 1 位为韩国企业株式会社 LG 新能源，如表 1 – 5 所示。

其中北京奇虎科技有限公司受让专利数量最多，共 2955 次，受让专利主要是其与奇智软件（北京）有限公司共有专利权的专利，转让后专利权为其单独所有；芜湖美的智能厨电制造有限公司受让专利主要来自佛山市顺德区美的洗涤电器制造有限公司、美的集团股份有限公司、广东美的厨房电器制造有限公司等集团内部公司；株式会社 LG 新能源（LG 化学的全资子公司）受让的专利主要来自其母公司株式会社 LG 化学，也有少量专利从外部企业昭和电工材料株式会社受让；宁波奥克斯电气股份有限公司所受让专利主要是来自其与子公司宁波奥克斯智能商用空调制造有限公司共有专利权的专利，且受让后其与子公司奥克斯空调股份有限公司共有专利权；华为云计算技术有限公司的受让人包括其母公司华为技术有限公司以及西安华为技术有限公司、成都华为技术有限公司等关联企业。西门子医疗有限公司、麦克赛尔控股株式会社、株式会社 PANGEA 这三家国外受让人所受让专利均来自集团内部，如西门子医疗有限公司受让的专利来自西门子公司、西门子股份公司，包括2件西门子医疗有限公司和西门子公司共有权利的专利。

表1-5　2022年中国专利转让受让人排行 TOP 20

排名	受让人	国家	受让次数（次）	商业性转让
1	北京奇虎科技有限公司	中国	2955	无
2	芜湖美的智能厨电制造有限公司	中国	2394	无
3	株式会社 LG 新能源	韩国	1892	有
4	宁波奥克斯电气股份有限公司；奥克斯空调股份有限公司	中国	1482	无
5	华为云计算技术有限公司	中国	1386	无
6	超聚变数字技术有限公司	中国	1177	有
7	歌尔科技有限公司	中国	1078	无
8	中国建设银行股份有限公司	中国	986	有
9	西门子医疗有限公司	德国	913	无
10	麦克赛尔控股株式会社	日本	910	无
11	江苏正力新能电池技术有限公司	中国	761	有
12	江苏徐工工程机械研究院有限公司	中国	737	有
13	深圳市大族锂电智能装备有限公司	中国	711	无
14	深圳平安医疗健康科技服务有限公司	中国	620	无
15	深圳市雅阅科技有限公司	中国	615	无
16	株式会社 PANGEA	日本	614	无
17	深圳市大族半导体装备科技有限公司	中国	586	无
18	亿咖通（湖北）技术有限公司	中国	565	无

续表

排名	受让人	国家	受让次数（次）	商业性转让
19	展讯通信（上海）有限公司	中国	564	有
20	力神（青岛）新能源有限公司	中国	499	无

数据来源：知识产权出版社 i 智库

数据时间：法律状态公告日为 2022 年 1 月 1 日至 2022 年 12 月 31 日

2. **专利转让行为分类**

通过对 2022 年中国专利转让行为进行分析，其大致可以分为两种类型：商业性专利转让和非商业性专利转让，如表 1－6 所示。

2022 年中国专利商业性转让行为主要涉及以下几种类型：

其一，高校或科研机构将专利技术转让给企业。高校或科研机构的专利转让主要面向产业化企业，并更多惠及所在地企业。如南京林业大学，2022 年南京林业大学共计转让专利 1009 次，涉及来自 13 个省市的 131 位专利受让人，受让人主要是企业，包括南京顶特机械设备有限公司、南京后羿文化发展有限公司、南京国豪装饰安装工程股份有限公司等，江苏企业是其专利转化的重点对象，占比近八成。

其二，企业业务分割出售伴随的专利转让。代表企业为华为技术有限公司和株式会社东芝。华为于 2021 年四季度将全资子公司超聚变数字技术有限公司出售给第三方，超聚变数字技术有限公司主营华为旗下的 x86 服务器业务，工商登记显示，华为控股的超聚变数字技术有限公司股东已变更为河南超聚能科技有限公司，华为的 x86 服务器业务出售已有实质进展。2022 年华为技术有限公司向超聚变数字技术有限公司转让专利 1177 次，其在出售业务的同时也完成了专利技术的转移。2018 年，株式会社东芝宣布，将旗下半导体公司东芝存储器株式会社的全部股权转让给以贝恩资本（Bain Capital Private Equity LP）为主的企业联合体旗下、专为此次收购成立的 Pangea 公司，Pangea 公司成员单位包括 SK 海力士、苹果、戴尔、希捷和金斯顿等，2022 年东芝存储器株式会社将其多件专利转让给 Pangea 公司，包括其与 SK 海力士公司、芝浦机械电子株式会社等其他企业共有专利权的专利也进行了“权利交割”，随着东芝存储器株式会社并入 Pangea 公司，其专利权也进行了转让。

其三，知识产权运营机构开展的收储交易。2022 年企业、高校和个人权利人均有通过专业知识产权运营服务机构来实现专利技术转移转化，如温州职业技术学院将 11 件专利转让给广州博义知识产权运营有限公司，常熟理工学院将 59 件专利转让给常熟市知识产权运营中心有限公司。

其四，在融资租赁过程中进行的专利转让。代表企业为展讯通信（上海）有限公司。知识产权融资租赁是指融资方将其所拥有的专利、商标、著作权等知识产权权益转让给融资租赁公司，后者将其出租给租赁方，并在租赁期满后将知识产权权益归还给融资方的一种融资方式。2022 年，芯集租赁（天津）有限责任公司有 220 件专利转让给展讯通信（上海）有限公司，这些专利的原专利权人为展讯通信（上海）有限公司，2018 年展讯通信（上海）有限公司将这些专利转让给芯集租赁（天津）有限责任公司，同年芯集租赁（天津）有限责任公司再将这些专利许可给展讯通信（上海）有限公司，2022 年这些专利的专利权再由芯集租赁（天津）有限责任公司转让回展讯通信（上海）有限公司。在知识产权融资租赁模式下，芯集租赁（天津）有限责任公司以专利（无形资产）作为租赁标的，开展融资租赁业务，展讯通信（上海）有限公司通过知识产权售后回租的方式获得融资。

2022 年中国专利转让涉及的非商业性转让行为主要涉及以下几种类型：

一是集团内子公司之间的专利转让。如芜湖美的智能厨电制造有限公司和佛山市顺德区美的洗涤电器制造有限公司同为美的集团股份有限公司控股子公司，两者之间的转让属于集团内子公司之间的转让。

二是母公司和子公司之间的专利转让。如平安医疗健康管理股份有限公司将其专利转让给其母公司深圳平安医疗健康科技服务有限公司。

三是子公司与母公司成为共同专利权人。宁波奥克斯电气股份有限公司与子公司宁波奥克斯智能商用空调制造有限公司共有专利权的专利发生转让后，其与另一家子公司奥克斯空调股份有限公司共有专利权。

表 1-6　2022 年中国专利转让行为示例

<table>
<tr><th colspan="2">转让行为</th><th>代表让与人</th></tr>
<tr><td rowspan="4">商业性转让</td><td>高校或科研机构将专利技术转让给企业</td><td>南京林业大学</td></tr>
<tr><td>企业业务分割出售伴随的专利转让</td><td>华为技术有限公司
东芝存储器株式会社</td></tr>
<tr><td>知识产权运营机构开展的收储交易</td><td>温州职业技术学院
常熟理工学院
青岛海尔洗衣机有限公司</td></tr>
<tr><td>在融资租赁过程中进行的专利转让</td><td>展讯通信（上海）有限公司</td></tr>
<tr><td rowspan="3">非商业性转让</td><td>集团内子公司之间的专利转让</td><td>佛山市顺德区美的洗涤电器制造有限公司</td></tr>
<tr><td>母公司和子公司之间的专利转让</td><td>平安医疗健康管理股份有限公司</td></tr>
<tr><td>子公司与母公司成为共同专利权人</td><td>宁波奥克斯电气股份有限公司</td></tr>
</table>

1.3　2022 年专利许可数据分析

1.3.1　许可次数同比增长 29.3%，发明专利和实用新型增幅明显

2022 年专利许可共计 26004 次，较 2021 年同比增长 29.3%，占所有专利运营行为的比重由 2021 年的 4.1% 继续提升至 5.1%，如图 1-17 所示。

从许可涉及的专利类型来看，2022 年实施许可的发明专利和实用新型专利均出现了不同程度的增长，涨幅分别为 30.3%、49.5%，外观设计专利许可次数有所下降，同比下降 33.6%。2022 年三种专利类型许可次数占比中，发明专利、实用新型专利占比较 2021 年分别增长 0.4%、6.0%，外观设计专利占比较 2021 年下降 6.4%。

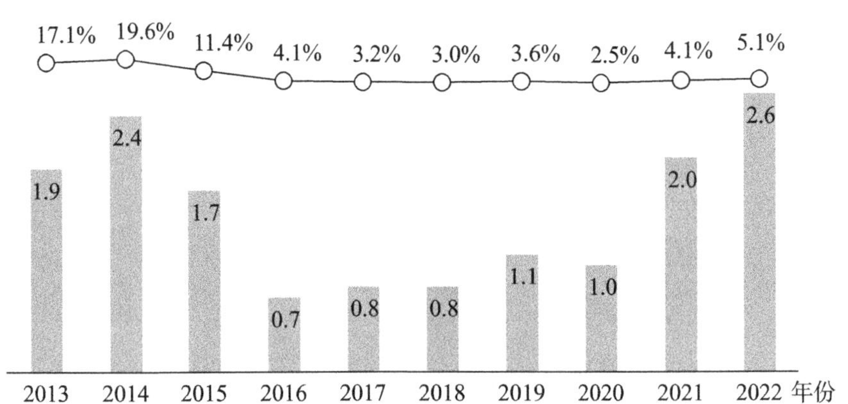

数据来源：知识产权出版社i智库
数据时间：备案合格日为2013年1月1日到2022年12月31日

图1-17　2013—2022年中国专利实施许可次数变化趋势

2022年发明专利许可次数达到12723次，共涉及8948件发明专利（由于1件专利能够许可给多位被许可人，因此许可次数大于许可件数），占总许可次数和许可件数的比例分别为48.9%和49.3%，发明专利许可次数所占比重较2021年同比增长0.4个百分点，发明专利许可件数所占比重则同比下降1.5个百分点；2022年发明专利许可中，平均1件专利许可1.4次，单件发明专利许可次数最高达56次。

2022年实用新型专利实施许可共计11523次，共涉及7790件实用新型专利，占总许可次数和许可件数的比例分别为44.3%和43.0%，较2021年同期分别提升了6.0个和6.8个百分点；2022年实用新型专利许可中，平均1件专利许可1.5次，单件实用新型专利许可次数最高达56次。

2022年外观设计专利实施许可共计1758次，共涉及1398件外观设计专利，占总许可次数和许可件数的比例分别为6.8%和7.7%，较2021年同期分别下降了6.4个和5.3个百分点；2022年外观设计专利许可中，平均1件专利许可1.3次，单件外观设计专利许可次数最高达11次。如图1-18所示。

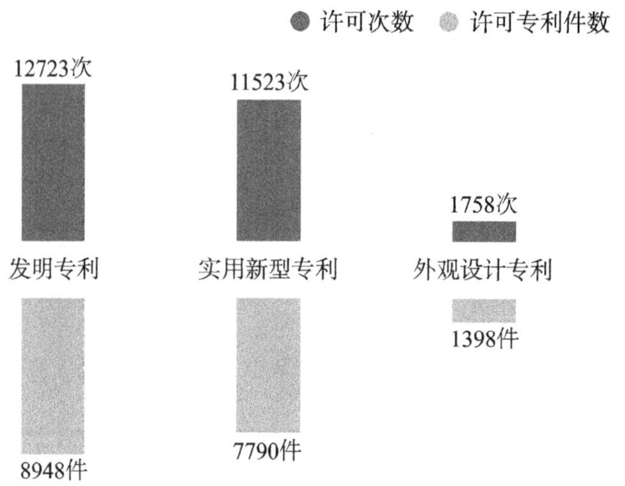

数据来源：知识产权出版社i智库
数据时间：备案合格日为2022年1月1日至2022年12月31日

图 1－18　2022 年中国专利实施许可涉及的专利类型分布情况

1.3.2　普通许可份额接近九成，独占许可占比连续两年下降

从专利实施许可类型及构成来看，2022 年中国专利实施许可主要类型依然是普通许可，普通许可占总许可次数的比例为 87.1%，较 2021 年增长了 3.2 个百分点，已连续两年增长①，独占许可、排他许可占比有所下降，独占许可占比同比下降 2.7 个百分点，已连续两年下降②。2022 年共计发生普通许可 22633 次，独占许可和排他许可分别实施 2554 次和 782 次，占比分别为 9.8% 和 3.0%；此外有 23 次分许可③，占比为 0.1%。如图 1－19 所示。

① 2021 年较 2020 年增长 10.6 个百分点。

② 2021 年较 2020 年下降 7.5 个百分点。

③ 分许可是指许可方同意在合同上明文规定被许可方在规定的时间和地区实施其专利、商标、著作权或者专有技术等的同时，被许可方还可以以自己的名义，再许可第三方使用该专利、商标、著作权或者专有技术等。被许可人与第三人之间的实施许可就是分许可。

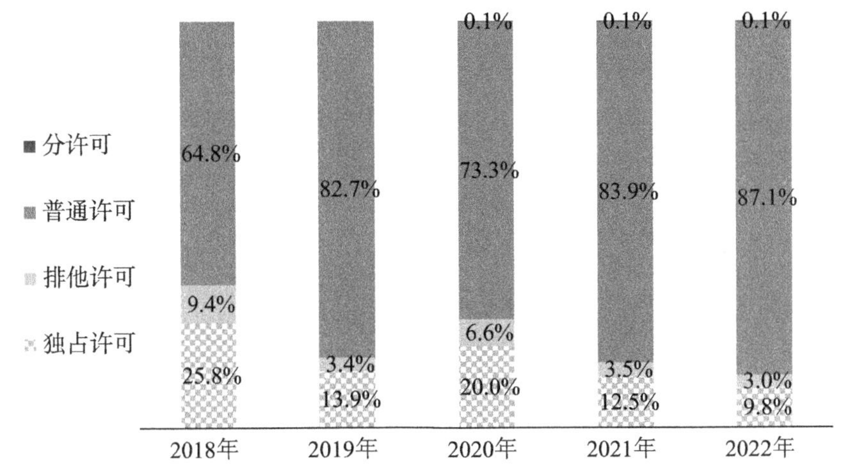

数据来源：知识产权出版社i智库
数据时间：备案合格日为2018年1月1日至2022年12月31日

图1－19　2018—2022年中国专利实施许可类型分布

1.3.3　中国本土专利许可占九成，国外许可人来自20个国家（地区）

从2022年中国专利许可的国别分布来看，许可人和被许可人均以中国主体为主。从许可人国别分布情况看，来自中国的许可人实施专利许可25358次，占比达97.5%①。来自国外的许可人实施专利许可646次，占比为2.5%，涵盖来自卢森堡、韩国、美国、日本、瑞典在内的20个国家（地区）。与2021年相比，来自中国的许可人的专利许可次数占比上升了2.6个百分点。

从被许可人的角度来看，来自中国的被许可人共被许可专利25848次，占比99.4%，较2021年基本持平。如图1－20所示。

根据国民经济行业分类，我国专利许可主要集中在金属制品、机械和设备修理业，仪器仪表制造业，专用设备制造业，通用设备制造业等行

① 占比计算均为可识别专利实施许可人和被许可人国别（地区）的比例，下同。

（单位：次）

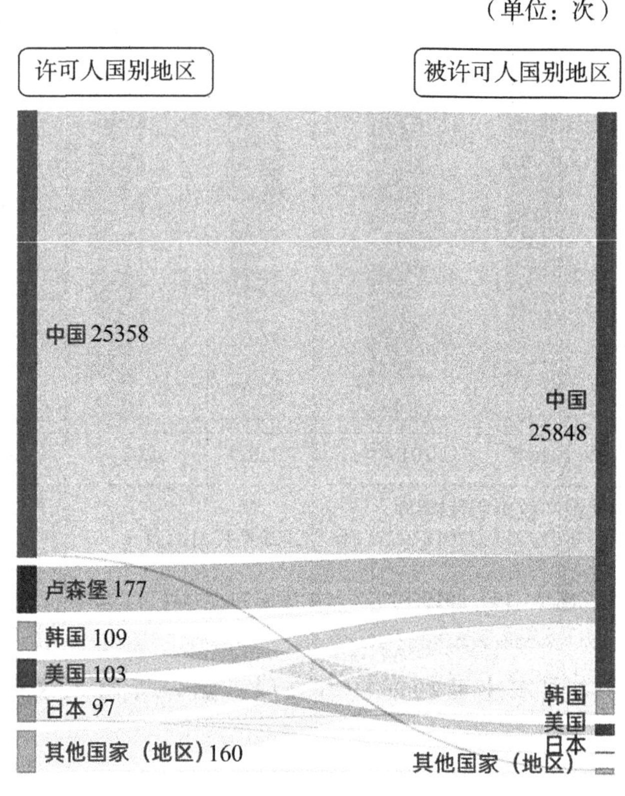

数据来源：知识产权出版社i智库
数据时间：备案合格日为2022年1月1日至2022年12月31日

图1－20　2022年中国专利实施许可主要流向分析

业。TOP 20行业分类中除木材加工和木、竹、藤、棕、草制品业，非金属矿物制品业，软件和信息技术服务业等行业外，其他行业的专利许可次数均同比实现正增长，专用设备制造业和通用设备制造业的增幅分别高达70.8%、79.7%。医药制造业，农副食品加工业，农、林、牧、渔专业及辅助性活动这三个行业表现活跃，2022年进入TOP 20榜单，如图1－21所示。

在TOP 20行业分类中，国外许可人在非金属矿物制品业的专利许可参与度较高，所占比例为13.8%，其他领域国外许可人所占比例均不足10%。非金属矿物制品业专利许可活跃的权利人主要包括来自卢森堡的地

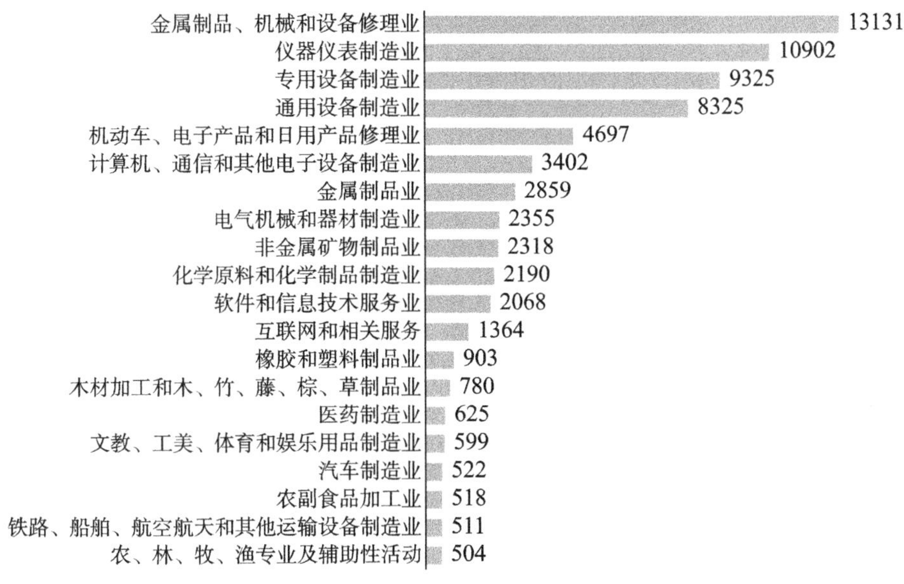

数据来源：知识产权出版社i智库
数据时间：备案合格日为2022年1月1日至2022年12月31日
注：采用国民经济行业分类

图1－21　2022年中国专利许可国民经济行业分类排名（TOP 20）

板工业有限公司[①]以及韩国的LG电子株式会社。如表1－7所示。

表1－7　2022年中国专利实施许可国民经济行业分类按国别占比（单位:%）

国民经济行业分类	许可人国别						
	中国	卢森堡	韩国	日本	美国	德国	其他国家（地区）合计
金属制品、机械和设备修理业	97.8	1.3		0.4			0.3
仪器仪表制造业	95.6	1.6	0.8	0.7	0.7		0.5
专用设备制造业	97.1		0.9	0.8	0.8	0.1	0.3
通用设备制造业	98.2		0.9	0.5	0.2		0.2

① 地板工业有限公司隶属于尤尼林集团，是注册地在卢森堡的知识产权管理公司，负责管理尤尼林集团的知识产权，授权其他公司制造和销售使用尤尼林专利的产品。

续表

国民经济行业分类	许可人国别						
	中国	卢森堡	韩国	日本	美国	德国	其他国家（地区）合计
机动车、电子产品和日用产品修理业	98.8		0.1	0.9	0.1		0.1
计算机、通信和其他电子设备制造业	96.4		2.2	0.8	0.3		0.3
金属制品业	98.6	0.4		0.2		0.5	0.3
电气机械和器材制造业	93.0		3.6	2.9	0.2		0.3
非金属矿物制品业	86.2	7.0	3.6	1.2		0.3	1.7
化学原料和化学制品制造业	98.2		0.5	0.4	0.1	0.2	0.6
软件和信息技术服务业	99.8					0.1	0.1
互联网和相关服务	99.9			0.1			
橡胶和塑料制品业	95.6	1.2	0.7	0.7	0.1	1.0	0.8
木材加工和木、竹、藤、棕、草制品业	94.7	3.2		0.8		0.9	0.4
医药制造业	95.2		0.6		0.8		3.4
文教、工美、体育和娱乐用品制造业	99.0		0.3	0.3	0.2		0.2
汽车制造业	99.8						0.2
农副食品加工业	99.8				0.2		
铁路、船舶、航空航天和其他运输设备制造业	99.6					0.4	
农、林、牧、渔专业及辅助性活动	100.0						

数据来源：知识产权出版社 i 智库

数据时间：备案合格日为 2022 年 1 月 1 日至 2022 年 12 月 31 日

注：1. 采用国民经济行业分类

2. 选取按许可次数排名前 20 的国民经济行业

1.3.4　浙江、广东、江苏等地依然是专利许可最活跃的省份，广西许可次数增幅最高

从地区分布来看，如图 1－22 所示，浙江、广东、江苏、广西、山东等地是专利实施许可活动的重点地区，具有较高的活跃度。从专利许可和被许可角度来看，浙江、广东、江苏是许可次数排名前三的省份，分别为 7398 次、4888 次、3118 次，这三个省份的排名与 2021 年保持一致，许可次数均处于增长趋势，分别同比增长了 6.8%、107.7%、36.4%，广东的增幅最高。此外，广西许可次数增幅最高，达到 1505.3%，排名跃升至第四位，湖北、河北、天津的许可次数增幅较高，分别达到 378.5%、125.5%、111.9%，上海、四川等地的许可次数呈下降趋势。

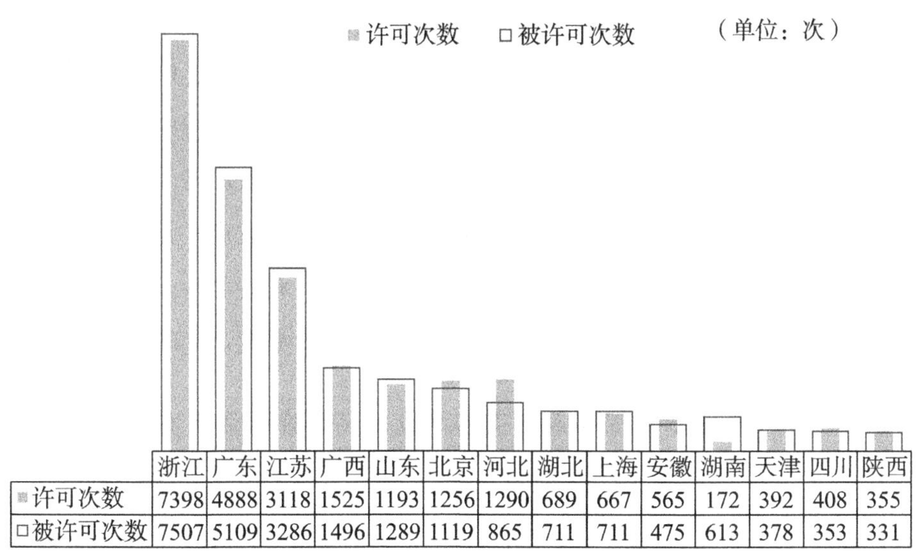

	浙江	广东	江苏	广西	山东	北京	河北	湖北	上海	安徽	湖南	天津	四川	陕西
许可次数	7398	4888	3118	1525	1193	1256	1290	689	667	565	172	392	408	355
被许可次数	7507	5109	3286	1496	1289	1119	865	711	711	475	613	378	353	331

数据来源：知识产权出版社i智库
数据时间：备案合格日为2022年1月1日到2022年12月31日
注：只显示许可次数/被许可次数在300次以上的省市

图 1－22　2022 年中国专利许可涉及许可人及被许可人主要省市分布

浙江、广东、江苏也是被许可次数排名前三的省份，分别为 7507 次、5109 次、3286 次，与 2021 年相比，前三个省份的排名保持一致，广东被许可次数同比增长 107.0%，在排名前三的省份中增幅最大，江苏被许可

次数同比增长 33.6%，而浙江出现小幅下降，同比下降 0.9%。此外，广西被许可次数增幅最高，同比增长超 18 倍，排名也跃升至第四位，湖北、天津、陕西的被许可次数增幅较高，分别达到 546.4%、293.8%、72.4%，上海、四川等地的被许可次数呈下降趋势。

从中国专利许可主要省市许可次数与被许可次数之间的差值来看，许可次数低于被许可次数的省市共 7 个，其中湖南的次数差值最大，为 441 次，成为典型的专利技术输入型省份；许可次数高于被许可次数的省市共 7 个，其中河北的次数差值最大，为 425 次，成为典型的专利技术输出型省份。

从许可专利在地域之间的流向来看，浙江、广东、江苏三省在本地区内许可的比例分别为 95.8%、92.3%、82.4%。除本省之间的许可外，浙江的被许可人主要从江苏、安徽、北京等地的权利人手中获取专利许可权，同时浙江权利人主要将专利许可给广东、湖北、山东等省市；广东的被许可人主要从浙江、陕西、北京等地的权利人手中获取专利许可权，同时广东权利人主要将专利许可给江苏、北京、湖南等省市；江苏的被许可人主要从上海、北京、卢森堡的权利人手中获取专利许可权，同时江苏权利人主要将专利许可给浙江、上海、北京等省市。如图 1－23 所示。

1.3.5 中国本土权利人占主体地位，高校许可活跃度明显提升

2022 年中国专利许可按许可次数排名 TOP 20 的许可人中，来自国外的许可人仅有 1 位，来自卢森堡的地板工业有限公司将其拥有的 27 件专利许可给江苏、安徽、浙江等地的 10 家企业，如表 1－8 所示。

2022 年 19 位中国专利许可人中，企业许可人占据 6 位，高校院所许可人占据 13 位，与 2021 年相比高校许可活跃度明显提升。从地域分布来看，TOP 20 中的中国许可人来自 8 个省份，浙江、广东、广西、江苏等地的许可人表现活跃。由湖州市电梯行业协会 2022 年成立的全资子公司湖州市湖梯协电梯技术服务有限公司以 1680 次的许可次数位列榜单首位，

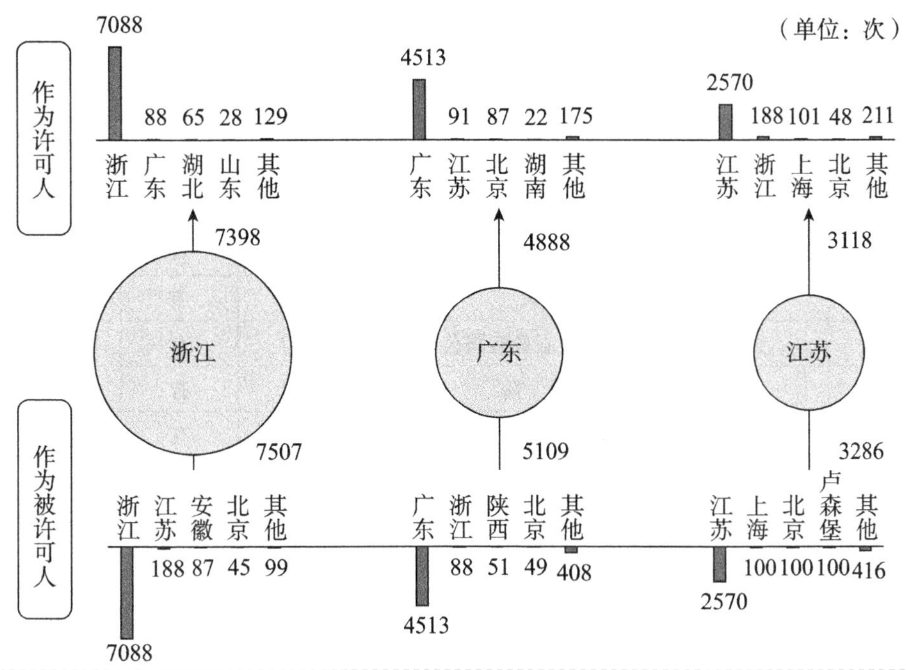

数据来源：知识产权出版社i智库
数据时间：备案合格日为2022年1月1日到2022年12月31日

图1-23　2022年中国专利实施许可人TOP 3地域主要流向分析

深圳迈瑞生物医疗电子股份有限公司以925次的许可次数居第二位。

高校院所许可人包含广州大学、深圳大学、桂林电子科技大学、桂林理工大学等，其中广州大学位列榜单第三，许可次数达到829次，深圳大学和桂林电子科技大学分列榜单第四、第五位，TOP 20许可人中的高校院所均涉及商业性许可。

表1-8　2022年中国专利许可许可人排名TOP 20

排名	许可人	许可次数（次）	商业性许可	许可人国别
1	湖州市湖梯协电梯技术服务有限公司	1680	有	中国
2	深圳迈瑞生物医疗电子股份有限公司	925	无	中国
3	广州大学	829	有	中国

续表

排名	许可人	许可次数（次）	商业性许可	许可人国别
4	深圳大学	777	有	中国
5	桂林电子科技大学	528	有	中国
6	东旭光电科技股份有限公司	433	有	中国
7	桂林理工大学	402	有	中国
8	义乌市凌丰知识产权服务有限公司	400	有	中国
9	佛山科学技术学院	308	有	中国
10	南通大学	239	有	中国
11	淮阴工学院	235	有	中国
12	浙江理工大学	220	有	中国
13	四川虹科创新科技有限公司	212	有	中国
14	温州正合知识产权服务有限公司	207	有	中国
15	玉林师范学院	185	有	中国
16	湖北省农业科学院粮食作物研究所	181	有	中国
17	地板工业有限公司	177	有	卢森堡
18	金华职业技术学院	173	有	中国
19	浙江大学台州研究院	170	有	中国
20	安徽信息工程学院	168	有	中国

数据来源：知识产权出版社 i 智库

数据时间：备案合格日为 2022 年 1 月 1 日至 2022 年 12 月 31 日

2022 年中国专利许可按被许可次数排名的 TOP 20 被许可人中，1 位被许可人来自韩国，其他被许可人均来自中国，深圳迈瑞动物医疗科技有限公司的被许可次数居首位，被许可次数为 930 次。中关村科技租赁股份有限公司（以下简称中关村科技租赁公司）、广东耀达融资租赁有限公司、安徽兴泰融资租赁有限责任公司等 9 家融资租赁公司的被许可次数排名靠前，进入 TOP 20 榜单，这体现了各地在开展知识产权融资租赁业务、丰富多元化知识产权融资方式上取得了新进展，如中关村科技租赁公司在北京市首次推出知识产权融资产品，包括“知识产权售后回租”及“知识产权二次许可”两种新型融资模式，与此同时，多家融资租赁公司以知识产权融资租赁业务为基础取得知识产权证券化新突破，如横琴金投国际融资租赁有限公司作为原始权益人和资产服务机构，于2022年12月在深圳证券交易所成功发行横琴金投租赁知识产权一期资产支持专项计划，发行规模1.01亿元，为珠海市首单知识产权证券化产品，采用专利二次许可（ABS）模式发行。除深圳迈瑞动物医疗科技有限公司、江苏科技大学技术转移中心有限公司等6位被许可人外，其他被许可人均涉及商业性许可。如表1－9所示。

表1－9　2022年中国专利实施许可被许可人排名TOP 20

排名	被许可人	被许可次数（次）	商业性许可	被许可人国别
1	深圳迈瑞动物医疗科技有限公司	930	无	中国
2	湖南兴怀新材料科技有限公司	424	有	中国
3	中关村科技租赁股份有限公司	235	有	中国
4	广东耀达融资租赁有限公司	210	有	中国
5	安徽兴泰融资租赁有限责任公司	143	有	中国
6	江苏科技大学技术转移中心有限公司	130	无	中国
7	上海临港融资租赁有限公司	121	有	中国
8	北京中科三清环境技术有限公司	110	无	中国
9	深圳市雨米科技有限公司	100	有	中国
10	横琴金投国际融资租赁有限公司	96	有	中国
11	南京江北新区扬子科技融资租赁有限公司	84	有	中国
12	韩华思路信株式会社	80	有	韩国
13	嘉兴市华鼎保温科技有限公司	75	无	中国
14	广东融通融资租赁有限公司	72	有	中国
15	泰州广瑞融资租赁有限公司	70	有	中国
16	陕西东城皓宇新材料科技有限公司	68	有	中国
17	金值（中国）融资租赁有限公司	68	有	中国

续表

排名	被许可人	被许可次数（次）	商业性许可	被许可人国别
18	河北春源新型清洁供热科技有限公司	66	有	中国
19	北京智科车联科技有限公司	65	无	中国
20	宁波北仑大港科技创新服务中心有限责任公司	61	无	中国

数据来源：知识产权出版社 i 智库

数据时间：备案合格日为 2022 年 1 月 1 日至 2022 年 12 月 31 日

1.4 高校专利转让许可数据分析

随着国家政策引导和知识产权意识的不断提高，高等院校依托雄厚的科研实力产生专利成果近年来保持增长趋势。高校专利的数量和质量及其转化率，是衡量其科技创新能力和成果转化能力的重要指标。本节将对 2022 年中国高校①的专利转让、专利实施许可数量进行统计分析。

1.4.1 高校专利转让占全国总量的 6.0%，南京林业大学仍居榜首

专利转让分为转出和转入两个部分，而高校主要进行专利转出，因此本节所指的高校专利转让数据为专利转出数量。2022 年共有 1030 余所中国高校进行了专利转让，与 2021 年基本持平，专利转让共计 23146 次，同比下降 22.2%，占全国专利转让总量的 6.0%，较 2021 年下降了 1.4 个百分点。

① 本书在处理高校专利转让、专利实施许可数据时遵循以下规则：高校涉及高校本身和与该高校相关的分校区、附属校区、研究院、研究所；未涉及与该高校相关的上级机构、校办企业、校属企业、合作企业、高校与地方政府合作研究机构、直属附属医院、非直属附属医院、教学医院。

从高校专利转让次数TOP 20的整体情况来看，2022年高校专利转让让与人TOP 20共计转让专利5607次，约占全国高校专利转让总次数的24.2%，这一比例较2021年提升0.8个百分点。与2021年相比，有9家高校的专利转让次数呈现增长态势，其中北京大学、温州职业技术学院、西北工业大学和山东大学增长幅度较大，而北京航空航天大学、清华大学、江苏大学等的专利转让次数下降幅度较大。

从TOP 20高校的专利转让次数具体情况来看，南京林业大学2022年专利转让次数仍居榜首，达到1020次，较2021年同比增长10.0%；北京大学以463次转让位居第二位，同比增长1303.0%，是增长幅度最大的高校，北京大学与北大方正集团有限公司等企业作为共同权利人的专利涉及转让的较多，这种类型的转让次数占其总量的八成以上，成为北京大学转让次数大幅增长的主要推动因素；温州职业技术学院、西安交通大学和天津大学分别位居第三位到第五位，专利转让次数分别为303次、300次和258次，其中温州职业技术学院专利转让增长幅度也较高，达到304.0%；排名第八位的西北工业大学的转让次数为250次，同比增长123.2%。如表1－10所示。

表1－10　2022年中国高校专利转让让与人排名TOP 20　（单位：次）

让与人	让与人专利转让次数		
	2021年	2022年	同比变化（%）
南京林业大学※	927	1020	10.0
北京大学※	33	463	1303.0
温州职业技术学院※	75	303	304.0
西安交通大学※	535	300	－43.9
天津大学※	325	258	－20.6
华南理工大学※	240	255	6.3
江苏大学※	476	250	－47.5
西北工业大学※	112	250	123.2

续表

让与人	让与人专利转让次数		
	2021 年	2022 年	同比变化（%）
江南大学※	330	246	-25.5
上海交通大学※	175	246	40.6
武汉大学※	179	243	35.8
合肥工业大学※	186	215	15.6
山东大学※	93	206	121.5
杭州电子科技大学※	279	205	-26.5
燕山大学※	217	204	-6.0
陕西科技大学※	236	203	-14.0
中南大学※	209	198	-5.3
清华大学※	401	182	-54.6
苏州大学※	182	181	-0.5
北京航空航天大学※	582	179	-69.2

数据来源：知识产权出版社 i 智库

数据时间：法律状态公告日为 2022 年 1 月 1 日至 2022 年 12 月 31 日

注：※表示包含作为共同权利人的专利转让

进一步对高校让与人 TOP 20 专利转让的具体受让情况进行分析，如表 1-11 所示，高校让与人 TOP 20 的平均受让人数为 84 位，平均每位受让人的受让次数约为 3.3 次，江南大学、江苏大学、南京林业大学、陕西科技大学和西安交通大学的受让人数众多，人数均过百，其中江南大学的受让人数最多，达到了 156 位，平均受让 1.6 次。从各高校主要受让人的专利受让次数占该校转让总次数的统计情况来看，合肥工业大学、北京大学、武汉大学、燕山大学的专利转让集中度较高，例如：合肥工业大学向合肥庐阳科技创新集团有限公司共计转让专利 130 次，占其转让总量的 60.5%。

表1-11　2022年中国高校专利转让让与人TOP 20专利受让情况

让与人	受让人数量（位）	主要受让人	受让次数（次）	占本校转让次数比例（%）
南京林业大学※	131	南京顶特机械设备有限公司	68	6.7
		南京后羿文化发展有限公司	49	4.8
		南京国豪装饰安装工程股份有限公司	48	4.7
北京大学※	52	新方正控股发展有限责任公司；北京大学；北京北大方正电子有限公司	226	48.8
		新方正控股发展有限责任公司；北京方正阿帕比技术有限公司；北京大学	67	14.5
		新方正控股发展有限责任公司；北京大学；北京北大方正技术研究院有限公司	32	6.9
温州职业技术学院※	78	合肥九州龙腾科技成果转化有限公司	30	9.9
		合肥智慧龙机械设计有限公司	27	8.9
		山东承坤信息科技有限公司	20	6.6
西安交通大学※	109	咸阳瞪羚谷新材料科技有限公司	77	25.7
		明石创新（烟台）微纳传感技术研究院有限公司	10	3.3
		西安交通大学；陕西煤业化工技术研究院有限责任公司	9	3.0
天津大学※	67	中知在线股份有限公司	25	9.7
		天津大学；天津大学资产经营有限公司	24	9.3
		山东威高手术机器人有限公司	24	9.3
华南理工大学※	99	广东科隆威智能装备股份有限公司	24	9.4
		广州光达创新科技有限公司	17	6.7
		广州迅合医疗科技有限公司	10	4.0
江苏大学※	134	合肥九州龙腾科技成果转化有限公司	31	12.4
		江苏国鑫铝业有限公司	10	4.0
		兰州博林化工科技有限公司	5	2.0

续表

让与人	受让人数量（位）	主要受让人	受让次数（次）	占本校转让次数比例（%）
西北工业大学※	55	西安爱生技术集团有限公司	39	15.6
		无锡博智复合材料有限公司	34	13.6
		西安觉天动力科技有限责任公司	24	9.6
江南大学※	156	江苏奥神新材料股份有限公司；连云港市工业投资集团有限公司；江南大学；连云港纤维新材料研究院有限公司	9	3.7
		从江县文化旅游投资开发有限责任公司	7	2.8
		合肥九州龙腾科技成果转化有限公司	6	2.4
上海交通大学※	87	上海交大知识产权管理有限公司	21	8.5
		上海交大知识产权管理有限公司；曾贵华	14	5.7
		上海涛影医疗科技有限公司	13	5.3
武汉大学※	48	宁波华彰企业管理合伙企业（有限合伙）	75	30.9
		岳阳珞佳智能科技有限公司	30	12.3
		江西兆驰半导体有限公司	16	6.6
合肥工业大学※	39	合肥庐阳科技创新集团有限公司	130	60.5
		合肥工业大学资产经营有限公司	16	7.4
		重庆川仪自动化股份有限公司	9	4.2
山东大学※	69	山东百廿慧通工程科技有限公司	47	22.8
		山东本源晶体科技有限公司	13	6.3
		山东智岩探测科技有限公司	11	5.3
杭州电子科技大学※	81	西安华企众信科技发展有限公司	16	7.8
		合肥龙图腾信息技术有限公司	11	5.4
		上海中电电子系统科技股份有限公司	10	4.9
燕山大学※	81	合肥龙智机电科技有限公司	70	34.3
		合肥智慧龙机械设计有限公司	16	7.8
		河北凯通信息技术服务有限公司	6	2.9

续表

让与人	受让人数量（位）	主要受让人	受让次数（次）	占本校转让次数比例（%）
陕西科技大学※	106	合肥名龙电子科技有限公司	13	6.4
		甘肃智仑新材料科技有限公司	12	5.9
		大同共聚（西安）科技有限公司	11	5.4
中南大学※	80	湖南恩捷前沿新材料科技有限公司	24	12.1
		广西锐异环境科技有限公司	7	3.5
		湖南提奥科技有限公司	7	3.5
清华大学※	84	云南电网有限责任公司	8	4.4
		北京清瀚医疗科技有限公司	7	3.8
		山东云储新能源科技有限公司	7	3.8
苏州大学※	75	苏州德加能源科技有限公司	18	9.9
		海博（苏州）机器人科技有限公司	12	6.6
		苏州尔生生物医药有限公司	11	6.1
北京航空航天大学※	56	天航长鹰（江苏）科技有限公司	27	15.1
		北京中瑞泰新材料有限公司	10	5.6
		中咨数据有限公司	8	4.5

数据来源：知识产权出版社 i 智库

数据时间：法律状态公告日为 2022 年 1 月 1 日至 2022 年 12 月 31 日

注：※表示包含作为共同权利人的专利转让

从高校让与人 TOP 20 专利转让的主要受让人来看，大致可以将其转让行为分为以下几种类型：

一是与高校的校属技术转移机构、资产投资经营有限责任公司、科技园等进行的专利转让。这种类型的专利转让为高校先将科技成果划转给校属技术转移机构、资产经营机构等，再由这类机构进行专利运营。2021 年以来，这种类型的专利转让所占比重有所下降。如：2022 年，合肥工业大学向合肥工业大学资产经营有限公司共计转让专利 16 次，仅占其转让总量的 7.4%，天津大学转让给天津大学资产经营有限公司的专利也仅占其转让总量的 9.3%，且转让后天津大学为共同专利权人。

二是与技术转移和知识产权运营机构进行的转让活动。合肥九州龙腾科技成果转化有限公司、深圳龙图腾科技成果转化有限公司、常熟市知识产权运营中心有限公司等是参与高校专利运营中介服务转让次数较多的服务机构。合肥九州龙腾科技成果转化有限公司的主要让与人包括江苏大学、温州职业技术学院、青岛科技大学、河南城建学院、苏州科技大学等，其中温州职业技术学院转让专利中受让人是合肥九州龙腾科技成果转化有限公司的占 9.9%，江苏大学转让专利中受让人是合肥九州龙腾科技成果转化有限公司的占 12.4%。

三是与外部企业进行的专利转让活动。高校将技术直接转让给企业是最主要的一种转化模式，目前，越来越多高校采取这种模式进行专利转让。如 2022 年，南京林业大学共涉及 131 位受让人，大部分受让人为林业相关的上下游生产型企业，有利于科技成果进行有效转化。西安交通大学、江苏大学等也面向众多制造业企业、科技型企业开展专利技术转让，如西安交通大学的主要受让人包括明石创新（烟台）微纳传感技术研究院有限公司、陕西煤业化工技术研究院有限责任公司、深圳协同创新高科技发展有限公司、西安一九零八新能源科技有限公司。

四是以专利权共有的模式转让。部分高校在专利转让的过程中涉及以权利共有的模式进行转让，主要反映了产学研或高校院所之间协同创新中的知识产权分配。如成都永安缘和生物科技有限公司与江南大学等科研院校建立了紧密合作关系①，2022 年江南大学将 6 件专利转让给成都永安缘和生物科技有限公司，转让后江南大学与成都永安缘和生物科技有限公司成为这 6 件专利的共同专利权人；2022 年清华大学深圳国际研究生院以权利共有的方式转让 6 件专利给北京理工大学。此外，若高校合作企业发生破产重组，知识产权面临被处置、被转让的风险，从而导致共有专利权转让、

① 成都永安缘和生物科技有限公司合作机构简介［EB/OL］.（2021－09－22）［2023－05－15］. http：//www.cdyayh.com/h－col－112.html.

共同专利权人变更。如北京大学和北大方正集团有限公司共有专利权的转让。

1.4.2 高校专利许可占全国比重提升至31.2%，广州大学、深圳大学等高校有大幅突破

2022年，有近240所中国高校参与专利实施许可活动，专利实施许可次数达8109次，比2021年大幅增长了175.0%，占全国总量的比重提升至31.2%。其中普通许可7552次，占比为93.1%，同比增长7.6个百分点；独占许可483次，占比为6.0%，同比下降2.7个百分点；排他许可69次，占比为0.9%。

对2022年专利许可次数排名前十位的中国高校进行分析，如表1－12所示，排名前十高校的专利许可尤为活跃，专利许可次数共计3902次，占全国高校专利许可次数的48.1%。TOP 10高校中，广州大学、深圳大学、桂林电子科技大学、桂林理工大学等多所高校在2021年未参与专利许可活动，2022年专利许可次数有大幅突破，进入前十榜单，南通大学、淮阴工学院、浙江理工大学的专利许可次数较2021年呈现稳定增长趋势，南通大学增幅最大，同比增长397.9%，2021年居于榜首的南京林业大学专利许可次数降幅较大，未进入前十榜单。

表1－12 2022年中国高校专利许可许可人排名TOP 10 （单位：次）

许可人	专利许可次数		
	2022年	2021年	同比变化（%）
广州大学	831	0	—
深圳大学	777	0	—
桂林电子科技大学	528	0	—
桂林理工大学	402	0	—
佛山科学技术学院※	311	0	—
南通大学	239	48	397.9

续表

许可人	专利许可次数		
	2022 年	2021 年	同比变化（%）
淮阴工学院※	236	214	10.3
浙江理工大学	220	61	260.7
玉林师范学院	185	0	—
金华职业技术学院	173	0	—

数据来源：知识产权出版社 i 智库

数据时间：备案合格日为 2022 年 1 月 1 日至 2022 年 12 月 31 日

注：※表示包含作为共同权利人的专利许可

进一步对 TOP 10 高校的被许可人情况进行分析，深圳大学的被许可人数最多，达到了 194 位，均为企业，且以深圳市企业为主。南通大学专利许可集中度最高，向前四位被许可人实施许可次数占本校许可次数的比例达 50.6%，专利许可模式以商业性许可为主。如表 1－13 所示。

表 1－13　2022 年专利许可次数 TOP 10 中国高校的被许可人情况

许可人	被许可人数量（位）	主要被许可人	被许可次数（次）	占本校许可次数比例（%）
广州大学	175	广东仁达生物技术有限公司	9	1.1
		广州市大为通信有限公司	8	1.0
		广州时尚芭莎国际生物科技有限公司	8	1.0
		广州正盛教学设备有限公司	8	1.0
		深圳市晶莱新材料科技有限公司	8	1.0
		广东长誉智能科技有限公司	8	1.0
		广州市曦乐欢医疗器械有限公司	8	1.0
深圳大学	194	深圳东方仁寿生命科技有限公司	33	4.2
		深圳麦沃创新技术有限公司	24	3.1
		深圳市邦奇科技有限公司	18	2.3

续表

许可人	被许可人数量（位）	主要被许可人	被许可次数（次）	占本校许可次数比例（%）
桂林电子科技大学	89	桂林宏天科技有限公司	18	3.4
		广西昊华科技股份有限公司	11	2.1
		广西君安网络安全技术有限公司	11	2.1
		桂林中辰信息科技有限公司	11	2.1
桂林理工大学	99	桂林奇宏科技有限公司	10	2.5
		南宁日充科技有限公司	10	2.5
		桂林新美环保科技有限公司	10	2.5
		广西品日电子科技有限公司	10	2.5
		广西伊方环保科技有限公司	10	2.5
		广西阳升新能源有限公司	10	2.5
佛山科学技术学院※	89	东莞润如智能科技有限公司	15	4.8
		东莞绿邦智能科技有限公司	14	4.5
		东莞市昭仪信息科技有限公司	9	2.9
南通大学	16	无锡市奥特邦家具有限公司	48	20.1
		无锡市元海科技有限公司	25	10.5
		义乌兰思体育用品有限公司	24	10.0
		梁溪区冬成通讯器材经营部	24	10.0
淮阴工学院※	55	上海岩峤信息科技有限公司	32	13.6
		江苏慧创科教发展有限公司	22	9.3
		淮安启坤科技有限公司	17	7.2
浙江理工大学	50	绍兴鑫丰新材料科技有限公司	14	6.4
		浙江中精轴承有限公司	13	5.9
		常山县鑫龙轴承有限公司	12	5.5
玉林师范学院	40	广西康健奥鑫生物医药科技有限公司	11	5.9
		广西顶聪明科技产业有限公司	10	5.4
		广西龙呈农业投资发展有限公司	10	5.4
		独一（玉林）生物医疗科技有限公司	10	5.4
		广西融丰合医药有限公司	10	5.4

续表

许可人	被许可人数量（位）	主要被许可人	被许可次数（次）	占本校许可次数比例（%）
金华职业技术学院	39	金华美诺机电有限公司	34	19.7
		浙江华丰电动工具有限公司	22	12.7
		武义县兴牧生猪养殖农场	10	5.8

数据来源：知识产权出版社 i 智库

数据时间：备案合格日为 2022 年 1 月 1 日至 2022 年 12 月 31 日

注：※表示包含作为共同权利人的专利许可

第2章　专利转化实施典型案例

本章从专利实施、专利转移转化两个维度共选取并介绍了七个典型案例。在专利实施案例中，选取了获得专利金奖的部分企业及其专利进行展示，分别是上海君实“抗PD－1抗体及其应用”、中车四方“专利轨道车辆车头（2018－02）”、韶音科技“一种抑制骨传导扬声器漏音的方法及骨传导扬声器”及科大讯飞“语音识别方法及系统”。每个案例分别从专利技术研发背景、自实施过程、自实施模式等方面归纳了经验和要点，总结了案例的亮点做法及效益情况。在专利转移转化案例方面，综合考虑专利运营的成效成果、运营主体的不同类型、所属不同行业和技术领域等因素，凝练梳理了有研集团围绕车载固态储氢装置技术促进其系列专利成果转移转化的过程；东南大学不断创新组织构架和工作模式以促进学校科研成果产业化落地的经验；四川大学华西医院“新型骨骼肌松弛药物YJJS－71”的专利技术研发背景、自实施过程、自实施模式及案例亮点和效益分析。通过这些案例的展示，希望能从不同角度描绘我国专利转化运用的生动实践，便于读者找到适合自己的专利运营模式。

2.1 专利实施典型案例

2.1.1 上海君实生物医药科技股份有限公司专利自实施案例

1. **企业简介**

上海君实生物医药科技股份有限公司（以下简称君实生物公司）成立于2012年，是一家创新驱动型生物制药公司。目前，该公司已拥有超过53项在研项目，分别处于上市销售及不同的研发阶段，其中含多个潜在“first－in－class”的源头创新类药物。截至2022年12月底，该公司拥有有效授权专利121项，包括94项境内专利和27项境外专利。君实生物公司对核心产品之一“特瑞普利单抗”的相关专利“抗PD－1抗体及其应用”在国内外进行了广泛布局，荣膺2021年中国专利金奖，并且在北美地区与合作伙伴就专利权达成授权许可合作。

2. **专利技术研发背景**

近年来，中国癌症发病率整体呈上升趋势，癌症新发患者人数逐年增加。1992年，日本科学家本庶佑发现T细胞抑制受体PD－1，并依此开创了癌症免疫疗法。十年来，PD－1/PD－L1通路阻断已被证明是在各种癌症适应证中诱导持久抗肿瘤应答的有效途径。但是，在2018年以前，我国没有以PD－1为靶点的药物，而此类药物在海外的价格不菲，让我国患者望药却步。为了填补国内的技术空白，满足患者和医生对该类药物的急迫需求，君实生物公司通过自主研发平台经过多项研究成功研发并优化产生了特瑞普利单抗，并成为国内第一个获批上市的国产抗PD－1单克隆抗体药物。该药物具有独特的作用机制和治疗优势，其安全性与有效性不亚于进口同靶点产品，在多种肿瘤治疗上展现出巨大潜力。

3. **专利技术实施过程**

君实生物公司在该项专利技术的研发过程中主要经过了以下五个

阶段。

第一阶段：市场需求调研阶段。

该公司市场团队的市场调研显示，随着世界范围内癌症发病率整体上升，以及人民的经济水平和健康意识的提高，国内外均存在巨大的未被满足的抗癌创新药物的市场需求。

第二阶段：知识产权调研阶段。

该公司根据研发部门的需求报告，知识产权部门对相关的现有技术展开了全面检索，在查全的基础上进行去噪处理后进行了细致的分析并给出了详细的检索报告和意见。研发部门结合检索报告和意见，与公司各部门以及管理层进行了沟通，得出了项目最终可行的技术方案。

第三阶段：技术研发阶段。

该公司通过体外细胞实验和多种体内小鼠动物肿瘤模型的功能性实验初筛到多个抗 PD-1 的鼠源抗体，采取基因工程手段将 IgG4 亚型抗体进行定点氨基酸突变，从而增加其稳定性。在对氨基酸序列进行改造的同时，根据知识产权部门的检索结果，注意规避潜在的序列和方法上的专利风险。最终确定的特瑞普利单抗分子在经过工程化的中国仓鼠卵巢细胞（CHO）中发酵表达，且具有产量高（5~7 克/升），经过纯化后的抗体质量稳定等特点。

第四阶段：专利布局阶段。

该公司由研发部门提供详尽的技术交底材料，交至知识产权部门进行专利文本初稿的撰写，再委托专利代理机构复核专利文本，该过程中研发部门和知识产权部门对文本进行反复修改、补充细节，最终由专利代理机构递交申请。同时，通过提交 PCT 国际专利申请，将相关专利广泛布局至不同的国家和地区。此外，对核心产品不断进行外围专利的布局，包括布局制剂、组合物、适应证以及与各类其他药物联合使用的专利等，以加强产品的专利保护力度。

第五阶段：技术成果转化。

特瑞普利单抗相关的技术研发和专利布局仍在持续进行中，自 2017

年其相关的中国专利授权以来，公司已在中国、美国、东南亚和欧洲等地开展了特瑞普利单抗相关的覆盖超过15个适应证的30多项临床研究，涉及鼻咽癌、尿路上皮癌、肺癌、胃癌、食管癌、肝癌、乳腺癌等新适应证。在特瑞普利单抗的关键注册临床中，公司除了广泛布局多瘤种的一线治疗外，同时在肺癌、肝癌、胃癌、食管癌等瘤种都积极布局了围手术期的辅助/新辅助治疗。此外，公司积极开展特瑞普利单抗的外部合作。2021年，该公司就特瑞普利单抗授予Coherus在北美商业化的独家权益，合作涉及1.5亿美元预付款，以及潜在的3.8亿美元的里程碑付款和20%销售净额的分成。截至2022年6月底，该公司与多家跨国企业达成合作，持续拓展特瑞普利单抗的全球商业化网络，覆盖超过50个国家。

4. **专利技术自实施模式**

特瑞普利单抗的专利技术是由该公司研发部门提供详尽的技术交底材料，交至专利部门进行专利文本初稿的撰写，再委托专利代理机构复核专利文本，并最终递交申请。具体实施方式如图2－1所示。为加强海外的专利保护，该专利进行了PCT国际专利的申请（PCT专利号：PCT/CN2014/072574）。

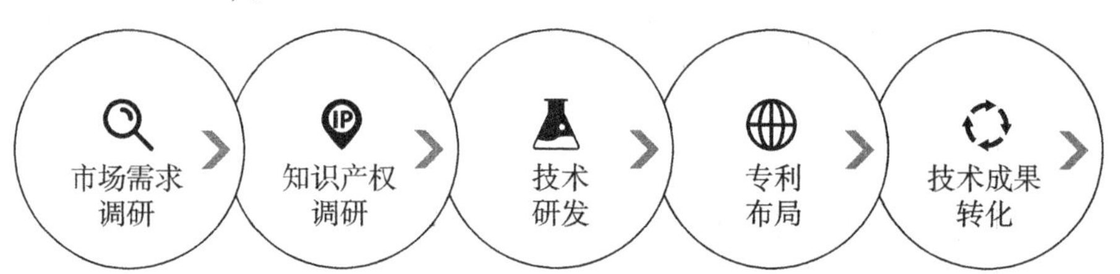

图2－1　君实生物公司专利技术实施模式

5. **案例亮点及收益**

本案例是中国民营企业通过自主研发和专利布局，助力“中国智造”在生物创新药领域实现创新突破的典型案例。作为国内首个获得上市批准的自主研发的国产PD－1抗体，特瑞普利单抗的出现打破了国外产品在免疫治疗领域技术和价格上垄断的局面，凭借全新的结构和双重作用机制，促进了中国生物医药领域在免疫治疗领域的进步。特瑞普利单抗的初始定价仅为同类产品海外定价的1/6水平，自2021年加入国家医保目录之后，产品终端定价相较于2020年的初始定价降幅超过60%，该药物在改善药品可及性，惠及更多患者上，做出了重大的贡献。

2022年，特瑞普利单抗年销售额达7.36亿元，覆盖超过4000家医疗机构和近2000家专业/社会药房。特别是2021年通过海外授权许可，实现高达1.5亿美元的收益。

2.1.2 中车青岛四方机车车辆股份有限公司专利自实施案例

1. 企业简介

中车青岛四方机车车辆股份有限公司（以下简称中车四方股份公司）是中国中车股份有限公司的核心企业，累计获得中国专利金奖4项、银奖3项、优秀奖7项，获得山东省专利奖一等奖2项。

截至2022年12月31日，中车四方股份公司拥有有效专利4035件，其中发明专利1855件，“十三五”期间授权专利复合增长率为16.2%。该公司积极开拓国外市场，申请海外专利817件，授权328件，专利布局范围主要包括美国、日本、欧洲及“一带一路”沿线国家在内的全球26个国家和地区。

2. 专利设计背景

北京新机场线快轨车辆，是我国首列全自动驾驶市域快轨车辆。发明人团队由工业设计、车体结构设计、仿真分析、试验跟踪等多专业学科人员组成，依托国家高速动车组总成工程技术研究中心、高速列车系统集成国家工程实验室、国家级技术中心等平台，完成了空气动力学仿真计算、部件设计研发、车体静强度试验等工作。

3. 专利自实施过程

该外观设计专利以产品为载体，保护了产品造型设计，主要包括车辆外部的点面线组合呈现出来的车头轮廓以及车窗、车灯在车头上的布局，符合外观设计保护的客体要求。

（1）外观造型设计。

列车车头造型设计灵感来源于拥有圆润流线体型的白鲸。提取白鲸的形态特征：圆润流畅的额头、笑脸般的唇线特征、匀称的构型比例，应用于北京新机场线列车头型的形态构建、棱线设计、微笑曲线般的车灯造型及前窗布局；列车外观头型笑脸布局的设计透着微笑欢迎之意与独特的亲和力；富有张力的上下棱线勾勒出列车的时代感与速度感。“白鲸”设计元素提炼演化过程如图2－2所示。

司机室前窗设计与前照灯采用简洁统一设计的设计理念，车灯造型与前窗造型相呼应匹配，展现了一体化设计效果。同时列车LED前照灯的设计采用U字形的一体式设计，宛如笑脸的曲线造型，具有独特的人性化色彩，在满足照明的同时提升车辆的亲和力。

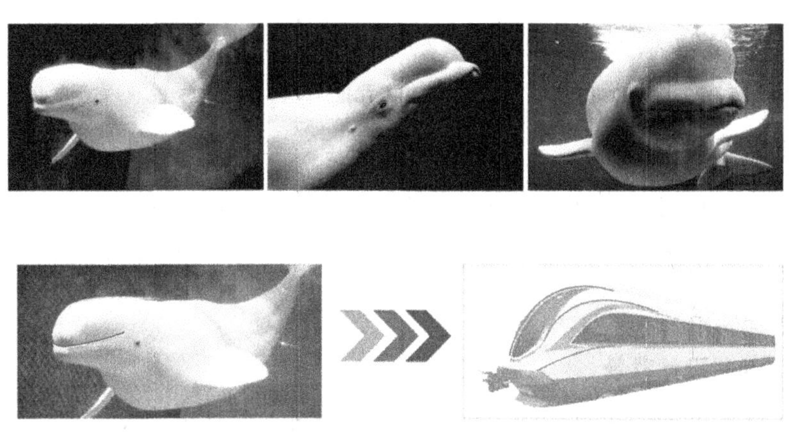

图2－2　“白鲸”设计元素提炼演化过程

（2）外观配色设计。

列车美工方案设计以白色作为底色，简洁大方，温文尔雅。车身配色设计融入了“中国红”的文化元素；飘动的色带灵动而轻盈，整体走势流畅动感；色带搭配的设计布局对标“复兴号”高铁列车，传承北京机场线配色；色带设计兼顾高架段和车站内视觉效果；色带走势配合流线感极强的造型棱线，凸显整车配色的流畅动感，稳重大气。

新机场线车辆设计充分借鉴高铁、城际、城轨车辆先进技术，并进行系统创新而研发的新型市域D型车，作为目前世界最快的全自动驾驶轨道交通车辆，其运营速度高达160km/h，采用GOA4级全自动驾驶技术，列车外观造型设计美观大方，流线感强。

（3）专利保护。

该公司对该产品进行了系统的专利挖掘与布局，形成了相关专利组合35件，相关专利成功转化为城市轨道车辆产品，应用于“国门第一线”——北京大兴国际机场线。

4. 专利自实施模式

中车四方股份公司建立了覆盖26个业务部门的管理制度和流程，建立了研发专利一体化工作机制，将专利信息利用、预警分析和布局等工作要求融入产品设计开发过程，制定了详细的操作流程，细化了流程中各执行人员的职责及相应程序的具体要求，实现知识产权与技术研发的深度结合。

该公司在自主研发并生产制造的北京新机场线车辆（北京大兴机场线车辆）产品中成功应用该车头设计方案，在北京新机场线轨道车辆研制过程中，进行了系统的专利挖掘与布局，形成了相关专利组合35件。在设计转化过程中体现了一体化、高效率等优势。

5. 案例亮点及收益

（1）打造新型快轨列车，助推国家加快新型基础设施建设项目。

北京新机场线车辆是国内首个GOA4全自动驾驶的时速160千米市域快轨列车，具有快速便捷、绿色智能、节能环保、经济舒适等特点，其作为CRH6型城际动车组的升级版可广泛应用于城际轨道交通，把城市和城市群之间更好地联系起来，让出行更方便快捷。

（2）提升产品技术含量，促进区域经济整体发展。

该车头专利技术在北京新机场线车辆上的成功应用，显著提升了市域列车的动力学性能。时速160千米北京新机场线轨道车辆的成功研制，拓展了国内生产市域铁路车辆的新市场，带动了轨道产业链的数百家企业发展，推动了以青岛为核心的区域轨道产业生态建设，为打造轨道交通装备千亿级产业链做出了积极贡献。

由于北京新机场线车辆整车有 40 多万个零部件，涉及机械、冶金、电子、化工等多个行业，其中一级配套企业已辐射全国 10 个省（直辖市）、涉及 100 余家国内企业，市域轨道的“新标准”对我国传统工业的整体工艺和技术水平也提出了更高要求，对于提升传统工业基础工艺、基础材料等的研发、系统集成能力及制造水平等，具有积极的促进作用。

2.1.3 深圳市韶音科技有限公司专利自实施典型案例

1. 企业简介

深圳市韶音科技有限公司（以下简称韶音科技公司）于 2004 年 4 月 26 日成立，是一家专注于电声学产品的研发、设计、生产和销售的企业，相关核心技术已在全球范围内布局了 3100 余项专利申请，获得授权近 1000 项，拥有该领域内的核心专利群组，其中部分核心技术专利还荣获了第二十二届中国专利金奖（ZL201410005804.0）和中国外观设计银奖（ZL201630661538.7）等多个权威技术奖项。

2. 专利技术研发背景

骨传导耳机具有开放双耳、安全舒适的明显优势。骨传导耳机要推动骨头的振动，功率是气导扬声器的 10～100 倍，因此在振动扬声器传递振动的同时，会推动耳机外壳的振动，从而引起周围空气的振动产生漏音，耳机私密性无法保证。因此，如何减少漏音是骨传导耳机领域的难题之一。

该公司于 2014 年基于相关研究结果申请了“一种抑制骨传导扬声器漏音的方法及能够抑制漏音的骨传导扬声器”的发明专利（本专利中的附图如图 2－3 所示）。该骨传导扬声器包括开口状外壳、振动面板和换能装置，利用了声波干涉原理，以消减振幅，从而达到减少漏音的效果。该方案不仅抑制漏音的效果好，而且实现简单，不增加骨传导扬声器的体积和重量，也几乎不增加产品成本。

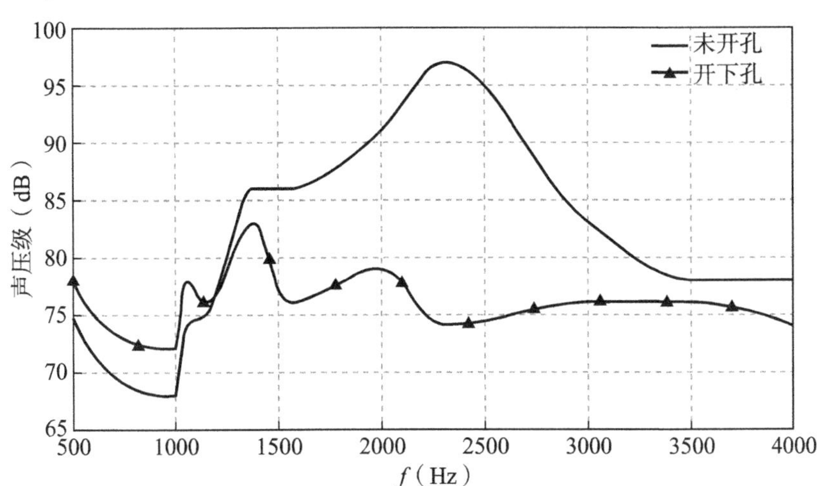

图2－3 降漏音专利技术方案和技术效果

3. **专利技术实施过程**

韶音科技公司在该专利技术的研发过程中主要经历了以下几个阶段。

第一阶段：确定并分析问题。该公司研发人员通过相关技术预研，了解漏音的本质：骨传导振动扬声器传递振动的同时，会推动耳机外壳的振动，从而引起周围空气的振动产生漏音。

第二阶段：分析现有技术。当时行业内对于解决漏音的方案，主要是通过减小最外层壳体的振动，比如采用双重壳体，从而减小振动外壳泄漏到空气中的声音起到降漏音的效果，但从实际情况来看，双重壳体的固定连接也不可避免地导致最外层壳体的振动，所以实际降低漏音的效果较差，并且双重壳体也增加了扬声器的整体体积和重量，不仅导致成本增加，还增加了装配工艺的复杂度，降低了扬声器的一致性和可靠性。

第三阶段：研发专利技术。基于声波干涉原理，该公司将壳内的换能装置产生的壳内声波当作一个声源，漏音声波作为另外一个声源，用于产生振动的所述换能装置容置在所述外壳的内部，外壳的至少一部分上开设有至少一个引声孔，引声孔用于将外壳内部空气振动所形成的壳内声波引出至外壳的外部，与外壳振动推动壳外空气所形成的漏音声波发生干涉，以降低所述漏音声波的振幅。

第四阶段：专利布局阶段。基于该专利的核心地位，韶音科技公司在全球范围内包括中国、美国、欧洲、日本、韩国、印度、巴西等国家和地区，布局了 20 余项专利，最大范围地保证该公司专利权人相关产品在专利布局地区的合法商业利益不受损害和侵犯，为专利权人在全球范围内的电商平台、分销商和渠道商提供了有力的支持和保障。

4. 专利技术自实施模式

韶音科技公司打造了如图 2－4 所示的闭环自我纠错循环系统，形成了具有鲜明特点的专利技术自实施模式。

该公司在专利技术自实施各阶段均采取了相关的措施和手段，例如：专利申请阶段，主要根据技术的重要性和市场覆盖度考虑专利申请的类型、方式以及申请地域；专利维权阶段，根据运营策略制定维权策略，考虑用线上投诉、法院起诉或者发送律师函等方式进行维权；专利无效阶段，无效往往伴随诉讼而生，将专利无效视为机遇与挑战并存的历练；专利诉讼阶段，通过判决或和解的方式达成想要的维权目标；专利布局阶段，通过前面专利诉讼和专利无效中获得的反馈，通过提起分案、续案或者申请新技术方案专利的方式完善整体的专利布局。

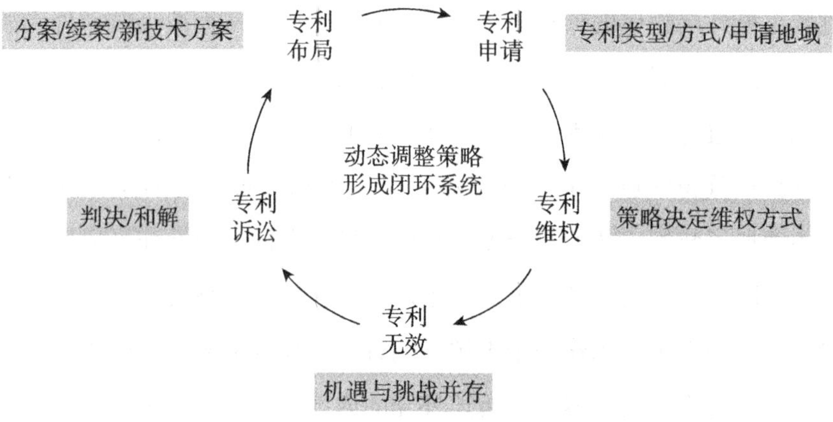

图 2－4　韶音科技公司专利技术自实施基本模式

该专利技术充分应用了以上自实施模式：（1）在全球范围内布局了 20 余项专利；（2）专利实施期间，该公司共发起了 9 起诉讼案件，其中 4 起案件已获得胜诉或和解，部分案件也获得了最高人民法院的支持；（3）该专利在诉讼期间，共经历了三次无效，专利权全部维持有效，并且基于诉讼和无效的反馈，公司提出了多起分案或续案，分别从漏音声波的具体声学特征，包括相位、频率范围，以及引声孔连接结构等方向进行了补充布局，进一步对专利进行精细化布局。

5. **案例亮点及收益**

“一种抑制骨传导扬声器漏音的方法及能够抑制漏音的骨传导扬声器”的发明专利从技术效果和成果转化的角度看，不仅抑制漏音的效果好，实现简单，不增加骨传导扬声器的体积和重量，也几乎不增加产品成本，而且相关的专利技术方案可适用于各种具有典型结构的骨传导扬声器，技术普适性强，并且在涉诉过程中历经多次无效依然保持稳定，证明了该专利技术的新创性，是骨传导扬声器领域解决漏音问题的基础专利之一。

韶音科技公司通过该专利的成功实施，将其运用于产品上，得到了用户的认可，该公司销售额逐年上升，一直保持着骨传导消费电子领域行业领先的位置，实现了 6 年营收超 80 倍的跨越式增长，奠定了其在骨传导消费电子领域的领军地位。

2.1.4　科大讯飞股份有限公司专利自实施案例

1. **企业简介**

科大讯飞股份有限公司（以下简称科大讯飞公司）成立于 1999 年，主要从事智能语音、自然语言理解、计算机视觉等技术研究和应用。截至 2022 年底，科大讯飞公司申请专利超 10000 件，拥有授权专利超 4500 件。

2. **专利技术研发背景**

科大讯飞公司的“语音识别方法及系统”专利提出“静态 + 动态”网络空间实时融合路径解码寻优算法，通过多网络并行解码，大幅降低热词定制成本，提高更新速度，利用语音识别方法及系统专利方法，无须系统参数重估，即可快速、准确识别热点词汇及用户个性化词汇，提高热词的识别效果。

在研发过程中，为了解决语音识别技术在专业领域词汇识别上的短板，研发人员开始着手对语音识别技术进行研究，不断尝试，反复总结、思考，最终设计出对计算量或者系统的复杂度影响较小的语音识别方案。目前，无论是在讯飞翻译机等终端设备还是讯飞云端语音识别服务上都用到了该专利方法中的语音识别技术。

3. **专利技术实施过程**

科大讯飞公司在该项专利技术的研发过程中主要经历了以下阶段：

第一阶段：需求分析与调研阶段。

该公司产品团队在市场调研以及服务客户的过程中发现问题：专业词汇以及个性用户词等特定热词识别准确率的要求往往超过常用词，而这些词恰恰是通用语音识别系统的短板，比如热词卡——脖子、云监工，个性化词汇——王威/王伟/王维；另外，不同领域的专业词汇不尽相同，不同用户的个性化词汇也各有差异，而且随着语言的快速变化，一些网络词汇、新词不断出现，现有识别方案的部署成本会随支持的领域、用户数量、热词数量的增长而线性增长，所以急需设计并实现一套新的语音识别系统，来解决海量用户、多领域、多专业、特定热词的效果短板问题，同时支持可规模化部署应用。

第二阶段：技术方案制定与研发阶段。

根据调研需求报告，该公司知识产权部门开展现有技术检索与分析工作，研发团队结合分析内容进行技术方案的制定，最终多个部门充分讨论沟通技术方案，达成一致后形成最终技术方案。技术方案主要包括：构建解码识别网络；对接收的语音信号，根据所述解码识别网络对其中每帧语音信号帧进行解码，并在解码过程中根据热词对活跃节点的历史路径进行激励，以提高热词所在路径的累积历史路径概率；在完成对最后一帧语音信号帧解码后，选择具有最大累积概率的活跃节点为最优节点；从所述最优节点通过解码状态回溯得到最优路径及对应的单词序列。利用本发明，无须系统参数重估，即可快速、准确识别热点词汇及用户个性化词汇，提高热词的识别效果。

第三阶段：知识产权保护阶段。

技术方案确定后，该公司研发团队撰写专利交底书，知识产权部门对交底书进行挖掘以及修改，形成最终交底书方案，然后把交底书提交给专利代理机构进行专利申请文件的撰写工作，整个过程中，专利工程师、专利代理人以及研发团队多次进行技术沟通。专利权申请和技术研发同步进行，围绕核心技术布局相关专利。

4. 专利技术自实施模式

语音识别方法及系统专利技术是通过研发团队提供交底书，委托专利代理机构来完成专利的申请事宜，具体过程包括市场需求调研、技术方案框架制定、针对性技术研发及专利布局等过程。

语音识别方法及系统专利技术采用的是专利技术企业内外转化的方式，对内转化给集团内部关联公司，对外集成到智能语音国家人工智能开放创新平台，将技术开放给数百万生态合作伙伴。科大讯飞公司作为技术的研发方和转化方，在技术转移上有更大的优势，由于掌握关键核心技术，便于实现语音识别系统多领域、海量用户定制大规模落地部署，解决了海量特定热词大规模部署的语音识别效果、效率问题，具有较好的技术通用性，是语音识别技术真正走向实用的关键技术发明，大大提高了专利技术落地转化的效率。

5. 案例亮点及收益

此案例依托企业的科技创新能力，在自主研发的基础上，采用企业内部关联公司转化与向外部合作伙伴开放相结合的方式，加速科技成果走向产品应用，为其他企业做出了专利转移转化的良好示范。

目前，依托语音识别方法及系统专利成果的科大讯飞语音识别技术不仅连续四年服务全国两会、G20 峰会、博鳌亚洲论坛、北京冬奥会、北京冬残奥会等重要会议，在医疗、司法、办公等领域也有广泛应用。在医疗领域，智医助理和电话随访机器人有效提升基层医生诊疗水平，解决医疗资源不均衡问题。在司法领域，智能庭审有效降低书记员的工作量，提升庭审流畅度。在办公领域，办公产品覆盖个人办公、教育培训、办公会议、媒体采访场景，使工作效率显著提升。同时，科大讯飞公司还依托该专利成果建设智能语音国家人工智能开放创新平台，开放 496 项 AI 产品及能力，聚集超过 343 万开发者团队，以科大讯飞公司为中心的人工智能产业生态持续构建。

2.2 专利转移转化典型案例

2.2.1 有研集团——关键核心专利助推科技成果转化

1. 企业简介

有研科技集团有限公司（原北京有色金属研究总院，以下简称有研集团）创建于 1952 年，先后为中国的“两弹一星”、核潜艇、载人航天、探月工程、国产大飞机和新能源汽车等国家重点工程提供了大批新材料、新工艺和新设备，为中国有色金属工业的发展提供了强有力的支撑。

2018 年成立的有研工程技术研究院有限公司（以下简称有研工研院），为有研集团所属全资子公司，承继有研集团全部研发单位及相关专利等无形资产。在新的组织模式下，有研集团以有研工研院为科研主体，以科技创新和产业培育为双核心发展目标，聚焦有色金属新材料、新技术细分领域，以市场导向的资本运作为纽带，汇聚内外部资金和优秀项目，孵化培育了一批有色金属新材料高新技术企业，实现科技和产业规模的快速发展。

2. **专利技术研发背景**

有研集团研制出的15kg级容量的车载固态储氢装置，有效储氢容量达17kg，可在5MPa压力下20分钟内快速完成加氢，在全球首台低压储氢燃料电池公交车上进行应用，一次加氢续驶里程超过300km，可同时解决氢的安全高效储存和加注难题。此项技术先后获得《ZL201611072667.8一种具有高效换热的金属氢化物储氢装置》《ZL201110460623.3一种金属氢化物储氢系统及制作方法》《ZL201210566858.5一种带有外换热结构的储氢罐》等系列专利授权，形成对此项技术的专利全面覆盖。

3. **专利技术转移转化过程**

2018年4月，有研工研院与深圳市新蔚莱科技有限公司的子公司——深圳市佳华利道新技术开发有限公司（以下简称佳华利道）子公司签署了《关于合作开发基于固态车载储氢的燃料电池客车动力系统合作意向书》；同年10月，双方研制成功首套30kW燃料电池客车用15kg级（约168Nm^3H_2）固态储氢系统。2019年4月7日，基于固态储氢系统的首辆30kW燃料电池客车完成实际路况测试，车载固态储氢系统日趋成熟。

为加快推进氢燃料电池低压车载固态储氢技术的商业化应用，实现专利技术成果转移转化，在前期合作的基础上，有研集团又与佳华利道成立合资公司——深圳市佳华工研科技有限公司（以下简称佳华工研）。有研工研院将固态储氢技术中的一项关键核心专利“ZL201611072667.8一种具有高效换热的金属氢化物储氢装置”以366万元入股，占新公司股份的34.01%；佳华利道以710万元货币资金入股，占新公司股份的65.99%，为合资公司提供办公场地、厂房等配套设施。合资公司围绕上述核心专利技术，在储氢研发团队前期技术积累的基础上，着力解决当前各类燃料电池客车高压气态储氢方案存在的储氢难、加氢难问题。

2019年有研集团完成燃料电池车载固态储氢系统两套样机研制后，进行了实车运行各项指标的测试工作。2020年1月10日，佳华工研在深圳市正式注册成立后，积极与整车厂商合作，推动基于固态储氢系统的燃料电池车尽快进入新能源汽车产品目录；规划低压车载固态储氢系统商业化生产线的建设并推进实施，积极开拓销售市场，已与新希望集团、广东省韶关市、辽宁省葫芦岛市、金龙客车等政府或单位达成合作意向，意向订单数量已达千套以上。

4. **专利技术转移转化模式分析**

（1）创新经营模式，抢占市场先机。有研集团通过氢燃料电池低压车载固态储氢装置项目的专利作价入股，创新了经营模式，加速实现有研集团专利技术的产业化生产和快速市场化转化，抢占新兴领域氢能源汽车发展的先机，挖掘并获得市场商机，提升企业在氢能源领域的话语权和影响力，为企业的高质量发展拓宽空间。

（2）前瞻性技术领域布局，获得知识产权保护及全面专利覆盖是科技成果转移转化的根基。有研集团从政策环境和国内外领域发展的大环境中创新思维，找准企业的定位及发展方向，研发团队潜心研究并持续积累技术资本，持续获得以专利为代表的知识产权保护，获取更多关键核心专利技术，把握市场机遇，适时推进科技成果转移转化。

（3）企业决策层对知识产权科技成果转化的决心与出台相关管理制度是促进科技成果转移转化的必要保证。完善的知识产权科技成果转化奖励制度激发了科技人员科技创新、专利申请等各方面的积极性，同时在氢燃料电池低压车载固态储氢装置知识产权成果转化过程中，有研集团领导及各级部门都十分重视，精心筹划研究设计项目运营方案，及时立项决策，及时疏通渠道协调各种问题，加快了知识产权的成果转化进度。

5. **案例亮点及收益**

（1）在项目运作过程中获得相当的经济效益。有研集团与佳华利道签订了“车载固态储氢装置技术授权”合同、“低压车载固态储氢试验装置研制”技术开发合同、“低压车载固态储氢装置研制”技术开发合同等多项合同，所涉及的此项技术通过多项合同获得了近500万元的经济收益，专利技术成果的价值正在逐步显现。

（2）项目实施带来的社会效益。核心专利技术优势与资本优势相结合成立的合资公司总部位于深圳市龙华区，可为当地在氢能领域培养、输送、吸收人才创造空间。合资公司的生产线位于辽宁省葫芦岛市，这将为东北老工业基地注入新兴业态。合资公司的部分研发、试制、生产在北京、深圳两地进行，也将吸纳一批专业对口的大学生上岗就业。

2.2.2　东南大学——多种创新举措促进专利转移转化

1. 单位简介

东南大学建立于1902年，是我国教育部直属的全国重点大学，是国家“双一流”“985工程”“211工程”重点建设高校。截至2022年底，东南大学拥有有效发明专利13146件，居全国高校第三位，并牵头获得第二十三届中国专利优秀奖4项。

2. 专利转化开展工作及成效

（1）深化组织机制及人才团队建设。

依托科技成果转移转化联合管理办公室和技术转移公司共同建设东南大学知识产权运营中心。依托联合管理办公室对内挖掘成果，深入学校科研团队充分了解最新研究成果，提供多元专业的成果转化咨询和投资服务。依托技术转移公司对外挖掘需求，为科研团队提供研究方向和合作对象，在全国推广具有潜在产业价值的项目。目前技术转移公司已经建立起一支15人的专职知识产权运营人才队伍，招募100余人的兼职技术经理人队伍，采用专兼职结合的模式，开展多层次的知识产权运营工作。

（2）优化知识产权运营服务网络。

2022年度，技术转移公司新增专家库信息100余位，技术成果库新增220余件。对重点专利和重点科研人员安排专业运营团队跟踪服务，定期更新，做好专利的综合价值评估和分级标签工作。对内，技术转移公司建立多种科技成果收集通道，使东大的成熟科研成果能第一时间被收集，充分核实成果信息后在网站上对外发布；对外，建立各种技术需求收集的稳定渠道，使校地产学研合作向更深更广的范围拓展，加强了东南大学与地方科技部门和企业的联系。

（3）多维合作、创新协作转化模式。

学校获批“国家技术转移示范机构”和“高等学校科技成果转化和技术转移基地”，成为首批 20 所“国家知识产权示范高校”之一。历年来积极组织学校科研合同在江苏省技术交易市场认定登记，2022 年度，合同登记金额超 9 亿元。年度转让许可金额和质量稳步提升，科研团队的转让意识日渐成熟。技术转移公司充分发挥学校科技综合优势，有组织、有计划地为地方、企事业单位提供多层次、多渠道、全方位的服务。

（4）聚焦重大科技成果转化项目落地。

东南大学着力深入推动科技成果转化，储备数十项千万级至亿元级重大转化项目信息。目前，技术转移公司已通过和上市公司、龙头企业等优质产业资源联动，协同相关产业领域的头部金融资本等，成功推动东南大学“全息波导 AR 显示技术”“安荣信科技既定成果转化活动股权化”等多项重大成果转化项目落地。

3. 专利转化创新举措

（1）搭建服务网络，创新技术转移公司运营机制。

完善技术转移公司的市场运营主体地位，依托公司全面推动校地、校企及技术转移项目进展。

①全面战略合作：技术转移公司已与江苏省产业技术研究院签订全面战略合作协议，已建立工作联系的央企超 10 家，重点服务独角兽企业，培育独角兽企业、瞪羚企业。2022 年度，技术转移公司累计收集企业需求共计 600 多项，组织产学研线上线下活动 20 余次，促进 10 多项校企合作进入实质对接阶段。

②技术转移分中心建设：截至 2022 年底，存续运营 8 个地方分中心，

分配专人运营，建立业绩导向的考核办法，通过定岗定责，深化技术转移分中心的运营，促进科技成果转移转化。同时，依托地方分中心，加强同地方企业交流，建立标准化的业务流程，规范分中心运营。通过已经发展的地方技术经理人以及储备的校友会渠道，深入挖掘地方龙头企业需求，联动校企合作。

（2）树立转移技能标杆，构建转移能力评价体系。

开发技术经理人技能标杆库。根据国家技术经理人的初、中、高标准，围绕通用能力、专业能力、附加能力等进行能力分解，并按1—5级细化，形成技术经理人技能标杆库、技术经理人考试库、技术经理人培训课程体系。

联合开发技术经理人评价体系。联合江苏省技术交易市场，构建技术经理人能力评价体系，确立技术经理人从初级、中级、高级的能级提升路径，建立“能级导向制”的技术经理人评价系统。

（3）模式创新，试行多种技术转移模式。

①销售提成式技术许可：东南大学交通学院赵池航教授团队，将“高速公路路侧门架车辆感知系统与设备”中的核心专利以排他许可的形式许可山东高速信息下属子公司。根据行业特点及校企合作的难点，如技术风险大、前期投入大、后期收益巨大等，东南大学设计了销售额提成的方式进行许可费用的结算规则。经过前期测算以及与被许可方的协商，双方确定提成比例为销售额的16%（预计许可费用总额2224万元）。同时，为了保障学校（许可方）的权益，设定了年度许可“最低保障金”，确保许可方最低利益目标的达成。

②作价入股转化模式：东南大学电子科学与工程学院张宇宁教授团队长期从事显示技术领域研究开发，特别是近几年围绕全息波导显示相关的全息感光材料、光学系统设计、显示测试技术、光学器件制备等方面形成了一系列的自主原创性成果。其产品在中国电子科技集团有限公司、中国船舶集团有限公司和中国航空工业集团有限公司等实现小批量供货。2022

年9月其公司入选三星集团初创企业孵化计划，推动其成果1000万元作价入股。

2.2.3 四川大学华西医院——“新型骨骼肌松弛药物”专利运营持续提升创新药领域竞争力

1. 知识产权与成果转化概况

四川大学华西医院（以下简称华西医院）始建于1892年，是中国著名的高等医学学府。华西医院高度重视知识产权与成果转化，近五年（截至2022年底），华西医院共申请专利4500余项、授权近2900项，授权PTC专利57项；签订横向产学研科技合同5656项，合同金额累计47.14亿元；其中，转让、许可、作价投资科技成果220余项，转化合同总金额超10亿元（40余项科技成果作价成立8家科技公司）。2021年，麻醉科的“新型骨骼肌松弛药物YJJS－71”专利以“排他许可1亿元+合作开发4亿元+5%销售提成”的合同总价与企业签订合同进行转化。

2. 专利技术转移转化背景

华西医院刘进教授提出开发一类超短效非去极化肌松药物，其本身即具备快速起效、作用时间短的优势，停药后肌力可在3～5分钟内自行恢复，无肌松残留，无须追加逆转剂，可以最大限度满足临床需求。该药物研发项目于2017年立项，团队经过一系列化合物设计合成和初步评价后，筛选到了以YJJS－71为代表的一类肌松分子，单次注射后可在30秒内产生完全肌松作用，持续3～5分钟，随后肌松效果迅速消失，持续反复给药无残留。2018年该团队申请了2项核心发明专利，同时提出PCT专利申请。2019年，在进一步研究的基础上，该团队又申请了5项专利，形成了保护效力较完备的外围专利。至2023年7月，两项核心专利已经获得中国、美国和日本发明专利授权；欧洲发明专利尚处于审查阶段。5项外围专利已经获得4项中国发明专利授权。

3. 专利技术转移转化过程

该药物研发吸引了上海医药集团股份有限公司、宜昌人福药业有限责任公司、成都苑东药业有限责任公司等数家上市公司前来接洽，最终团队选择宜昌人福药业有限责任公司作为专利许可受让方，并达成合作开发协议。七项中国专利全部以排他许可方式转让，专利转让费为1亿元；YJJS－71的合作开发协议金额为4亿元。至2023年7月，已经完成了原料药的临床前研究，完成了大部分药效学研究，目前正在开展制剂研究，并准备启动安全性研究。预计2024年内即可完成全部临床前研究内容，递交临床试验申请并取得临床试验批文。

4. 专利转移转化模式分析

新型骨骼肌松弛药物YJJS－71（以下简称肌松药YJJS－71）的专利转化运营，沿用宜昌人福药业有限责任公司与华西医院新药合作研发所采取的“专利许可＋合作开发”的产学研联合模式，开展相关工作。

在肌松药YJJS－71专利转化模式中，通过订立专利许可协议以及配套合作开发协议的方式，实现对许可方（技术持有者）、被许可方（转化实施者）的有机组织。华西医院及时对肌松药YJJS－71科研成果进行专利布局，累计取得6项中国发明专利授权，2项美国专利授权和2项日本专利授权，形成专利组合保护，有效保护了研发成果，为许可方及被许可方的合法权益、后续产业化及市场运营提供了有力保障。宜昌人福药业有限责任公司通过获得肌松药YJJS－71专利技术的排他许可权，搭建肌松药研发、生产、销售运营体系，推动该专利成果实现产业化并上市销售。

5. 案例亮点和效益分析

该药物研发针对困扰临床多年的肌松残留问题，提出超短效非去极化肌松药物研究方向，有望彻底解决临床术后肌松残留问题，满足临床对超短效、无残留的非去极化肌松药物的需求。该品种在临床前研究阶段就以5亿元人民币转化的情况充分说明，工业界和临床对超短效非去极化肌松药物的认可度极高。该品种在转化的过程中有下列特点或可供其他专利转化时借鉴：

（1）建立科技成果价值评估机制。

在立项初期，技术转移团队对研究成果的市场前景、技术壁垒、核心竞争力、商业模式、定位等进行尽职调查，评估科技成果的价值，得出该技术拥有极大的市场前景和应用场景、转化价值极大的结论。

（2）构建畅通的产学研横向合作模式。

科技成果转化难，生物医药成果转化更是难上加难，医药成果转化存在风险大、投入高、时间长的特点，企业往往不敢介入太早。为了减少企业受让专利技术的顾虑和研发风险，院企通常采用横向机制进行合作，双方可在签署保密协议后，进行拟合作项目的交流与谈判，设定多个研究节点，企业按照节点投入费用，每一研究节点完成后双方根据进展情况商议是否进入下一研究环节或及时调整，既为院方科研指明市场方向又显著减轻了企业的经济负担，降低了双方后续不可预见风险、损失等。通过该模式双方更容易实现双赢。

（3）创造重大科技成果早期孵育条件。

华西医院搭建了完整的生物医药产业创新链、技术链与服务链，覆盖探索发现、临床前研究、临床研究、评估评价、技术培训、学术推广在内的各个环节；设立科技成果转化基金，助力有转化前景的科技成果跨越转化“死亡谷”，进一步扩大科研经费使用自主权，为项目组提供了原始创新的沃土。该项目自立项开始，研究团队依托“麻醉转化医学国家地方联合工程研究中心”平台，利用横向课题结余经费 300 万元作为启动资金，开展了项目的前期开发工作，并以院内成果转化基金 140 万元作为后续支持，并推动项目进一步孵化、成熟，使得项目的数据更加完整，成果价值更高，转化途径更清晰，激发了团队研发热情，增强了企业受让方的信心。

第 3 章　商标转让许可分析

商标具有识别功能、商誉承载功能和品质指示功能，企业可以通过注册商标在获得保护的同时，提高企业的识别度和品牌价值。世界各国的商标法一般都明确规定商标权可以转让，世界贸易组织《与贸易有关的知识产权协议》（以下简称《TRIPS 协议》）的第 21 条也对商标的转让和许可作出了原则性的规定。

商标转让是指商标注册人在注册商标的有效期内，依法定程序，将商标专用权转让给另一方的行为，是市场经济发展过程中的一种客观需要，是符合市场经济规律的交易行为。商标使用许可是指商标合法持有人通过向国家商标局备案允许他人使用其注册商标的行为，是企业经营中一种非常重要的商标使用方法，也是企业利用商标开拓市场的重要策略。

本章将主要聚焦 2022 年我国商标转让和商标许可的总体数量、中国本土和国外来华情况、排名前列的来华国家商标转让人/许可人集中度情况、各国 TOP 20 的尼斯分类情况、商标转让人/许可人的主要类型、TOP 5 商标转让人/许可人转让及许可情况分析等，通过不同维度的榜单数据，以期为各企业单位提供更多行业视野和决策分析。

3.1 2022 年商标转让数据分析

3.1.1 中国商标年转让次数超 59 万件，比 2021 年下降 10%

2022 年全年注册商标 617.7 万件，收到国内申请人提交的马德里商标国际注册申请 5827 件。截至 2022 年底，我国有效商标注册量为 4267.2 万件，新核准地理标志作为集体商标、证明商标注册 514 件。

2022 年，中国商标转让次数达到 595540 次，对应商标 590587 件，平均每件商标转让 1.01 次。从发展态势来看，2022 年度转让总次数较 2021 年减少了 70656 次，下降 10.6%；从运营方式的占比来看，2022 年转让依然是中国商标运营的最主要形式，转让次数占商标运营次数（商标转让次数、许可次数和质押次数之和）的比例为 91.0%，与 2021 年相比下降 0.6 个百分点。如图 3－1 所示。

3.1.2 中国本土商标转让持续增多，广东遥遥领先，国外来华略有下降

从中国商标转让的申请人地域看，2022 年，中国本土商标转让有所减少，达到 571123 次，比 2021 年减少 61422 次，占比达到中国整体的 95.9%，较 2021 年上升 1 个百分点。国外申请人来华进行商标转让的总量有所下降，为 24417 次，下降次数为 9234 次，占比达到中国整体的 4.1%，较 2021 年下降 1 个百分点。如图 3－2 所示。

中国本土申请人中，广东连年排名第一，且远远超过排名第二的浙江，北京、上海、江苏分别排名第三、第四、第五，这 5 个省市合计占中国本土转让总量的 53.8%。这些省市位于北上广、长三角等中心区域，经济较为发达，商标转让也较为频繁。其中，广东申请人涉及的商标转让行为高达 129880 次，约是排名第二的浙江商标转让数量的 1.9 倍，广东

2022 年较 2021 年商标转让数量也下降了 10743 次，同比减少 7.6%。

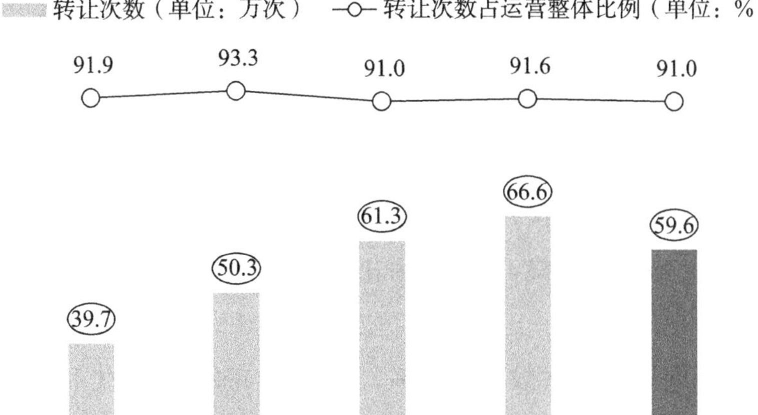

数据来源：知识产权出版社i智库
数据时间：法律状态公告日为2018年1月1日至2022年12月31日

图 3-1　中国商标转让次数及其占运营整体比例（2018—2022 年）

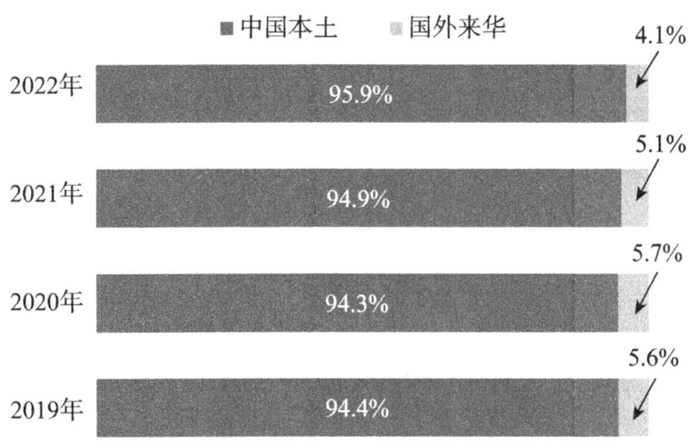

数据来源：知识产权出版社i智库
数据时间：法律状态公告日为2019年1月1日至2022年12月31日

图 3-2　2019—2022 年中国商标转让中国本土/国外来华对比

国外来华进行商标转让的申请人，来源地涉及上百个国家，其中美国、日本、韩国、英国和德国排在前五位，如图 3－3 所示。美国申请人来华进行商标转让的次数达到 7233 次，比 2021 年下降 1305 次，占 2022 年全部国外来华商标转让数量的 29.6%，是排名第二位国家——日本的 2.9 倍。日本来华进行商标转让的次数为 2516 次，占全部国外来华商标转让数量的 10.3%，较 2021 年略有上升。韩国来华进行商标转让的次数为 1725 次，比 2021 年下降 470 次，占比略有上升，占 2022 年全部国外来华商标转让数量的 7.1%，比 2021 年位次略有上升，排名由第六位上升到第三位。荷兰商标转让次数下降较多，由 2021 年的 2301 次下降到 721 次，排名由第四位下降到第九位。开曼群岛商标转让次数下降较多，由 2021 年的 2177 次下降到 2022 年的 650 次，排名由第六位下降到第十三位。

（单位：次）

中国本土
95.9%
国外来华
4.1%

中国本土TOP5
广东 129880 22.7%
浙江 66672 11.7%
北京 38984 6.8%
上海 36219 6.3%
江苏 35465 6.2%

国外来华TOP5
美国 7233 29.6%
日本 2516 10.3%
韩国 1725 7.1%
英国 1670 6.8%
德国 1188 4.9%

数据来源：知识产权出版社i智库
数据时间：法律状态公告日为2022年1月1日至2022年12月31日

图 3－3　2022 年中国实施商标转让的中国本土/国外来华申请人地区排行 TOP 5

3.1.3　日本、美国等来华国家的商标转让人集中度较中国本土高

以申请人地址进行统计，从总体商标转让的平均值来看，中国本土的

商标转让次数共计 571123 次，参与转让活动的人或单位数约有 153121 个，中国本土平均每位转让人或单位的转让次数约为 3.7 次。来华国家的商标转让次数共计 24417 次，参与转让活动的人或单位数约有 4977 个，来华国家平均每位转让人或单位的转让次数约为 4.9 次。其中美国平均每位转让人或单位的转让次数约为 5.5 次，日本为 5.5 次，韩国为 4.6 次，英国为 4.1 次，德国为 4.0 次。所以从各国商标转让次数/转让人数的平均值来看，国外来华平均每人的转让次数较多，尤其是美国、日本并列第一。

中国本土的主要转让人中，排名第一的转让人是甜维你（上海）商贸有限公司，其在 2022 年参与商标转让的数量达到 1307 次；排名第二的是百度在线网络技术（北京）有限公司，参与商标转让的数量为 1095 次；排名第三的是北大方正集团有限公司，参与商标转让的数量为 857 次。这三个主要商标转让人的总体转让次数为 3259 次，占中国本土商标转让总量的 0.6%。

美国来华的主要转让人中，美德耐工业公司、西屋电气公司、科迪克鲁有限公司排名前三，其分别占本国来华转让总量的 7.0%、3.6% 和 1.5%，这三个主要转让人占美国来华转让总量的 12.1%。日本来华的主要转让人中，爱控股株式会社、株式会社一无所有、上海走走信息科技有限公司排名前三，其分别占本国来华转让总量的 13.3%、6.8% 和 4.5%，这三个主要转让人占日本来华转让总量的 24.6%。韩国来华的主要转让人中，CJ 第一制糖株式会社、海谱有限公司、株式会社 LG 排名前三，其分别占本国来华转让总量的 8.5%、6.3% 和 6.0%，这三个主要转让人占韩国来华转让总量的 20.8%。英国来华的主要转让人中，资生堂美洲公司、奥菲永环球控股有限公司、LRC 制品有限公司排名前三，其分别占本国来华转让总量的 7.4%、6.8%、4.1%，这三个主要转让人占英国来华转让总量的 18.3%。德国来华的主要转让人中，戴姆勒股份公司、比尔肯斯多克销售有限公司、AWI 特许有限责任公司排名前三，其分别占本国来华转让总量的 4.1%、4.0%、3.0%，这三个主要转让人占德国来华转让总量的 11.1%。从数量关系上可以看出，日本、韩国、英国的主要转让人商标转让活动更为集中。

综上所述，2022 年在中国实施商标转让的主要转让人中，中国本土 TOP 3 转让人在本区域中的占比不足 1.0%；而美国、日本、韩国、英国和德国等国家的 TOP 3 商标转让人在本区域商标转让总量中的比例均超过 10.0%，日本和韩国 TOP 3 商标转让人在本区域商标转让总量中的比例超过 20.0%，体现出主要转让人更为集中的数据分布特点。如表 3－1 所示。

表 3－1　2022 年中国商标转让排名靠前的国家主要转让人及其本国占比

排名	国家	来华转让总量（次）	主要转让人	转让次数（次）	转让人商标转让次数占本国来华转让总量的比例（%）
1	中国	577123	甜维你（上海）商贸有限公司	1307	0.2
			百度在线网络技术（北京）有限公司	1095	0.2
			北大方正集团有限公司	857	0.1
2	美国	7233	美德耐工业公司	504	7.0
			西屋电气公司	262	3.6
			科迪克鲁有限公司	112	1.5
3	日本	2516	爱控股株式会社	335	13.3
			株式会社一无所有	172	6.8
			上海走走信息科技有限公司	113	4.5
4	韩国	1725	CJ 第一制糖株式会社	146	8.5
			海谱有限公司	109	6.3
			株式会社 LG	104	6.0
5	英国	1670	资生堂美洲公司	124	7.4
			奥菲永环球控股有限公司	113	6.8
			LRC 制品有限公司	69	4.1

续表

排名	国家	来华转让总量（次）	主要转让人	转让次数（次）	转让人商标转让次数占本国来华转让总量的比例（%）
6	德国	1188	戴姆勒股份公司	49	4.1
			比尔肯斯多克销售有限公司	48	4.0
			AWI 特许有限责任公司	35	3.0

数据来源：知识产权出版社 i 智库

数据时间：法律状态公告日为2022年1月1日至2022年12月31日

3.1.4　广告/商业服务等、服装/鞋/帽类的商标转让依然独占鳌头，植物类食品、科研用装置及仪器位列其后

2022年中国商标涉及转移行为的尼斯分类TOP 20排行榜中，前五个类别商标转让总占比超过2021年商标总转让量近三分之一，数量优势明显。其中35－广告/商业服务等（国际分类号为35）类最多，转让数量达到54280次，占中国全年商标转让总量的9.1%，虽然转让次数和占比都较2021年有所下降，但尼斯分类排行榜上升到第一位。排名第二的是25－服装/鞋/帽（国际分类号为25），数量达到52670次，占比为8.8%，比2021年排名位次后退一名。30－植物食品（国际分类号为30）、9－科研用装置及仪器（国际分类号为9）这两个类别的商标转让数量分列第三位、第四位，达到39704次和34192次，占比分别为6.7%和5.7%，转让次数较2021年占比变化不大。3－清洁和梳妆用制剂（国际分类号为3）排名第五，达到32192次，占比为5.5%。如图3－4所示。

从TOP 20的主要类别的转让次数变化情况看，只有排名第一的35－广告/商业服务等商标转让次数略有下降，从主要类别的排名看，TOP 20名单与2021年保持一致，但商标转让次数均略有下降，排序微调。

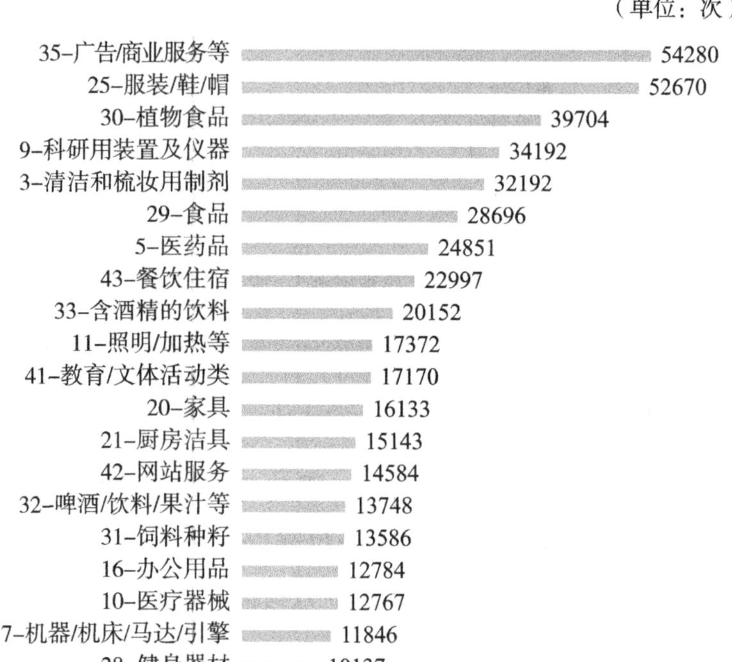

数据来源：知识产权出版社i智库
数据时间：法律状态公告日为2022年1月1日至2022年12月31日

图 3-4　2022 年中国商标转让尼斯分类排名（TOP 20）

3.1.5　中国侧重广告/商业服务等类，美国、日本、德国、瑞士侧重于科研用装置及仪器类，日本、英国侧重于清洁和梳妆用制剂类

根据中国商标转让中各国尼斯分类的分布情况可以看出，中国本土转让人在商标转让上的分类特点与上面分析的中国总体分类相同，TOP 20 的尼斯分类排名完全一致，这与中国本土数据量占据绝对优势有关。美国区域转让人仍然在科研用装置及仪器（国际分类号为 9）领域排名第一，与 2021 年一致，占美国本年度来华商标转让总量的 12.2%；25-服装/鞋/帽排名第二，占本区域全部商标转移数量的 8.9%，35-广告/商业服务等类别排名第三，占本区域全部商标转移数量的 6.1%，与 2021 年占比基本持平。日本、韩国、英国这三个区域的转让人均是在 3-清洁和梳妆用

制剂领域的数量优势更为明显，分别占本区域全部商标转移数量的9.9%、19.5%以及13.0%。日本的转让人在9－科研用装置及仪器领域体现出更活跃的商标转让行为，占比为10.5%；而英国的转让人在25－服装/鞋/帽领域体现出更活跃的商标转让行为，占比为13.8%；新加坡在35－广告/商业服务等类别排第一位，占本区域全部商标转移数量的比例为14.3%；瑞士在5－医药品领域较为突出，占本区域全部商标转移数量的比例为10.7%。如表3－2、表3－3所示。

表3－2 2022年中国商标转让尼斯分类分布 （单位：次）

尼斯分类	转让人国家							
	中国	美国	日本	韩国	英国	德国	瑞士	新加坡
35－广告/商业服务等	52360	444	133	143	146	82	80	152
25－服装/鞋/帽	50911	644	223	123	230	59	11	25
30－植物食品	38808	136	88	79	30	13	107	31
9－科研用装置及仪器	31971	880	263	99	91	140	110	94
3－清洁和梳妆用制剂	30304	324	249	337	217	73	109	36
29－食品	28162	69	29	81	17	13	19	30
5－医药品	23501	348	73	114	106	44	118	49
43－餐饮住宿	22558	65	56	25	15	2	24	32
33－含酒精的饮料	19659	31	20	5	29	16	3	2
11－照明/加热等	16691	193	84	34	37	29	38	20
41－教育/文体活动类	16502	193	57	43	53	17	23	62
20－家具	15710	150	65	18	26	33	12	6
21－厨房洁具	14496	251	82	49	51	22	24	11
42－网站服务	13856	243	53	17	41	53	46	80
32－啤酒/饮料/果汁等	13320	50	51	64	21	21	25	21
31－饲料种籽	13335	61	10	18	4	28	16	8
16－办公用品	12191	185	97	35	49	10	20	41
10－医疗器械	11885	399	107	40	66	25	15	21
7－机器/机床/马达/引擎	11044	317	72	19	30	79	43	12
28－健身器材	9566	250	83	43	17	11	6	17

数据来源：知识产权出版社i智库

数据时间：法律状态公告日为2022年1月1日至2022年12月31日

表 3－3　2022 年中国商标转让尼斯分类的各国占比　　（单位:%）

尼斯分类	转让人国家							
	中国	美国	日本	韩国	英国	德国	瑞士	新加坡
35－广告/商业服务等	9.2	6.1	5.3	8.3	8.7	6.9	7.2	14.3
25－服装/鞋/帽	8.9	8.9	8.9	7.1	13.8	5.0	1.0	2.4
30－植物食品	6.8	1.9	3.5	4.6	1.8	1.1	9.7	2.9
9－科研用装置及仪器	5.6	12.2	10.5	5.7	5.4	11.9	10.0	8.9
3－清洁和梳妆用制剂	5.3	4.5	9.9	19.5	13.0	6.2	9.9	3.4
29－食品	4.9	1.0	1.2	4.7	1.0	1.1	1.7	2.8
5－医药品	4.1	4.8	2.9	6.6	6.3	3.7	10.7	4.6
43－餐饮住宿	3.9	0.9	2.2	1.4	0.9	0.2	2.2	3.0
33－含酒精的饮料	3.4	0.4	0.8	0.3	1.7	1.4	0.3	0.2
11－照明/加热等	2.9	2.7	3.3	2.0	2.2	2.5	3.4	1.9
41－教育/文体活动类	2.9	2.7	2.3	2.5	3.2	1.4	2.1	5.8
20－家具	2.8	2.1	2.6	1.0	1.6	2.8	1.1	0.6
21－厨房洁具	2.5	3.5	3.3	2.8	3.1	1.9	2.2	1.0
42－网站服务	2.4	3.4	2.1	1.0	2.5	4.5	4.2	7.5
32－啤酒/饮料/果汁等	2.3	0.7	2.0	3.7	1.3	1.8	2.3	2.0
31－饲料种籽	2.3	0.8	0.4	1.0	0.2	2.4	1.4	0.8
16－办公用品	2.1	2.6	3.9	2.0	2.9	0.8	1.8	3.9
10－医疗器械	2.1	5.5	4.3	2.3	4.0	2.1	1.4	2.0
7－机器/机床/马达/引擎	1.9	4.4	2.9	1.1	1.8	6.7	3.9	1.1
28－健身器材	1.7	3.5	3.3	2.5	1.0	0.9	0.5	1.6

数据来源：知识产权出版社 i 智库

数据时间：法律状态公告日为 2022 年 1 月 1 日至 2022 年 12 月 31 日

3.1.6　企业类商标转让人占比近八成，个人占比近两成

从中国本土商标转让人的类型情况来看，企业性质的转让人仍是最主要类型，涉及的商标转让次数为466377次，占到全年商标转让总数据量的78.3%，比2021年上涨了1.1个百分点；其次是个人性质的转让人，转让次数为110159次，占全年商标转让总数据量的18.5%；而其他类型的转让人转让次数为19004次，占全年商标转让总数据量约为3.2%，具体包括店铺、商行、工作室、合作社、行业协会、科研院所、事业单位等，其中店铺/商行/工作室性质的转让数量较多，转让次数达10003次。如图3-5所示。

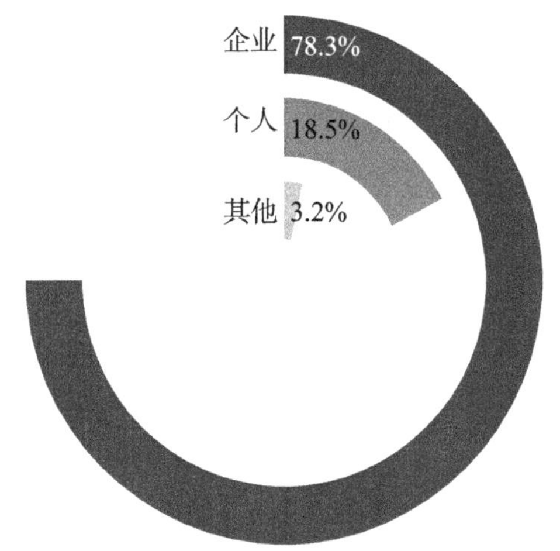

数据来源：知识产权出版社i智库
数据时间：法律状态公告日为2022年1月1日至2022年12月31日

图3-5　2022年中国本土商标转让人类型

从2022年中国商标转让人排行TOP 20（见表3-4）中可以看出，来自国外的商标转让人仅有1家企业，为来自美国的美德耐工业公司，商标转让504次，排名居第六位。其余19位转让人均来自中国本土。从中国商标转让数量来看，甜维你（上海）商贸有限公司以1307次的数量占据首位，紧跟其后排名第二的企业是百度在线网络技术（北京）有限公司，

商标转让 1095 次；北大方正集团有限公司在商标转让人排行榜上位居第三，商标转让 857 次；北京航天朗勤科技有限公司、北京京东叁佰陆拾度电子商务有限公司的商标转让次数分别为 772 次、586 次，分列第四、第五。

表 3－4　2022 年中国商标转让人排行 TOP 20

排名	转让人	国家	转让次数（次）
1	甜维你（上海）商贸有限公司	中国	1307
2	百度在线网络技术（北京）有限公司	中国	1095
3	北大方正集团有限公司	中国	857
4	北京航天朗勤科技有限公司	中国	772
5	北京京东叁佰陆拾度电子商务有限公司	中国	586
6	美德耐工业公司	美国	504
7	金科地产集团股份有限公司	中国	503
8	山景科创网络技术（北京）有限公司	中国	501
9	滇虹药业集团股份有限公司	中国	470
10	雷邦斯生物技术（北京）有限公司	中国	429
11	深圳美思康宸商贸有限公司	中国	408
12	波司登国际服饰（中国）有限公司	中国	399
13	含山县文化旅游新闻出版业协会	中国	389
14	无锡美涛佳艺影视文化工作室	中国	386
15	北京创锐文化传媒有限公司	中国	368
16	上海王韵文化传媒工作室	中国	359
17	江西江中食疗科技有限公司	中国	359
18	青岛海创汇投资有限公司	中国	355
19	重庆盈泽宏实业有限公司	中国	349
20	足力健老龄产业发展有限公司	中国	327

数据来源：知识产权出版社 i 智库

数据时间：法律状态公告日为 2022 年 1 月 1 日至 2022 年 12 月 31 日

从 2022 年中国商标受让人排行 TOP 20（见表 3－5）中可以看出，来自国外的商标受让人仅有1家，为来自美国的麦朗实业有限合伙公司，其余19位受让人均来自中国本土。从中国商标受让数量来看，锦泓时装集团股份有限公司以1307次的数量占据首位，阿波罗智能技术（北京）有限公司以1083次排名第二，新方正控股发展有限责任公司在商标受让人排行榜上位居第三，北京字跳网络技术有限公司、上海集度汽车有限公司、无锡五八赶集科技服务有限公司分列第四、第五、第六，麦朗实业有限合伙公司（美国）以504次位列第七。

表3-5　2022年中国商标受让人排行TOP 20

排名	受让人	国家	受让次数（次）
1	锦泓时装集团股份有限公司	中国	1307
2	阿波罗智能技术（北京）有限公司	中国	1083
3	新方正控股发展有限责任公司	中国	857
4	北京字跳网络技术有限公司	中国	697
5	上海集度汽车有限公司	中国	624
6	无锡五八赶集科技服务有限公司	中国	563
7	麦朗实业有限合伙公司	美国	504
8	重庆品晨企业管理有限公司	中国	503
9	喜得宝科技股份有限公司	中国	494
10	深圳春晓花开科技有限公司	中国	489
11	拜耳医药保健有限公司	中国	470
12	北京有竹居网络技术有限公司	中国	449
13	青岛鹰王谷电子商务有限公司	中国	424
14	惠州美宸文化有限公司	中国	408
15	北京诺施莱生物技术有限公司	中国	402
16	天翼数字生活科技有限公司	中国	394
17	含山县文化旅游建设投资有限公司	中国	389
18	北京美涛中艺文化传媒有限公司	中国	386

续表

排名	受让人	国家	受让次数（次）
19	江苏康盈时装有限公司	中国	373
20	北京科新信息技术有限公司	中国	368

数据来源：知识产权出版社 i 智库

数据时间：法律状态公告日为 2022 年 1 月 1 日至 2022 年 12 月 31 日

3.1.7 TOP 5 排名中，商标转让人除了接受集团内部公司的商标转让外，还有部分商标转让涉及无关联公司的外部商标转让

进一步分析 2022 年 TOP 5 商标转让人的主要流向情况（见表 3－6），北京京东叁佰陆拾度电子商务有限公司有 6 个受让人，百度在线网络技术（北京）有限公司有 5 个受让人，北京航天朗勤科技有限公司有 4 个受让人，其余两个转让人都仅有 1 个受让人。

排名第一的商标转让人是甜维你（上海）商贸有限公司，2022 年该公司将商标转让给了其母公司锦鸿时装集团股份有限公司，甜维你（上海）商贸有限公司是锦鸿时装集团股份有限公司的全资子公司，转让次数达 1307 次，涉及转让的商标尼斯分类主要包括 25－服装、鞋、帽，18－皮革、人造皮革，28－游戏器具、玩具，21－家用或厨房用器具和容器等，35－广告/商业服务等。

排名第二的商标转让人是百度在线网络技术（北京）有限公司，2022 年其将商标转让给了阿波罗智联（北京）科技有限公司、阿波罗智能技术（北京）有限公司、百度国际科技（深圳）有限公司、昆仑芯（北京）科技有限公司和上海小度技术有限公司共计 5 家公司，转让次数达 1095 次。其中阿波罗智能技术（北京）有限公司受让次数最多，达 1082 次，其余 4 家受让次数很少。涉及转让的商标尼斯分类主要包括 42－网站服务、39－运输贮藏、9－科研用装置及仪器、12－运载工具、41－教育/文体活动类、35－广告/商业服务等、37－建筑修理、38－通讯

服务类和45－法律服务。

排名第三的北大方正集团有限公司，2022年其将商标转让给了其55%控股的子公司新方正控股发展有限责任公司，转让次数达857次，涉及转让的商标尼斯分类主要包括9－科研用装置及仪器、42－网站服务、35－广告/商业服务等、36－金融物管、41－教育/文体活动类。

排名第四的商标转让人是北京航天朗勤科技有限公司，2022年其将商标分别转让给了安徽土妈妈食品科技有限公司、北京八号地信息技术有限公司、垦荒人（北京）科技有限公司和南京八号地物流有限公司共计4家公司，转让次数分别为172次、248次、245次、107次，共计772次，涉及转让的商标尼斯分类主要包括35－广告/商业服务等、30－植物食品、29－食品、9－科研用装置及仪器、32－啤酒/饮料/果汁、5－医药品和40－材料处理。

排名第五的商标转让人是北京京东叁佰陆拾度电子商务有限公司，2022年其将商标转让给了北京电解智科技有限公司、北京京东世纪贸易有限公司、北京京东世纪信息技术有限公司、北京京东振世信息技术有限公司、深圳春晓花开科技有限公司和宿迁爱倍诺科技有限公司共计6家公司，转让次数达586次，其中转让给深圳春晓花开科技有限公司的次数最多，达486次，转让给宿迁爱倍诺科技有限公司和北京电解智科技有限公司的次数分别为78次、17次，其余3家转让次数不足10次，涉及转让的商标尼斯分类主要包括41－教育/文体活动类、42－网站服务、9－科研用装置及仪器、39－运输贮藏、43－餐饮住宿、35－广告/商业服务等、16－办公用品、21－厨房洁具等。

表3－6 2022年TOP 5中国商标转让人的主要流向

排名	转让人	受让人数量（个）	主要受让人	转让次数（次）	主要尼斯分类
1	甜维你（上海）商贸有限公司	1	锦鸿时装集团股份有限公司	1307	25，18，28，21，35

续表

排名	转让人	受让人数量（个）	主要受让人	转让次数（次）	主要尼斯分类
2	百度在线网络技术（北京）有限公司	5	阿波罗智联（北京）科技有限公司	1	42
			阿波罗智能技术（北京）有限公司	1082	42，39，9，12，41，35，37
			百度国际科技（深圳）有限公司	5	41，38，42，9
			昆仑芯（北京）科技有限公司	3	9，42
			上海小度技术有限公司	4	41，45
3	北大方正集团有限公司	1	新方正控股发展有限责任公司	857	9，42，35，36，41
4	北京航天朗勤科技有限公司	4	安徽土妈妈食品科技有限公司	172	35，29，30
			北京八号地信息技术有限公司	248	30，35，29，9
			垦荒人（北京）科技有限公司	245	30，29，5，32
			南京八号地物流有限公司	107	40，30，25
5	北京京东叁佰陆拾度电子商务有限公司	6	北京电解智科技有限公司	17	9，35，37
			北京京东世纪贸易有限公司	1	39
			北京京东世纪信息技术有限公司	3	35
			北京京东振世信息技术有限公司	1	39
			深圳春晓花开科技有限公司	486	41，42，9，39，43，37
			宿迁爱倍诺科技有限公司	78	16，9，21

从2022年TOP 5商标受让人的主要流向情况（见表3－7）来看，这5个商标受让人对应的转让人数量差别较大，北京字跳网络技术有限公司对应23个商标转让人，上海集度汽车有限公司对应10个商标转让人，而锦鸿时装集团股份有限公司、阿波罗智能技术（北京）有限公司、新方正控股发展有限责任公司仅分别对应1个、2个、1个商标转让人。其中，北京字跳网络技术有限公司、上海集度汽车有限公司除了接受集团内部公司的商标转让外，还有部分商标转让涉及无关联公司的外部商标转让。

表3－7　2022年TOP 5中国商标受让人的主要来源

序号	受让人	转让人数量（个）/转让次数（次）	主要转让人	被转让次数（次）	主要尼斯分类
1	锦鸿时装集团股份有限公司	1/1307	甜维你（上海）商贸有限公司	1307	25，18，28，21，35
2	阿波罗智能技术（北京）有限公司	2/1083	百度在线网络技术（北京）有限公司	1082	42，39，9，12，41，35，37
			北京百度网讯科技有限公司	1	38
3	新方正控股发展有限责任公司	1/857	北大方正集团有限公司	857	9，42，35，36，41
4	北京字跳网络技术有限公司	23/697	深圳市脸萌科技有限公司	221	42，9，35，38，41
			北京拍拍看看科技有限公司	113	41，45，42，35，36
			北京建新创想科技有限公司	108	42，9，25，16，41
			廊坊市柯梦商贸有限公司	84	35，41，9，38，42
			北京抖音信息服务有限公司	33	35，41，38

续表

序号	受让人	转让人数量（个）/转让次数（次）	主要转让人	被转让次数（次）	主要尼斯分类
5	上海集度汽车有限公司	10/624	天津智高点科技有限公司	199	12，37，9，35，42
			北京风谷商贸有限公司	144	37，9，7，42，12
			南宁朵有米文化传媒有限公司	103	12，37，42，9，35
			北京学爱普信息技术有限公司	81	37，12，42
			北京精尚行科技发展有限公司	45	4，43
			极度汽车有限公司	41	12，9

3.2　2022 年商标许可数据分析

3.2.1　商标许可次数同比小幅收缩，仍保持在 4 万次以上

2022 年，中国商标许可次数达到 40240 次，涉及商标 24113 件，平均每件商标许可 1.7 次。商标许可次数较 2021 年下降 2312 次，降幅为 5.4%。2022 年商标许可次数占商标运营次数的比例为 6.1%，较 2021 年上升了约 0.3 个百分点。如图 3－6 所示。

3.2.2　许可的区域集中度进一步提高，本土申请人占比持续上涨，国外来华占比持续下降

从中国商标许可申请人主体的地域分布情况来看，如图 3－7 所示，2022 年中国本土申请人主体许可商标 33839 次，较 2021 年同比增长

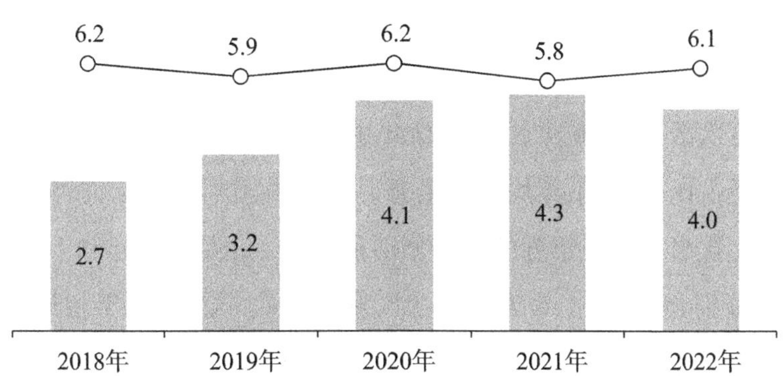

数据来源：知识产权出版社i智库
数据时间：法律状态公告日为2018年1月1日至2022年12月31日

图3-6 2018—2022年中国商标许可次数及其占运营次数比例

1.0%；中国本土申请人主体的商标许可次数占比为84.1%，较2021年增长5.4%，该占比自2019年以来处于持续上涨态势。2022年国外来华申请人主体共计许可商标6401次，较2021年同比下降29.3%，该占比近两年处于持续下降状态。

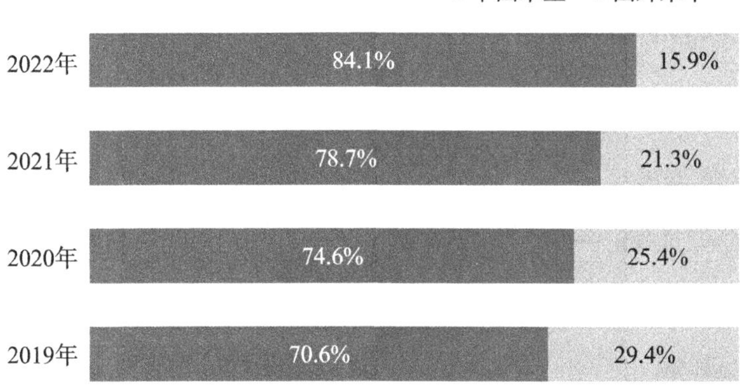

数据来源：知识产权出版社i智库
数据时间：法律状态公告日为2022年1月1日至2022年12月31日

图3-7 2019—2022年中国商标许可中国本土/国外来华占比

2022 年中国商标许可最为活跃的五个省市分别是广东、浙江、北京、福建和上海。其中，五个省市商标许可总次数为 14750 次，占 2022 年商标许可总次数的 36.7%，商标许可的区域集中度进一步提高。其中，广东商标许可次数为 5216 次，占 2022 年中国商标许可次数的 13.0%，商标许可次数及占比较 2021 年均有所上升，稳居中国本土商标许可次数排名的第一位。排名第二至第五的省市分别是浙江、北京、福建和上海，许可次数占比分别为 7.3%、6.7%、4.9% 和 4.8%。与 2021 年相比，广东、浙江和福建的商标许可次数处于上涨状态，分别同比上涨 11.6%、1.2% 和 57.7%，其中福建的许可次数增幅最高。北京、上海的商标许可次数处于下降状态，上海同比下降 7.7%。

国外来华申请人的商标许可中，美国的商标许可次数仍然位居国外来华国家第一位，其商标许可次数为 1358 次，较 2021 年同比下降 33.7%；日本商标许可次数排名第二，较 2021 年同比下降 16.8%；排名第三、第五的德国、瑞士均处于上升状态，尤其是德国增幅较大，2022 年商标许可次数为 1055 次，较 2021 年上涨 53.8%。如图 3-8 所示。

（单位：次）

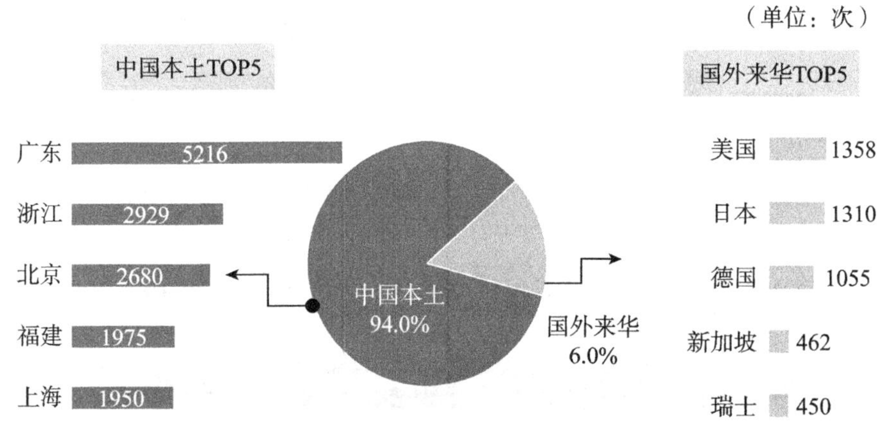

图 3-8　2022 年中国实施商标许可的中国本土/国外来华申请人排行 TOP 5

3.2.3　参与许可的申请人数量有所下降，来华申请人的商标许可集中度更高

以中国商标许可申请人所在地统计，2022年中国参与商标许可的申请人共有8654个，较2021年同比下降3.5%。其中，中国本土参与商标许可的申请人有7863个，平均每位申请人商标许可次数约为4.3次，比2021年参与商标许可的申请人减少113个，平均每位申请人商标许可次数略高于2021年[①]；来华国家参与商标许可的申请人有791个，平均每位申请人商标许可次数约为8.1次，与2021年相比，参与商标许可的申请人有所下降，平均每位申请人商标许可次数低于2021年[②]。相较而言，中国本土参与商标许可的申请人集中度仍低于来华国家。

中国本土的主要申请人中，排名第一的是上海三联（集团）有限公司，其2022年涉及的商标许可次数为733次，商标许可数量占2022年中国本土商标许可总量的2.2%；排名第二的是北京五八信息技术有限公司，其涉及的商标许可次数为419次，商标许可次数占比为1.2%；排名第三的福鼎市茶业协会涉及的商标许可次数为329次，占比为1.0%。这3位主要申请人涉及的商标许可次数之和仅占中国本土商标许可数量的4.4%。

美国来华实施商标许可的申请人共有132位，较2021年有所减少，排名前三的申请人分别是沃尔玛阿波罗有限责任公司、迈考美有限公司和美国安利有限公司，其涉及的商标许可次数占本国商标许可次数的比例分别为19.1%、10.8%、8.5%。日本来华实施商标许可的申请人共有156位，主要申请人株式会社利富高、松下控股株式会社和TOTO株式会社涉及的商标许可次数之和占日本来华许可商标数量的33.1%，商

① 2021年，中国本土参与商标许可的申请人有7976个，平均每位申请人商标许可次数约为4.2次。

② 2021年，来华国家参与商标许可的申请人有995个，平均每位申请人商标许可次数约为9.1次。

标许可集中度较 2021 年提高了 14.6 个百分点。而德国和新加坡的许可人商标许可相对更集中，其中德国来华实施商标许可的申请人共有 66 位，主要申请人阿尔弗雷德·卡赫欧洲两合公司［对应的许可人为卡赫投资（中国）有限公司］、德国米技有限公司、汤姆泰勒公司占据德国来华许可商标数量的 79.4%，阿尔弗雷德·卡赫欧洲两合公司也是 2022 年中国参与商标许可次数最多的申请人；新加坡来华实施商标许可的申请人共有 30 位，主要申请人立邦控股（新加坡）私人有限公司、伊顿国际控股私人有限公司、阿喀琉斯体育有限公司涉及的商标许可次数之和约占新加坡来华许可商标数量的 65.6%。除了德国，其余来华国家的商标许可人数量较 2021 年都有所下降。2022 年中国实施商标许可排名 TOP 5 的国家主要申请人状况如表 3－8 所示。

表 3－8　2022 年中国实施商标许可排名 TOP 5 的国家主要申请人状况

排名	国家	申请人数量（个）	主要申请人	对应的许可人	许可次数（次）	商标许可次数占比（%）
1	中国	7863	上海三联（集团）有限公司	上海三联（集团）有限公司	733	2.2
			北京五八信息技术有限公司	北京五八信息技术有限公司	419	1.2
			福鼎市茶业协会	福鼎市茶业协会	329	1.0
2	美国	132	沃尔玛阿波罗有限责任公司	沃尔玛阿波罗有限责任公司	259	19.1
			迈考美有限公司	迈考美有限公司	146	10.8
			美国安利有限公司	美国安利有限公司	116	8.5

续表

排名	国家	申请人数量（个）	主要申请人	对应的许可人	许可次数（次）	商标许可次数占比（%）
3	日本	156	株式会社利富高	株式会社利富高	166	12.7
			松下控股株式会社	松下控股株式会社	159	12.1
			TOTO 株式会社	TOTO 株式会社	108	8.2
4	德国	66	阿尔弗雷德·卡赫欧洲两合公司	卡赫投资（中国）有限公司	760	72.0
			德国米技有限公司	德国米技有限公司	41	3.9
			汤姆泰勒公司	汤姆泰勒公司	37	3.5
5	新加坡	30	立邦控股（新加坡）私人有限公司	立邦控股（新加坡）私人有限公司	152	32.9
			伊顿国际控股私人有限公司	伊顿国际控股私人有限公司	123	26.6
			阿喀琉斯体育有限公司	阿喀琉斯体育有限公司	28	6.1

数据来源：知识产权出版社 i 智库

数据时间：法律状态公告日为 2022 年 1 月 1 日至 2022 年 12 月 31 日

值得注意的是，2022 年中国实施商标许可最多的卡赫投资（中国）有限公司，共许可了 760 件商标，这些商标全部来自德国申请人阿尔弗雷德·卡赫欧洲两合公司（Alfred Kärcher）。阿尔弗雷德·卡赫欧洲两合公司先将其商标许可给卡赫投资（中国）有限公司，卡赫投资（中国）有限公司再作为许可人将这些商标许可给第三方。例如：注册号为 21470553A、名称为“卡赫”、尼斯分类号为 11 的商标，由阿尔弗雷德·卡赫欧洲两合公司许可给了卡赫投资（中国）有限公司，许可期限为 2017 年 12 月 21 日至 2027 年 12 月 20 日。如表 3－9 所示。

表 3－9　注册号为 21470553A 的许可备案流程示例

公告期号	许可备案号	许可期限	尼斯分类号	许可人名称	被许可人名称	许可（合同）备案公告日期
1763	20210000029809	2017. 12. 21 至 2027. 12. 20	11	阿尔弗雷德·卡赫欧洲两合公司	卡赫投资（中国）有限公司	2021. 10. 13
1781	20210000046798	2017. 12. 21 至 2027. 12. 20	11	卡赫投资（中国）有限公司	卡赫贸易（中国）有限公司	2022. 02. 27
1782	20210000048613	2017. 12. 21 至 2027. 12. 20	11	卡赫投资（中国）有限公司	卡赫贸易（北京）有限公司	2022. 03. 06
1783	20210000047930	2017. 12. 21 至 2027. 12. 20	11	卡赫投资（中国）有限公司	凯驰（上海）清洁系统有限公司	2022. 03. 13

数据来源：国家知识产权局商标局

3.2.4　各国商标许可领域侧重不同，食品（30、29 类）、饲料种籽（31 类）、医药品（5 类）商标许可依然很活跃

2022 年中国商标实施许可的尼斯分类 TOP 20 排行榜中，排名前三的依然是 30－植物食品、31－饲料种籽、5－医药品，如图 3－9 所示，与 2021 年排名一致。其中，排名第一的是植物食品，商标许可次数达到 6004 次[①]，占商标许可总量的 14.9%；排名第二的饲料种籽（国际分类号 31），商标许可 3599 次，占比为 8.9%；医药品（国际分类号 5）排在第三位，商标许可 2670 次，占比为 6.6%；食品（国际分类号 29）、广告/

① 2020 年、2021 年中国商标实施许可的尼斯分类排名第一的都是植物食品（国际分类号 30），商标许可次数分别为 4727 次、5307 次。

商业服务等（国际分类号35）分别排名第四、第五。与2021年相比，第30类、第31类、第29类等类别的商标许可次数都有不同程度的上升，而第5类、第35类、第12类都有所下降。

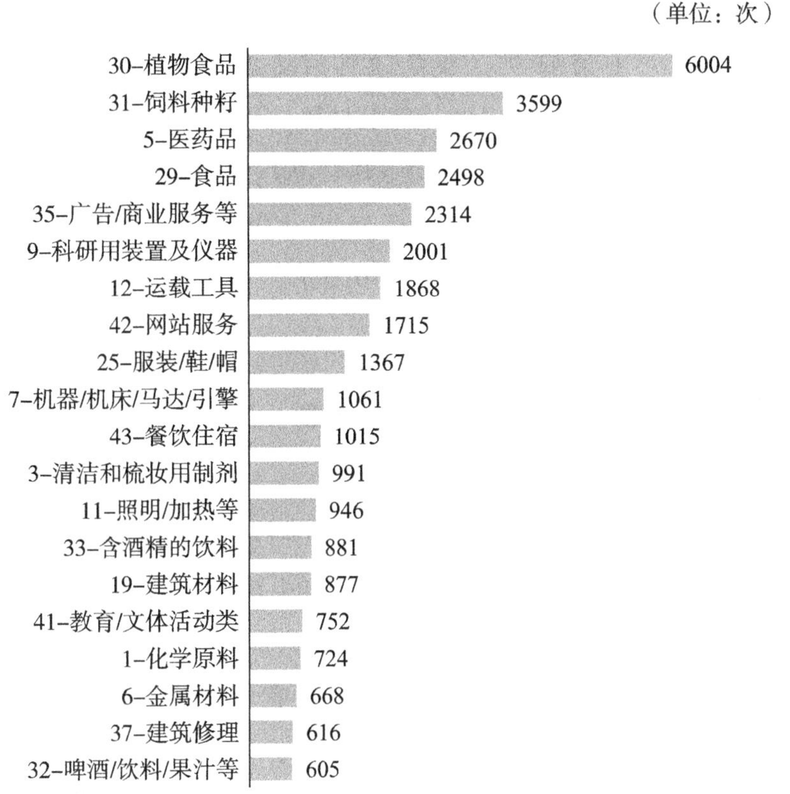

图3-9　2022年中国商标实施许可尼斯分类TOP 20

从各主要国家在中国实施许可的商标尼斯分类来看，各国商标许可领域侧重不同。中国本土许可人在第30类（植物食品）、第31类（饲料种籽）、第5类（医药品）、第29类（食品）、第35类（广告/商业服务等）等领域商标许可最活跃。美国在第25类（服装/鞋/帽）、第30类（植物食品）、第3类（清洁和梳妆用制剂）、第29类（食品）、第9类（科研用装置及仪器）等领域商标许可最多；日本在第5类（医药品）、第9类

（科研用装置及仪器）、第 30 类（植物食品）、第 11 类（照明/加热等）、第 7 类（机器/机床/马达/引擎）等领域商标许可最多；德国在第 7 类（机器/机床/马达/引擎）、第 9 类（科研用装置及仪器）、第 11 类（照明/加热等）、第 21 类（厨房洁具）、第 37 类（建筑修理）等领域商标许可最多；新加坡在第 41 类（教育/文体活动类）、第 2 类（颜料油漆）、第 43 类（餐饮住宿）、第 19 类（建筑材料）、第 25 类（服装/鞋/帽）等领域商标许可最多；瑞士在第 5 类（医药品）、第 11 类（照明/加热等）、第 42 类（网站服务）、第 35 类（广告/商业服务等）、第 10 类（医疗器械）等领域商标许可最多。如图 3－10 所示。

3.2.5 企业仍是许可人的主要类型，行业协会和个人许可数量明显上升

从商标许可人的类型来看，如图 3－11 所示，企业仍是中国商标许可人的主要类型，商标许可次数占 2022 年中国商标许可次数的比例为 67.3%；其次是行业协会，占比为 13.3%，行业协会从 2021 年的 24 次许可，升至 2022 年的超 5000 次许可；个人商标许可排第三位，占比为 10.6%，较 2021 年上升 9.0%；科研院所商标许可次数仅占 0.6%；其他许可人的商标许可次数占比约为 7.9%，包括服务中心、合作社等。2022 年行业协会和个人的商标许可数量和占比有了很大提升。

2022 年中国商标许可人排行 TOP 20 中，从许可人来自的国家（地区）来看，中国许可人占比大大加强，从 2021 年的 12 位上升至 18 位，来自国外的许可人仅有 2 位，包括美国、韩国许可人各 1 位。

从许可人的类型来看，20 位许可人中，共有企业 14 家，行业协会从 2021 年的 2 家增长到 6 家。TOP 20 中的 6 家行业协会包括福鼎市茶业协会、巴音郭楞蒙古自治州库尔勒香梨协会、六安市裕安区茶叶产业协会、

（单位：次）

中国		美国		日本		德国		新加坡		瑞士	
30类	5721	25类	114	5类	116	7类	152	41类	105	5类	56
31类	3555	30类	106	9类	105	9类	87	2类	102	11类	40
5类	2321	3类	76	30类	98	11类	70	43类	48	42类	33
29类	2288	29类	74	11类	97	21类	57	19类	28	35类	31
35类	1972	9类	70	7类	81	37类	54	25类	25	10类	29
12类	1624	35类	62	3类	70	42类	53	35类	23	9类	29
9类	1610	12类	61	12类	61	35类	50	37类	18	37类	20
42类	1547	32类	58	17类	51	20类	45	36类	15	41类	18
25类	1042	5类	57	25类	47	6类	41	18类	15	6类	18
33类	843	18类	55	16类	44	3类	41	12类	10	36类	15
43类	822	7类	52	37类	40	8类	40	6类	10	17类	15
19类	747	11类	46	21类	40	1类	39	3类	9	7类	15
7类	695	2类	45	1类	37	5类	38	30类	8	32类	13
3类	680	43类	41	35类	33	41类	37	1类	8	19类	12
11类	640	21类	40	20类	32	12类	33	9类	7	43类	10
1类	560	4类	40	19类	31	17类	30	29类	6	30类	10
41类	546	1类	38	2类	31	22类	23	5类	6	25类	9
6类	502	16类	31	42类	26	36类	16	32类	4	44类	7
10类	496	6类	31	26类	26	38类	14	26类	4	39类	7
32类	491	42类	29	18类	26	44类	13	44类	3	16类	7

数据来源：知识产权出版社i智库
数据时间：法律状态公告日为2022年1月1日至2022年12月31日

图3-10　2022年中国商标实施许可各主要国家尼斯分类分布

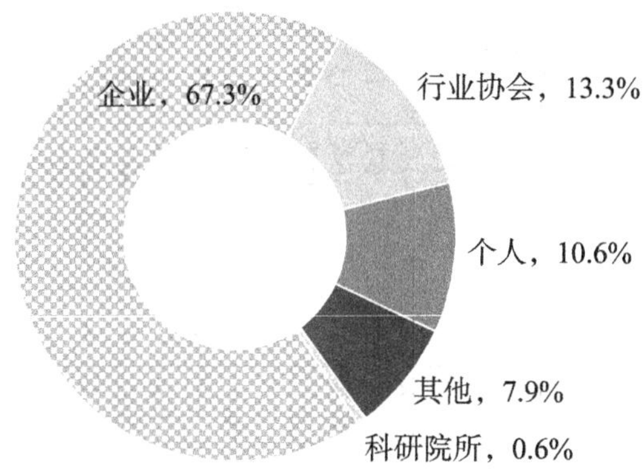

数据来源：知识产权出版社i智库
数据时间：法律状态公告日为2022年1月1日至2022年12月31日

图 3-11　2022 年中国商标许可的许可人类型分布

杭州市西湖龙井茶管理协会、乳山市牡蛎协会和恩施土家族苗族自治州茶产业协会，其中茶产业协会占据 4 家。

在商标许可的活跃度方面，TOP 20 许可人的商标许可次数占商标许可总次数的 13.5%，与 2021 年基本持平①。表现最为突出的是卡赫投资（中国）有限公司，该公司共计许可商标 760 次，对应 3 位被许可人，包括卡赫贸易（中国）有限公司、卡赫贸易（北京）有限公司、凯驰（上海）清洁系统有限公司，这 3 位被许可人均为卡赫投资（中国）有限公司的关联公司，被许可的商标名称共计 34 种，主要包括“KARCHER”“卡赫”“凯驰”“凯驰 KARCHER”“高洁”等，涉及第 7 类、第 9 类、第 11 类、第 37 类、第 42 类、第 21 类等 26 个尼斯分类号。

排在第二位的是上海三联（集团）有限公司，该公司共计许可商标 733 次，较 2021 年增加了 209 次，对应 676 位被许可人，包括日照市东港区明仁眼镜店、苏州保视明眼镜有限公司、宿松县嘉鸿眼镜有限公司第十二分公司等。该公司的商标名称有 2 种，包括“茂昌”“吴良材”，涉及

① 2021 年 TOP 20 商标许可人的商标许可次数占商标许可总量的 13.8%。

第42类的尼斯分类号。

排在第三位的北京五八信息技术有限公司商标许可次数为419次，该公司被许可的商标名称共计115种，包括“58到家”“58平价二手车”“58二手车”“五八企服”等，涉及第35类、第9类、第42类、第41类、第38类等23个尼斯分类号。其主要的被许可人有无锡五八赶集科技服务有限公司、北京爱上车科技有限公司、五八畅生活（北京）信息技术有限公司等5家公司。

排名第四的福鼎市茶业协会商标许可次数为329次，被许可人数达328个，尼斯分类涉及第30类。福鼎市茶业协会被许可的商标名称包括“福鼎白茶；FUDING WHITE TEA”“福鼎白琳工夫；FUDING BALIN CONGOU”。根据《中华人民共和国商标法》和国家知识产权局关于福鼎白茶地理标志证明商标使用规则，近年来福鼎市茶业协会依法依规对福鼎白茶地理标志进行授权许可。据报道，[①] 截至2023年1月26日，福鼎市共有405家茶企获得福鼎白茶商标授权许可，包括福鼎市南池峰茶业有限公司、福建茶叶进出口有限责任公司福鼎工厂、福鼎市同源茶业有限公司等。福鼎白茶这几年一路走俏，无论是销量还是价格都步步高升，与茶叶协会实施商标许可等商标运用战略息息相关。

排名第五的是来自美国的沃尔玛阿波罗有限责任公司，商标许可次数为259次，其除了将商标许可给集团内的沃尔玛公司外，还许可给了集团外的公司，如其将名称为“惠宜 实选 WALMART”、尼斯分类为30的商标许可给了五常市彩桥米业有限公司，该公司旗下品牌包含著名的“十月稻田”，经营产品包括东北大米、五谷杂粮、干货等。2022年中国TOP 20商标许可人情况如表3－10所示。

① 405家！福鼎白茶国家地理标志证明商标授权许可企业名单［EB/OL］.（2023－02－01）［2023－03－24］. https：//baijiahao. baidu. com/s? id＝1756633150747344700&wfr＝spider&for＝pc.

表 3－10　2022 年中国 TOP 20 商标许可人情况

排名	许可人	国家（地区）	许可次数（次）	被许可人数（个）	TOP 3 被许可人	TOP 3 尼斯分类
1	卡赫投资（中国）有限公司	中国	760	3	卡赫贸易（中国）有限公司、卡赫贸易（北京）有限公司、凯驰（上海）清洁系统有限公司	7、9、11
2	上海三联（集团）有限公司	中国	733	676	日照市东港区明仁眼镜店、苏州保视明眼镜有限公司、宿松县嘉鸿眼镜有限公司第十二分公司	42
3	北京五八信息技术有限公司	中国	419	5	无锡五八赶集科技服务有限公司、北京爱上车科技有限公司、五八畅生活（北京）信息技术有限公司	35、9、42
4	福鼎市茶业协会	中国	329	328	福鼎市南池峰茶业有限公司、福建茶叶进出口有限责任公司福鼎工厂、福鼎市同源茶业有限公司	30
5	沃尔玛阿波罗有限责任公司	美国	259	2	五常市彩桥米业有限公司、沃尔玛公司	25、9、18
6	百度在线网络技术（北京）有限公司	中国	243	2	阿波罗智能技术（北京）有限公司、上海小度技术有限公司	9、42、39
7	湖北周黑鸭企业发展有限公司	中国	240	41	湖北周黑鸭管理有限公司、湖北周黑鸭食品营销有限公司、湖北甜辣鸭商贸有限公司	29、35、30

续表

排名	许可人	国家（地区）	许可次数（次）	被许可人数（个）	TOP 3 被许可人	TOP 3 尼斯分类
8	巴音郭楞蒙古自治州库尔勒香梨协会	中国	234	233	阿克苏恒丰源林果业有限公司、歪果（北京）农业科技服务有限公司、巴州鑫东睿果业农民专业合作社	31
9	北新集团建材股份有限公司	中国	231	27	北新防水有限公司、龙牌涂料（北京）有限公司涿州分公司、龙牌涂料（北京）有限公司枣庄分公司	19、6、2
10	广州华银康医疗集团股份有限公司	中国	211	36	广州华银医学检验中心有限公司、北京华任康医学检验实验室有限公司、济南华银康医学检验有限公司	42、44
11	中国东方电气集团有限公司	中国	209	11	东方电气集团财务有限公司、东方电气（广州）重型机器有限公司、东方电气自动控制工程有限公司	7、33、11
12	六安市裕安区茶叶产业协会	中国	207	207	安徽省六安市金安区徽瑜茶业商行、安徽省六安市大山茶厂、安徽齐山尚品堂茶业有限公司	30
13	天津嘉睿汇鑫企业管理有限公司	中国	200	2	乐融致新电子科技（天津）有限公司、乐视网信息技术（北京）股份有限公司	9、11、41

续表

排名	许可人	国家（地区）	许可次数（次）	被许可人数（个）	TOP 3 被许可人	TOP 3 尼斯分类
14	杭州市西湖龙井茶管理协会	中国	180	132	杭州乾塘御品茶叶有限公司、杭州天竺茶叶有限公司、杭州九曲红梅茶业有限公司	30
15	黑龙江葵花药业股份有限公司	中国	178	62	葵花药业集团（冀州）有限公司、葵花药业集团（唐山）生物制药有限公司、葵花药业集团（衡水）得菲尔有限公司	5
16	株式会社利富高	韩国	166	8	台扣利富高塑胶制品（东莞）有限公司、东莞利富高塑料制品有限公司、利富高（盐城）精密树脂制品有限公司	11、25、18
17	统一企业股份有限公司	中国台湾	166	5	统一企业（中国）投资有限公司、统一企业中国控股有限公司、天津统一企业食品有限公司	30、32、29
18	乳山市牡蛎协会	中国	161	160	山东中蚝渔业有限公司、乳山市佳怡牡蛎经营部、乳山市众悦牡蛎养殖场	31
19	恩施土家族苗族自治州茶产业协会	中国	160	117	湖北惠泰丰农业开发有限公司、利川市硒韵茶业有限公司、宣恩县土生园农业发展有限公司	30

续表

排名	许可人	国家（地区）	许可次数（次）	被许可人数（个）	TOP 3 被许可人	TOP 3 尼斯分类
20	森科产品有限公司	中国香港	156	57	深圳市鲸豆科技有限公司、宁波艾优生物科技有限公司、上海尚喜儿童用品有限公司	9、16、21

数据来源：知识产权出版社 i 智库

数据时间：法律状态公告日为2022年1月1日至2022年12月31日

3.2.6　被许可人中企业类型占近九成，合作社的数量同比增长逾12倍

从商标许可的被许可人类型来看，如图3－12所示，企业是最主要的商标许可对象，被实施的商标许可次数占2022年中国商标许可次数的比例为88.0%；合作社、店铺、个人占比分别为4.1%、2.2%和1.4%；其他占4.2%，包括幼儿园、茶场、农场等。其中，合作社作为被许可人的数量明显增加，从2021年的109个上升至2022年的1430个，增长了12倍之多。

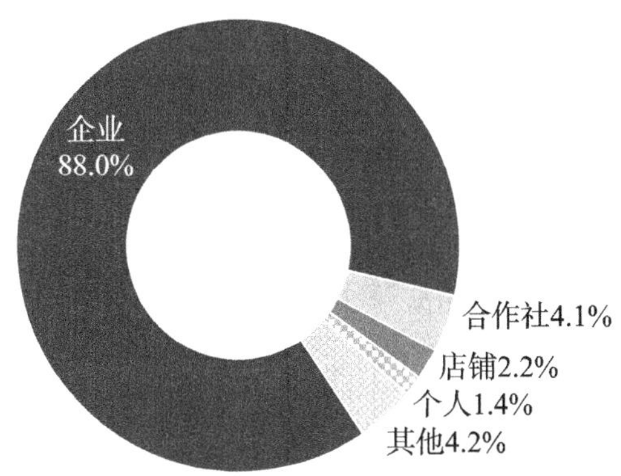

数据来源：知识产权出版社i智库

数据时间：法律状态公告日为2022年1月1日至2022年12月31日

图3－12　2022年中国商标许可的被许可人类型分布

2022 年 TOP 20 中国商标被许可人排行榜单中，有 19 位被许可人来自中国本土、1 位来自美国。来自美国的被许可人为沃尔玛公司，其在 2022 年被许可的商标均来自其内部集团公司沃尔玛阿波罗有限责任公司。中国的 19 位被许可人中，来自上海的企业有 6 位、北京有 6 位、广东有 3 位，来自江苏的有 2 位，来自天津、甘肃的各 1 位。

TOP 20 被许可人的商标许可次数占商标许可总次数的 6.9%。排名第一、第三、第五的被许可人分别是卡赫贸易（中国）有限公司、凯驰（上海）清洁系统有限公司、卡赫贸易（北京）有限公司，分别被许可商标 278 次、253 次和 229 次，全部来自其集团内公司卡赫投资（中国）有限公司的许可，主要涉及第 7 类、第 9 类、第 11 类等尼斯分类号。

排名第二位的是沃尔玛公司，该公司共计被许可商标 258 次，全部来自其集团公司沃尔玛阿波罗有限责任公司的许可，涉及的尼斯分类号主要有第 25 类、第 9 类、第 18 类等。

排名第四位的阿波罗智能技术（北京）有限公司被许可商标 252 次，对应许可人来自其集团公司百度在线网络技术（北京）有限公司、北京百度网讯科技有限公司，涉及的尼斯分类号主要有第 9 类、第 42 类、第 39 类等。如表 3 - 11 所示。

表 3 - 11　2022 年 TOP 20 中国商标被许可人情况

排名	被许可人	国家	被许可次数（次）	TOP 3 许可人	TOP 3 尼斯分类
1	卡赫贸易（中国）有限公司	中国	278	卡赫投资（中国）有限公司	7、9、11
2	沃尔玛公司	美国	258	沃尔玛阿波罗有限责任公司	25、9、18
3	凯驰（上海）清洁系统有限公司	中国	253	卡赫投资（中国）有限公司	7、9、11

续表

排名	被许可人	国家	被许可次数（次）	TOP 3 许可人	TOP 3 尼斯分类
4	阿波罗智能技术（北京）有限公司	中国	252	百度在线网络技术（北京）有限公司、北京百度网讯科技有限公司	9、42、39
5	卡赫贸易（北京）有限公司	中国	229	卡赫投资（中国）有限公司	7、9、11
6	无锡五八赶集科技服务有限公司	中国	173	北京五八信息技术有限公司	35、41、42
7	吉博力（上海）贸易有限公司	中国	119	吉博力国际股份公司	11、6、17
8	北京爱上车科技有限公司	中国	115	北京五八信息技术有限公司	37、42、9
9	中山宝宝好童车有限公司	中国	112	中山宝宝好儿童用品有限公司	12、28、20
10	东陶（中国）有限公司	中国	108	TOTO 株式会社	11、37、19
11	乐融致新电子科技（天津）有限公司	中国	104	天津嘉睿汇鑫企业管理有限公司	9、11、7
12	乐视网信息技术（北京）股份有限公司	中国	96	天津嘉睿汇鑫企业管理有限公司	9、41、38
13	胜牌（上海）化学有限公司	中国	94	胜牌国际有限公司	1、4、3
14	北京工美造办技术开发有限公司	中国	90	北京工美集团有限责任公司	45、44、43
15	佛山市好顺劲科技有限公司	中国	88	钟灿波	35、21、9

续表

排名	被许可人	国家	被许可次数（次）	TOP 3 许可人	TOP 3 尼斯分类
16	统一企业（中国）投资有限公司	中国	82	统一企业股份有限公司	30、32、29
17	上海凤凰自行车有限公司	中国	81	上海凤凰企业（集团）股份有限公司、上海钧丰网络科技有限公司	12、28、25
18	白银乌金峡科技有限公司	中国	76	白银乌金峡文化传播有限公司	29、41、11
19	上海味好美食品有限公司	中国	75	迈考美有限公司、美国迈考美有限公司	29、30、32
20	味可美（广州）食品有限公司	中国	75	迈考美有限公司、美国迈考美有限公司	30、29、32

数据来源：知识产权出版社 i 智库

数据时间：法律状态公告日为2022年1月1日至2022年12月31日

第4章　商标品牌培育典型案例

品牌彰显品质，是产品实力的综合体现，而商标作为品牌拳头产品的亮眼“名片”，以直观独特的方式阐述品牌的价值观，两者在市场竞争中相辅相成，互为一体。优质的商标品牌培育并非一朝一夕之功，每个知名商标品牌的背后不仅有企业积年累月辛苦精心经营的历程，而且离不开政策的大力扶持，政府多部门的通力协作，社会各方的共同努力。可以说商标虽小，却折射出我国知识产权保护法治化建设的进程和经济发展理念的转换。

近些年来，我国深入实施商标品牌战略，积极探索商标品牌保护、运用、管理、推广的新路子，大力提升商标品牌的市场价值和社会效益，推动中国产品向中国品牌转变，支撑经济高质量发展。正是我国对商标品牌发展环境的重视和建设，为商标品牌的培育发展和价值提升提供了保障，企业商标品牌建设能力日益提升，国际国内商标品牌发展规模优势明显，商标品牌社会效益和经济效益逐渐显现。

总体来看，我国商标品牌培育之路还很长，商标品牌价值挖掘的空间与市场开发的机会依然巨大。本章梳理了商标品牌培育方面的主要做法，展示了各地方、各单位取得的有效成果，总结了有益的启示经验。

4.1 积极创新 商标品牌融入知识产权大发展——上海创新开展商标品牌工作*

1. 案例背景

2019年，上海开展知识产权机构改革，职能涵盖专利、商标、原产地地理标志、集成电路布图设计等。上海市知识产权局紧紧抓住机构改革契机，在充分遵循商标品牌工作本质特点的同时，注重发挥商标、专利、原产地地理标志等知识产权相互促进、协同发展的合力，积极调动各区商标品牌工作能动性，实现市局宏观指导、面上推进，区局结合区域特色具体贯彻执行落实的两级联动、上下共进的良好工作格局。

2. 主要做法

（1）建载体，更好满足企业商标品牌发展需求。

不断深入推进2018年就启动的商标品牌指导站建设。紧紧抓住商标品牌指导站这一有利、有形、有力的工作载体，扎根于企业密集度高、商标品牌需求大的园区，为企业商标品牌发展开“直通车”、搭“便利桥”、建“孵化器”，同时也为园区招商稳商提供高质量服务内容。上海的商标品牌指导站已从1.0版的简单建站发展到2.0版的标准化建站，再到努力探索3.0版的服务方式和服务内容双创新的商标品牌全过程服务管理。同时，支持指导徐汇区将商标品牌指导站纳入知识产权运营服务体系建设，通过专项扶持加大商标品牌服务力度。徐汇区的商标集聚度和活跃度连续七年位居上海首位，2022年底徐汇区平均每户市场主体拥有1.6件有效注册商标。

（2）抓标准，不断提升基层商标品牌服务能级。

2022年，上海发布《商标品牌指导站建设服务规范》（上海市地方标准），为商标品牌指导站服务的规范化标准化提升奠定基础。该标准突出

---

* 本节案例来源于上海市知识产权局，该案例入选国家知识产权局发布的首批全国商标品牌建设优秀案例。

流程管理和规范操作，指引性和操作性进一步增强，并从园区和企业的商标品牌服务需求出发，精心编制附录了18张商标品牌指导服务建议书，覆盖创造、运用、保护和管理全流程，包括商标专利的国内外申请注册、异议、复审等确权流程，以及变更、转让（转移）、许可、质押融资、保险、规范使用、维权指导、品牌建设申报等。

（3）重创新，主动发挥政府商标品牌职能作用。

一是创新开展商标品牌创新创业基地建设。基地是指导站的升级版，发挥区域示范引领作用，着力促进商标品牌与产业发展深度融合，推动产业集群（区域）品牌和企业品牌建设。截至2022年12月底，已建成10个基地。二是及时指导开发商标保险产品。2020年，上海发挥商标职能，指导相关保险机构成功开发国内商标维权保险和马德里商标国际注册补偿保险产品。2021年，进一步拓展至商标海外维权保险并开发专利交易保险。2022年，又创新推出商标许可交易保险。三是积极探索商标品牌评估模型开发运用。为回应市场商标评估难的痛点，进一步规范完善商标品牌价值评估体系，上海市知识产权局在2021年启动商标品牌评估模型开发与运用项目，并在2022年6月将模型投入运用到商标质押“知惠行”上海地区专项活动中。

（4）促融合，积极推动商标专利地理标志协同发展。

一是商标品牌工作吸收成为市级知识产权试点（示范）园区建设重点内容。在2019年修订《上海市知识产权试点示范园区评定与管理办法》时，增加“设立专门的知识产权管理机构，能够有效开展专利工作和商标品牌的指导服务”等内容并在项目验收时制定相应考核条目。二是地理标志促进运用中深度融入商标工作。2020年，以“崇明大米”“崇明水仙”等地理标志为主的崇明现代农业园区被认定为上海市首个地理标志类知识产权试点园区；2021年园区建立地理标志商标品牌指导站，加强对地理标志使用企业及地理标志相关产业企业的商标品牌指导服务。2021年，“崇明大米”和“崇明水仙”地理标志投保商标保险，实现上海市地理标志商标保险零的突破及知识产权保险全覆盖。2022 年，推动指导金融服务机构围绕地理标志商标加大对“南汇水蜜桃”等地理标志使用者的质押融资支持力度。

3. **案例效果**

2022 年，上海虽然在上半年遭受疫情严重影响，但全市的有效注册商标量仍然保持 14.66% 的增长态势，在全国位居第五；平均每万户市场主体有效注册商标量达到 7392 件，同比增长 11.43%；平均新增 1 户市场主体的同时新增注册商标 0.58 件，同比增长 6.25%。商标集聚度和活跃度都在全国居于领先水平。

4. **典型意义**

（1）坚持业务融合，充分注重知识产权工作协同推进。

商标品牌工作的推进和提升，离不开业务协同和部门配合，离不开资源共享和机制共建。如：将商标品牌指导站纳入知识产权运营服务体系建设项目；在地理标志运用促进工作中强调专利强农、商标富农、地理标志兴农的三位一体作用。大量科技创新主体都会有商标和专利的发展和服务需求，指导促进的侧重点虽不同，但服务宗旨和支持力度应双管齐下。

（2）坚持问题导向，积极主动解决市场主体的商标品牌服务需求。

商标保险的出现，是知识产权部门在整合商标专利业务后，对企业商标维权难、维权成本高的问题作出的回应，将专利保险扩大到商标保险、国内保险延伸至海外保险。商标品牌评估模型的开发与利用，也是基于银行和企业对于开展商标质押融资中面临的商标评估难问题，知识产权部门跨前一步、主动牵头开展模型研究，并供银行和企业免费使用。

（3）坚持创新提质，不断调整工作方式方法以更好适应商标品牌高质量发展要求。

为更好满足商标品牌指导服务的升级需求以及应对产业品牌发展需要领头羊、区域商标品牌经济要更好发展的现实需要，知识产权部门结合大众创业万众创新的经济社会发展要求，创新开展商标品牌创新创业基地建设。在发挥地理标志运用促进乡村振兴、发展绿色生态经济过程中，创造性地将商标品牌指导站与地理标志专业园区紧密结合，积极试点地理标志商标保险，探索地理标志商标质押融资，不但丰富了商标品牌工作内容，也促进了地理标志运用发展。

综上，上海市知识产权局始终将商标品牌工作充分融入知识产权整体事业大发展，既突出商标品牌工作特色，又注重借助发挥其他知识产权工作之力，从而有效实现了上海商标品牌良好发展局面。

4.2 打造家纺产业集群品牌培育基地　助力南通高端家纺产业高质量发展*

1. 案例背景

家纺产业是南通地标性产业，高端家纺规模位居世界第三、全国第一，在国际市场跻身世界“三大家纺中心”之列。近年来，南通市市场监督管理局（知识产权局）根据江苏省知识产权局工作部署，围绕南通市委市政府确定五大重点产业之一的高端家纺产业，开展产业集群品牌培育和建设工作，南通家纺产业品牌影响力和市场竞争力得到有效提升，为全市奋力打造全省高质量发展重要增长极贡献了积极力量。

2. 主要做法

（1）聚焦品牌战略，实施集群品牌培育“鸿图工程”。

2020年8月，为统筹推进通州川姜和海门叠石桥两大家纺市场协同发展，江苏省政府批准成立江苏南通国际家纺产业园，园区下设规划发展部，具体负责“南通家纺”区域品牌的培育和打造。2021年，南通市市场监督管理局牵头编制了《南通市家纺产业协同发展规划2020—2030》，

---

* 本节案例来源于南通市知识产权局，该案例入选国家知识产权局发布的首批全国商标品牌建设优秀案例。

其中明确了“南通家纺”产业集群品牌培育建设的定位、方向和目标。同时依托产业集群品牌建设试点，支持行业协会开展集体商标注册，2021 年成功注册“南通州家纺”集体商标，目前“南通家纺”集体商标正在筹备申请中。

（2）建设服务载体，实施集群品牌培育“引航工程”。

开展商标品牌指导站建设工作，结合区域特点和产业特征，在通州川姜镇（纺织面料品牌方向）和海门三星镇（家纺成品品牌方向）设立两家家纺商标品牌指导站，重点为集群内家纺企业提供一站式知识产权服务。依托本地家纺 B2B 平台“91 家纺网”，设立线上家纺商标品牌指导站，指导范围覆盖全市所有家纺企业。同时针对南通家纺企业“走出去”较多的国家，如越南、缅甸和柬埔寨等，设立知识产权海外服务分中心。目前已初步形成了“线上 + 线下”“国内 + 国外”的家纺商标品牌指导站运行模式。

此外还依托两家“国字号”的中国（南通）知识产权保护中心和中国（南通）家纺知识产权快速维权中心为家纺产业发展提供助力。保护中心自 2021 年成立以来，通过“高端纺织”预审通道授权的发明专利突破 1200 件，快速维权中心 2022 年受理外观设计专利 1636 件，获国家专利权评价报告预审试点单位，系全国首批、唯一一家快速维权中心。

（3）注重创牌立牌，实施集群品牌培育“赋能工程”。

引导家纺企业以结构调整和产业转型升级为契机，重视商标品牌的培育、挖掘、创立和升级。如南通北宝纺织品有限公司，从 OEM 贴牌加工，到 ODM 自主设计，到推出“北丝坊”等 18 个自主商标品牌，实现销量翻一番。引导家纺企业根据销售特点，注重终端消费市场细分，开展多品牌战略布局。如南通博洋家纺，2017 年创立了博洋七星作为高端品牌，2019 年创立了博洋生活作为平民化时尚品牌，2021 年创立博洋窗帘，通过多元化品牌体系建设，目前博洋家纺已成为国内家纺领域一线品牌。引导家纺出口企业开展国际商标布局，运用亚马逊等跨境电商、外贸综合服务平台，做好品牌推广，培育一批外向型商标品牌国际化企业。

（4）打造行业标杆，实施集群品牌培育“领航工程”。

充分发挥龙头企业在引领集群发展中的“火车头”效应，通过对龙头企业品牌创新扶持力度，引领协同创新，支持龙头企业品牌抢占产业价值链的高端，做集群品牌创新的领跑者。如罗莱生活科技股份有限公司，以品牌建设为引领，推动产品质量不断提升，先后获评全国品牌培育示范企业、江苏省省长质量奖等，2021年“罗莱家纺”被认定为中国驰名商标。

（5）突出科技创新，实施集群品牌培育“强链工程”。

依托企业“家纺质量合作社”模式，鼓励和引导产业集群内企业开展多种形式的合作，提高专业化协作水平，完善产业链，打造创新链，提升价值链。指导社员企业建立各类标准1.8万个，推动32家品牌企业与300家小微企业开展结对帮扶，取得经济效益2亿多元。指导入社家纺企业新注册商标1025件、专利5037项。支持龙头企业建立贴牌加工链、供应链80多条，新增业务收入4130万元。

（6）促进运用转化，实施集群品牌培育“添彩工程”。

引导家纺企业强化知识产权运用彰显品牌价值，持续开展品牌价值评估、促进商标品牌多种形式的流转，最大化实现企业知识产权效益。支持金融机构积极开发知识产权质押金融产品，联合第三方评估机构，构建知识产权质押融资绿色通道，服务家纺企业通过知识产权质押融资超18亿元。

（7）加大保护力度，实施集群品牌培育“护盾工程”。

依托南通市“知联侨”知识产权海外服务中心，为自主品牌开拓省外、国内外市场提供有力支持。建立高知名度商标保护名录，突出重点领域高知名度商标侵权行为查处。加强电商领域商标侵权行为监管，推进线上线下一体化同步治理。近三年家纺产业商标品牌保护绩效位于全省前列，入选江苏省知识产权局知识产权涉外典型案例2件。中国南通（家纺）知识产权快速维权中心获全国知识产权快速协同保护绩效考核全国第一。设立知识产权巡回法庭，实现商标侵权纠纷案件快速审理。

3. **案例效果**

（1）擦亮城市名片，“南通家纺”品牌影响力更强。

产业集群内两大市场先后获评全国家纺产业知名品牌创建示范区、中国服装家纺区域品牌试点地区、世界知识产权组织优秀案例示范点、国家知识产权保护规范化培育示范市场、全国版权保护示范单位等荣誉。

（2）助力高质量发展，“南通家纺”品牌价值更高。

南通家纺产业已形成涵盖“织、染、印、成品、研发、物流”的完整产业链，2022 年，全市规模以上纺织企业 1411 家，实现产值 1708 亿元。南通纺织产品畅销全球 150 多个国家和地区，高端家纺线上线下年交易额已突破 2300 亿元，占据全国家纺市场“半壁江山”。

（3）提升核心竞争力，“南通家纺”品牌绩效更优。

南通家纺目前在纺织行业领域拥有中国驰名商标 21 项，中国质量奖提名奖 1 项，全国纺织行业质量奖 5 项，涌现出了罗莱家纺、紫罗兰、大生集团、鑫缘茧丝绸等一大批领军企业。全市纺织企业拥有国家级企业技术中心 1 家，省级企业工程中心 30 家，院士工作站 3 家，主导或参与制定行业领域的国际标准 1 项、国家标准 30 项以及行业标准 124 项。

（4）优化营商环境，“南通家纺”品牌环境更佳。南通家纺产业集群吸引大量相关企业经销商、供应商、专业技术人才、中介机构的关注，以为其大量发展资金、资源、人才的获取提供相应的便利。集群内同时搭建了检验检测、质量标准信息、家纺设计研发 3 大公共服务平台，先后建成国家桑蚕茧丝产业工程技术研究中心、江苏省功能性床上用品质量监督检验中心等，为纺织产业发展提供了强有力的配套支撑。

4. **典型意义**

开展南通家纺产业集群品牌培育基地建设是推动南通高端家纺产业打造知名品牌、丰富优质供给、优化产业结构、培育经济增长新动能的重要举措。通过建立“政府部门推动、行业协会发动、服务机构助动、相关企业主动”四位一体的运行模式，实施“鸿图”“引航”“赋能”“领航”“强链”“添彩”“护盾”七大工程，产业集群内企业、行业、产业品牌价值和市场竞争力得到有效提升。

4.3 狗牯脑茶富民兴县的“金饽饽”

1. 基本情况

江西省遂川县是中国百年名茶“狗牯脑茶”的原产地，遂川县的森林覆盖率高达78%，海拔高度650~1100m，终年云雾缭绕、四季清泉不绝，日照时间较短，多漫射光，雨量充沛，昼夜温差大，这些因素极利于茶叶中氨基酸、糖类和芳香等物质的形成，从而造就了狗牯脑茶特有的品质。

2004年狗牯脑茶获批成为地理标志保护产品，2012年入藏中国茶叶博物馆，2015年成为江西省“四绿一红”重点扶持品牌、“最具品牌发展力品牌”，并入选中欧地理标志产品互认互保名录（第一批），2020年入选国家“地理标志运用促进工程项目”。

2. 主要做法与成效

（1）政策引导，资金扶持。

制定狗牯脑茶地理标志发展总体规划，强化政策引导，力促狗牯脑茶产业发展提质增效。地方政府出台《遂川县脱贫攻坚产业扶贫工程实施方案》《遂川县狗牯脑茶产业发展奖补办法》等政策文件，制定“特惠制”扶持措施，降低奖补门槛，提高奖补标准。县财政每年投入3000万元建立“狗牯脑茶产业发展基金”。

（2）推进标准化建设，提升产品品质。

制定并发布一系列标准、要求和准则，使产品从原材料、生产加工技术到质量保证、检验检疫、卫生安全、包装运输等各环节均实现标准化生产和管理。此外，建立狗牯脑茶地理标志产品标准化管理体系，培养相关人员并提高其标准化管理意识，从而提升地理标志保护能力。

（3）注重品牌打造，拓宽产品市场。

注重宣传推介，在全国各地开设了近 200 家狗牯脑茶专卖店，聘请狗牯脑品牌形象代言人和遂川县振兴形象大使，先后在中央电视台、高速公路、高铁、机场、火车站等场所投放狗牯脑茶广告，每年组织一次形式不同的狗牯脑茶品茗推介会，开发狗牯脑红茶等新品种；注重品牌保护，出台《狗牯脑茶包装管理办法》，修订完善品牌共享准入细则，实行“地理标志证明商标 + 企业商标”的母子商标形式，对狗牯脑茶产品进行“实名认证”，逐步推进狗牯脑茶包装标志标识使用规范化，形成元素统一、品类多样、个性鲜明的茶产品体系；推广使用狗牯脑茶二维码防伪溯源标贴，要求各狗牯脑品牌共享企业在其销售的狗牯脑茶产品外包装上加贴该防伪标贴，努力做到“一品一标”。

（4）积极探索，创新地标助农兴农模式。

①紧扣江西省“十三五”十大产业精准助农规划，探索遂川县“四个一”（一片茶山、一亩果园、一栏畜禽、一人就业）的产业助农模式，选择茶业作为产业精准助农主抓手，按照建档立卡农户产业助农全覆盖规划，选择有条件发展茶产业的 6000 多户，制定平均每户增加发展两亩茶园的规划，把茶业发展作为助农兴农的重要抓手，列入乡镇和县直属单位综合考评的重要内容。②“示范基地 + 助农”模式。打造 3 个县级茶产业助农示范基地，建设一批乡镇茶产业助农精品基地，完善一批村级茶产业助农规范基地，并充分发挥这些基地的示范带动作用。③“三带一自 + 联结机制”产业助农模式。重点打造龙头企业带动、农民合作社带动、“能人大户”带动和农户自身种植的产业助农模式，以及通过股份联结、租赁联结、订单联结、服务联结和劳务联结等方式，构建农户与龙头企业、农民合作社、“能人大户”的紧密型利益联结机制，带动大批农户积极参与。④“技术指导 + 政府帮扶 + 技能比拼”模式。通过专题讲座、

现场座谈、网络直播等形式，县知识产权局、茶业局、科协等部门邀请相关行业专家，围绕地理标志、品牌推广、电商销售、追溯技术等内容对从业人员进行免费的技术培训和指导。政府通过健全配齐以服务茶叶种植、加工为主要内容的乡镇农技推广站的基础设施，补充一批茶叶种植技术专业人员。干部帮扶到位，建立了干部“9753”责任帮扶精准助农机制。组织建档立卡农户中的制茶能手参加狗牯脑茶制作技能大赛，评选出一等奖1名，二等奖2名，三等奖3名，助推农户提升技能，实现致富增收。⑤“网络销售+服务站”模式。结合“国家电子商务进农村综合示范县项目”，发挥电子商务平台作用，推动茶叶营销。整合村级电商服务站和村级物流服务点，把“村淘服务站”“农村e邮”等开进乡村，拥有以销售狗牯脑茶为主的电子商家100余家，使用网络平台向全国各地销售产品。

4.4　保山小粒咖啡助力乡村振兴谱写新篇章

1. 基本情况

云南省保山市拥有云南乃至全国独具特色的干热河谷气候，非常适宜阿拉比卡（小粒咖啡）的生长。保山小粒咖啡因具有“浓而不苦、香而不烈、略带果酸味”三大独特品质而享誉全球。2010年12月24日，保山小粒咖啡获国家地理标志产品保护。2011年2月，经原国家工商行政管理总局核准注册为地理标志证明商标。2019年，保山小粒咖啡被国家知识产权局确定为首批地理标志运用促进工程项目，保山小粒咖啡产业发展迎来新的历史机遇。截至2022年底，保山市咖啡种植面积达13.56万余亩，产量2.05万吨，同比增长19.88%，咖啡产业综合产值达41.49亿元，同比增长11.11%。

2. 主要做法与成效

（1）地方政府高度重视，为保山小粒咖啡地理标志产业发展和精准助农把关定向。

保山市成立了由保山市知识产权局局长任组长、分管副局长任副组长、相关业务部门为成员的“保山小粒咖啡地理标志保护领导小组”，在知识产权科（股）设立了办公室，及时协调解决保山小粒咖啡产业发展中出现的各种问题和困难，为保山小粒咖啡种植、生产、加工、销售提供了强有力的支撑力量。为调动保山小粒咖啡种植加工企业和咖农的积极性，政府加大了政策扶持力度：对获得地理标志保护产品和地理标志证明商标的企业，奖励 10 万元；对获得马德里商标注册的商标，每件奖励 1 万元；对成功创建国家级、省级知识产权试点园区的分别奖励 10 万元、5 万元；对新获评国家级知识产权示范企业的奖励 2 万元等。在整合资源方面，采取有效措施大力支持农民专业合作社在保山小粒咖啡保护区扩大再生产，科学规划保山小粒咖啡等地理标志产品保护区，指导大、中、小企业与基地、农民专业合作社对接，引导中小加工企业整合发展，走产、供、销标准化生产、产业化经营、市场化运作的新路子。通过每年举办“咖啡节”、摄影巡展、民俗展演等特色活动，提高乡村旅游发展效益，促进群众增收致富。

（2）运用科技信息手段，为保山小粒咖啡等地理标志产业发展和精准助农打造质量品牌。

近年来，保山市结合网络信息平台，打造了集保山小粒咖啡树网上认领、农业技术指导、农产品质量安全追溯、咖啡园远程监控管理、农业电子商务、休闲观光农业、保护区认证于一体的“数字基地”工程，使每份保山小粒咖啡都做到可追溯，有效提升保山小粒咖啡的质量效益和竞争力，促进保山小粒咖啡产业的高质量发展。保山市注重加强品牌建设，着力提升品牌价值，市政府提出并贯彻“绿色食品牌、发展电子商务、促进大众创业、提升品牌效应、推进富农开发”的发展理念，走出了一条电商销售的新路子。

（3）积极探索助农模式，为保山小粒咖啡地标产业发展和精准兴农富农谱写新的篇章。

一是建立“农户+基地+龙头企业+地理标志”的地理标志产品经营模式，促进农业产业结构从粗放型向集约型转变和相关产业链的形式发展。在兴农富农实践中，保山市创新助农方式，全力推广“合作社+基地+农户”的精准助农模式，积极带领农户增收致富。大力推进“云豆入沪”精准助农对口项目，合作项目通过对云南保山、普洱等农户建档立卡，使每一台咖啡机对应一户，即消费者每买一杯咖啡，其中就有2元作为助农资金直接打入专门的助农账户，消费即是助农兴农。采取“无偿技术服务+先供后还”模式，通过技术讲座、现场观摩、广播宣传、发放宣传单等形式提供技术支持。合作社长期邀请市、县高级农艺师、农经师与行业协会等相关部门，对合作社社员和农户进行免费技术培训和地理标志运用指导，有力解决了农户技术缺乏难题。采取“网上销售+助农”模式，将精准助农与电子商务有效结合，依托隆阳区和龙陵县的3个村级电商助农驿站，组织知名电商企业与农业专业合作社、有条件的乡村对接合作，2家电商企业与1000户农户完成了产销对接。二是自2016年以来稳步推进咖啡保险工作实施，促进咖啡产业健康发展，通过出险补偿机制，大大降低种植风险，切实提振咖啡种植户的信心。咖啡保险保额为500元/亩，投保4万亩，保费22.5元/亩，总保费90万元，省、市、区（县）财政分别补助30%、10%、40%，共计补助72万元，种植户仅需承担20%，且农户自交部分均由承保公司与咖啡公司、合作社、种植大户签订代垫代扣协议，在咖啡收购款中扣除。

另外，保山市还积极打造地理标志与乡村振兴的示范试点，拍摄制作地理标志运用促进工程宣传片，组织参加中国品牌价值评价活动，举办地理标志运用促进及保护管理培训班和研讨会。今后，还将继续发挥财政、科技、商务、金融、农业、知识产权等部门的职能作用，奋力书写保山小粒咖啡的助农新篇章。

4.5 吉利深化商标保护　做优做强品牌*

1. 案例背景

领克汽车（LYNK & CO）由吉利控股集团、吉利汽车集团与沃尔沃汽车合资成立，作为吉利控股集团着重打造的汽车品牌，领克面临网络信息传播快，商标抢注情况层出不穷，商业模式更新以及跨界频繁的外部环境。如何快速、全面布局商标，如何保护使用商标，如何创新管理商标，从而打造全新的品牌保护策略，是领克亟须解决的问题，也是全新的挑战。

2. 主要做法

（1）以创新保护思路为引导，围绕业务基础，做超前规划。

吉利控股集团在商标注册上积极更新意识，创新商标保护思路。首先，吉利控股集团依照企业发展和业务发展需求，超前进行领克品牌商标注册规划，提前半年就在核心类别（汽车产品）进行商标布局，保证核心商标有效。其次，进行防御商标的布局，如读音、字形较为相近的商标在核心类别进行注册。最后，核心商标在全领域注册，将商标保护拓展到所有商品/服务领域，以防他人抢注，也为后续汽车精品扩展奠定基础。

随着领克品牌知名度的上升，防污名化注册也同步进行，从而在增强品牌美誉度的同时也提升了品牌价值。

（2）以产品市场为导向，面向未来，积极开展海内外一体化布局。

吉利控股集团在国内进行领克品牌商标布局的同时，也积极开展海外商标注册布局。首先，通过马德里注册途径和单一国注册途径，优先在核心市场注册核心商标“LYNK & CO”。其次，在核心市场的周边市场注册

---

* 本节案例来源于浙江吉利控股集团有限公司，该案例入选国家知识产权局发布的首批全国商标品牌建设优秀案例。

商标，形成商标保护的“护城河”，主要挑选核心市场周边重要国家和地区，特别是领土范围大、人口多、经济实力强的国家和地区，确保汽车跨区域销售范围扩大的情况下品牌使用的合规性。再次，针对其余市场，依据费用等情况，同步考虑未来布局情况，扩大品牌保护“护城河”。

同时，吉利控股集团也对标其他汽车品牌的布局情况，参考高端品牌布局区域和方式，相应调整领克商标的布局策略。

（3）不断升级、完善信息化工具，构建商标全周期高效管理方案。

针对商标管理工作的多样性、商标管理运行方式的特殊性等特点，吉利控股集团借鉴国外先进的知识产权管理系统的经验与技术，创建了有吉利特色的适用于知识产权管理与服务的管理系统，并根据知识产权管理的特点来设计有关功能与项目，如时限管理功能、OCR智能识别功能、过程记录功能，自动统计与报告功能、定制化的费用跟踪功能、证据管理功能等。同时，知识产权管理软件的开发符合当今软件工程的总体发展趋势，如高度集成化、高度智能化、体现新的软件设计思想、体现人文性、体现个性化等，实现了集团商标管理的要求，减轻了商标管理人员的工作负荷。

吉利控股商标模块引入专业人才，针对国内外商标管理现况，调整管理模式，从商标创造、确权、使用和维权等多维度角度切入，进行商标分级管理，根据品牌发展情况动态调整保护策略，逐渐提高品牌保护力度。对于公司设定的高端品牌，从创造开始，采用高级品牌布局策略，从国内外布局到后期维权、证据收集等，进行全方面重点资源配置，严厉打击侵权行为，提高品牌保护力度，维护品牌商誉。

（4）加强商标监控，高度重视维权和商标品牌的培育。

吉利控股集团成立知识产权部，持续开展商标保护工作。首先，加强监控工作，包括侵权监控、使用监控等；定期在各大电商平台进行网络搜索，及早发现侵权迹象，严厉打击。其次，提高维权重视程度。对侵权行为采取零容忍的态度。针对他人不正当注册商标，采取商标异议、无效宣告等方式维权，而使用商标侵权的，采取行政投诉、司法起诉等方式维权。在品牌发展五年后，领克商标已具有一定知名度，按照商标分级管理制度，将领克升级品牌管理级别，列入重点发展品牌目录，加强商标评估和培育。

3. **案例效果**

（1）海内外商标布局策略清晰，商标品牌知名度稳步提升。

吉利控股集团通过国内外商标布局，创新商标管理、商标保护等方式，打造了全新的品牌保护策略。截至2022年底，领克商标国内申请527件，海外注册1147件，覆盖了欧洲、北美、南美、东南亚、中东、非洲等地区。

（2）商标信誉逐步建立，商标品牌影响力持续提高，助力产品市场占有率提升。

领克品牌在良好的市场环境中不断发展，持续不断改进和提高产品质量，不断采用新技术加大产品的技术含量，走在相同产品的前列，保持较强的竞争实力。

4. **典型意义**

领克品牌是在吉利品牌已具有极高知名度和市场地位的前提下推出的高端品牌，系吉利和知名品牌沃尔沃共同开发的品牌。在互联网时代，信息传播快、商标抢注盛行、品牌关注度高，这些因素都对品牌布局和维权产生了很大的障碍。

针对这些情况，国内和海外布局都需根据现有情况制定快速、全方位的布局策略，抢占注册先机，同时开展商标监控，积极维权。针对国内外遇到的复杂问题，吉利控股集团使用多种法律策略综合解决，如全球商标共存谈判、撤销、异议等方式。核心商标、防御商标同步布局，为后续汽车精品推出保留商标领地。品牌发展到一定程度，在排名逐渐提升的同时，根据实际情况，领克品牌需相应提高保护程度，采取多元化保护策略，立体、全面、严厉地打击攀附知名度行为，包括从注册源头上进行商标监控，采用行政、司法等多渠道清除攀附知名度的商标。

同时大量申请商标时，考虑到审查时间和程序的复杂性，吉利控股集团开发出智能化管理系统进行综合管理，同时引入相应专业人员进行专业管理，从而确保商标有序申请。在管理上效率和质量并重，品牌分级、分阶段管理，根据品牌发展程度，相应调整策略。

商标获准注册后，吉利控股集团开始在重点地区进行使用布局，收集相应证据，以便后续确权和维权，从而提高成功率。在监控使用情况方面，对于不规范使用、超范围使用等情况，吉利及时纠正，严格管理，对授权使用进行统一管理，统一签订年度授权使用协议，办理相关备案手续。

4.6　百年青啤焕新路　中国品牌跃迁时*

1. 案例背景

青岛啤酒股份有限公司前身是1903年8月由德国商人和英国商人合资在青岛创建的日耳曼啤酒公司青岛股份公司，是中国历史悠久的啤酒制造厂商。2022年7月，青岛啤酒品牌价值2182.25亿元，位列世界品牌500强。截至2022年底，青岛啤酒在全国20个省、自治区、直辖市拥有近60家啤酒生产企业，公司规模和市场份额居国内啤酒行业领先地位。青岛啤酒几乎囊括了1949年中华人民共和国成立以来所举办的啤酒质量评比的所有金奖，并在世界各地举办的国际评比大赛中多次荣获金奖。

2. 主要做法

（1）夯实商标战略基础，积极实施商标注册保护。

青岛啤酒制定了全方位的商标保护方案，综合运用防御性注册、联合

---

* 本节案例来源于青岛啤酒股份有限公司，该案例入选国家知识产权局发布的首批全国商标品牌建设优秀案例。

商标注册以及海外保护性注册等方式对公司核心商标进行保护。截至 2022 年底，青岛啤酒股份有限公司及下属子公司共拥有有效国内注册商标 2300 余件，其中“青岛”“崂山”“汉斯”“银麦”“绿兰莎”和“Z 图形”6 件商标被认定为中国驰名商标。同时，为了配合海外市场的开拓及国际化战略的实施，该公司尤其重视海外商标的注册保护，最早于 1997 年开始通过马德里体系进行商标国际注册，共申请了青岛啤酒、TSINGTAO、新旧栈桥图形、奥古特图形、青岛啤酒奥古特、崂山、山图形等商标，注册范围基本覆盖了马德里体系所有成员国。在 2010 年、2015 年该公司分别对“青岛”主品牌、“崂山”第二品牌系列商标实施全球注册保护，截至 2022 年底，拥有海外注册商标 1400 余件。同时该公司也积极通过非洲知识产权组织等地区性知识产权联盟开展海外商标保护。

（2）确立“1 +1”品牌战略，打造核心品牌竞争力。

该公司持续推进“青岛啤酒主品牌 + 崂山啤酒第二品牌”的品牌战略，丰富公司产品矩阵，持续优化产品结构，加快布局高端和超高端市场。近年来该公司推出了青岛啤酒“百年之旅”“一世传奇”等一系列具有鲜明特色、符合市场需求的高端产品，进一步提升了公司品牌形象。作为北京 2022 年冬奥会官方赞助商，该公司围绕这次国际体育盛会推出了“青岛啤酒冬奥冰雪罐”等系列产品。

（3）持续提升品牌活力，为百年品牌高质量发展注入新动能。

“青岛啤酒”品牌是我国首批十大驰名商标之一，在国内外市场具有强大的品牌影响力和较高的知名度。

青岛啤酒始终以中华优秀传统文化为媒，以讲好“中国故事”为目标引领消费潮流，将百年历史底蕴与当代时尚潮流、国际流行元素有机融合，让“百年老字号”持续焕发“时尚新活力”。为此，青岛啤酒走进故宫博物院“过大年”、走进上海“百乐门”、登上纽约时装周，以“国潮”彰显中国制造、中国品牌的崛起。

通过开展“‘一带一路’跟着中国品牌看中国”活动，邀请各国消费者跟着青岛啤酒看中国；并将青岛啤酒节开到西非国家利比里亚，树立了中国制造在国际市场上的高端品牌形象。

（4）运用法律武器维护商标权益，为商标战略实施保驾护航。

青岛啤酒在商标战略实施过程中，以商标注册为基础建立了全方位的保护体系。在注册方面对核心商标进行联合商标、防御性商标注册，防止商标淡化；同时在全球范围内建立了与权利范围相对应的商标监测体系，在国内外针对公司核心商标开展近似商标监测，通过异议、无效宣告等程序阻止恶意模仿公司商标的商标注册。

随着青岛啤酒产品在海外的知名度和影响力不断提升，一些境内的侵权企业开始将侵权产品出口到海外，扰乱了青岛啤酒在海外市场的销售。为及时发现境外侵权产品，该公司将“青岛啤酒”“TSINGTAO”及栈桥图形等核心商标在海关总署及主要出口国海关进行了商标海关备案，对于仿冒侵权产品积极启动海外维权诉讼等法律措施，有效维护公司合法权益、防止公司商标淡化。

同时，公司设立打假维权办公室，建立各种线上线下信息收集渠道，通过行政、司法等手段坚决打击侵权假冒行为，积极维护品牌形象，及时维护公司合法权益。

3. 案例效果

1991年“青岛”商标在原国家工商行政管理总局商标局牵头组织的首届中国驰名商标评选活动中被认定为首批中国驰名商标之一；2006年“青岛啤酒”被认定为中华老字号；2011年该公司获得中国商标金奖－商标运用奖；2012年被评为“中国知识产权倡导者”；2016年受邀在世界知识产权组织主办的“商标品牌和马德里国际商标体系成立125周年纪念活动”中作为唯一中国企业代表做主题发言；2018年通过“企业知识产权管理体系”认证，同年获得“山东省商标品牌示范单位”称号；2019年获得“国家知识产权优势企业”认定；2022年获得“国家知识产权示范企业”认定。青岛啤酒目前品牌价值2182.25亿元，位列世界品牌500

强，青岛啤酒及旗下子品牌累计品牌价值超 3400 亿元。目前，青岛啤酒远销美欧、东亚等世界 100 多个国家或地区，为世界第五大啤酒厂商。

品牌文化的软实力，成为高质量发展的硬支撑，成就了青岛啤酒屡创新高的业绩增长以及消费者更高的品牌忠诚度。

4. **典型意义**

青岛啤酒紧紧围绕“质量立牌、创新强牌、开放兴牌、文化铸牌”，以品牌为引领推动高质量发展，坚定实施商标品牌战略，夯实商标保护基础，实施推进品牌战略，创新品牌运用模式，以讲好“中国故事”为目标引领消费潮流，让百年老字号承担新时代的创新引领责任，助力实现品牌强国的伟大梦想。

融资服务篇

第5章　知识产权质押融资分析

2021年6月，国家知识产权局会同原中国银保监会、国家发展改革委制定的《知识产权质押融资入园惠企行动方案（2021—2023年）》印发，各地广泛组织银企对接、园区宣讲等各项活动，社会各界对知识产权质押融资的了解进一步加深。同时，国家知识产权局会同原中国银保监会等部门强化政策落实，推动《关于进一步加强知识产权质押融资工作的通知》明确的单列信贷计划、专项考核激励、放宽不良率等措施落地。国家知识产权局印发《关于促进和规范知识产权运营工作的通知》，将加强知识产权融资服务作为推进知识产权运营的重要内容；修订出台《专利权质押登记办法》，扩大银行业金融机构知识产权质押登记线上办理试点；与中国银行、建设银行开展战略合作，指导开发知识产权质押专门产品。这一系列举措推动知识产权质押融资提质扩面，帮助中小微企业以知识产权“轻资产”获得融资支持。2022年全国专利商标质押融资额达4868.8亿元，同比增长57.1%，连续三年保持40%以上增长。本章节通过国家知识产权局专利商标质押登记数据，深入分析不同地区、行业、主体等的知识产权质押融资发展情况。

5.1　2022年专利质押数据分析

本节针对我国专利权质押融资中的质押合同、区域特点、产业领域和出质人以及质权人的情况进行了详细分析，全面展示中国专利权质押的情况。

5.1.1 专利质押合同数和融资金额持续增长，三种类型专利的质押次数均有较大幅度增长

国家知识产权局数据显示，2022 年，全国专利质押融资金额达 4015 亿元，同比增长 82.6%。2022 年中国专利质押次数达到 97728 次（涉及 96621 件专利[①]），比 2021 年增长了 53.7%；涉及质押合同 25034 笔，与 2021 年相比同比增长 62.1%，保持了质押合同每年持续增长的态势。如图 5－1 所示。

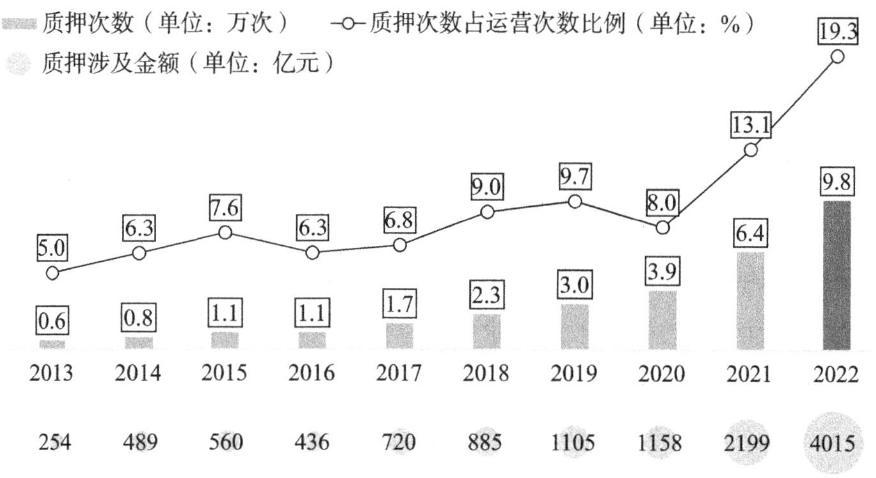

图 5－1 2013—2022 年中国专利质押次数及所涉金额

从 2022 年专利权质押所涉及的专利类型来看，如图 5－2 所示，实用新型专利质押次数为 60828 次，占专利质押总次数的 62.2%；发明专利的质押次数为 34423 次，占专利质押总次数的 35.2%；外观设计专利质押次

① 因部分专利在 2021 年度出现两次“专利权质押合同登记生效”，因而质押次数大于质押专利数。

数为2477次，占专利质押总次数的2.5%。与2021年相比，发明专利质押次数占比下降3.1个百分点，实用新型专利质押次数占比提升3.0个百分点，外观设计专利质押次数占比保持不变。

面对“规模小、资产轻、增信手段有限”等困境，专利权质押融资是科技型中小企业解决融资难的重要途径。近五年的专利运营报告数据显示，实用新型专利质押次数占比基本维持在60%左右，占据专利质押的主导地位。① 与2021年相比，三种类型专利的质押次数均有较大增长，其中实用新型专利质押次数的增幅最大，达到61.6%，外观设计专利和发明专利质押次数分别同比增长54.1%、41.4%；三种类型专利的质押件数也均有较大增长，其中实用新型专利质押件数同比增长63.1%，外观设计专利质押件数同比增长54.6%，发明专利质押件数的增幅达到40.8%。

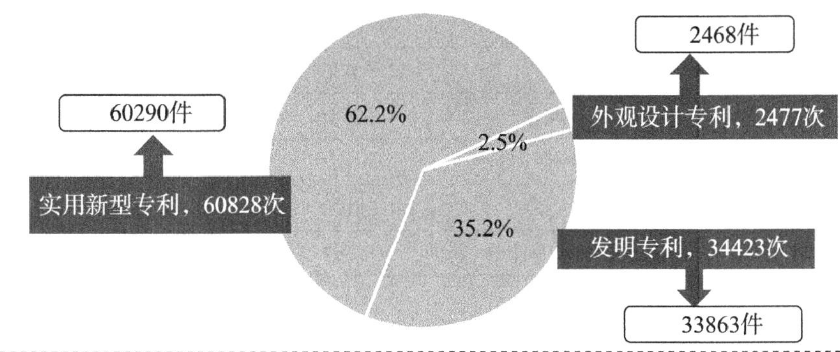

数据来源：知识产权出版社i智库
数据时间：法律状态公告日为2022年1月1日至2022年12月31日

图5－2 2022年中国专利质押涉及专利类型及占比

从单笔质押合同所涉及的专利类型来看，如表5－1所示，仅涉及发明专利的合同数为10074笔，占质押合同总数的40.2%；仅涉及实用新型专利的合同数为10339笔，占质押合同总数的41.3%。涉及发明专利和实

① 2018年实用新型专利质押次数占比为63.8%，2019年占比为59.4%，2020年占比为63.2%，2021年占比为59.2%，2022年占比为62.2%。

用新型专利两种类型的合同数占质押合同总数的 15.0%，涉及实用新型专利和外观设计专利这两种类型的合同数占 0.8%，而三种专利类型均涉及的合同数仅占 0.8%；另外，仅涉及外观设计专利的合同数和涉及发明专利与外观设计专利这两种类型的合同数分别占 1.7% 和 0.2%。总体来看，2022 年专利质押登记合同中所涉及的专利类型仍以仅涉及发明专利和仅涉及实用新型专利为主，这两种专利类型质押合同占质押合同总数的八成以上，有 16.8% 的专利质押合同涉及两种或以上专利类型，与 2021 年相比，仅涉及外观设计专利的合同数涨幅最大，同比增长 88.7%。

表 5－1　2022 年中国专利质押登记合同所涉专利类型

单笔质押合同所涉专利类型	质押合同数（笔）	占质押合同总数比例（%）
仅发明专利	10074	40.2
仅实用新型专利	10339	41.3
仅外观设计专利	436	1.7
发明专利＋实用新型专利	3756	15.0
发明专利＋外观设计专利	42	0.2
实用新型专利＋外观设计专利	190	0.8
发明专利＋实用新型＋外观设计	197	0.8

数据来源：知识产权出版社 i 智库

数据时间：法律状态公告日为 2022 年 1 月 1 日至 2022 年 12 月 31 日

从单笔质押合同所涉及的专利数量来看，如表 5－2 所示，81.1% 的质押合同仅涉及 1～5 件专利，其中仅涉及 1 件专利的质押合同达到 10420 笔，占质押合同总数的 41.6%，涉及 6～10 件专利的质押合同占总数的 11.3%，涉及 11～50 件专利的质押合同占总数的 7.5%，仅有 38 笔质押合同所涉及的专利数量达到 50 件以上，其中涉及 51～100 件专利的质押合同有 34 笔，涉及 100～200 件专利的质押合同有 3 笔，仅有 1 笔专利质押合同涉及的专利数量突破 200 件。与 2021 年相比，涉及 100 件以上专利的质押合同数有所下降，涉及 6～10 件专利的质押合同数增幅最大，同比增长68.1%，同时该类型合同数的比重也提升了0.4个百分点。

表5-2　2022年中国专利质押登记合同所涉专利数量

单笔质押合同所涉专利数量（件）	质押合同数（笔）	占质押合同总数比例（%）
1~5	20305	81.1
6~10	2818	11.3
11~50	1873	7.5
51~100	34	0.1
101~200	3	0.01
200+	1	0.004

数据来源：知识产权出版社i智库

数据时间：法律状态公告日为2022年1月1日至2022年12月31日

5.1.2　山东、浙江、广东等地表现突出，家居、电子设备、钢铁等制造业企业参与活跃度较高

2022年专利质押次数排行前十的省份专利质押次数占全国专利质押总次数的79.7%，专利质押登记合同数量排行前十的省份质押合同数量占全国专利质押登记合同总数量的85.2%，区域集中度较高。从专利质押次数来看，如表5-3所示，山东以19209次的专利质押次数从2021年的第二位跃居全国第一，占全国专利质押总次数的19.7%；浙江紧随其后，专利质押次数达16530次，占全国专利质押总数的16.9%；广东的专利质押次数位居第三，共计11133次，占全国专利质押总次数的11.4%；其他省份的专利质押次数皆未突破万次。

从专利质押登记合同数量来看，如表5-3、图5-3所示，2022年，浙江继续保持全国首位，专利质押登记合同数量达5370笔，增幅为68.6%，占全国专利质押登记合同总数的21.5%；山东、江苏专利质押登记合同数量分别为3954笔和3823笔，居全国第二、三位，分别占全国专利质押登记合同总数的15.8%和15.3%，其中山东的增幅较高，同比增

长 82.3%，排名较 2021 年上升一位。

表 5－3　2022 年中国专利质押活跃地区排名 TOP 10

排名	质权人所在省份	专利质押次数（次）	排名	质权人所在省份	质押登记合同数量（笔）
1	山东	19209	1	浙江	5370
2	浙江	16530	2	山东	3954
3	广东	11133	3	江苏	3823
4	江苏	9171	4	广东	2881
5	湖北	5874	5	安徽	1593
6	安徽	4806	6	陕西	946
7	湖南	3184	7	北京	745
8	福建	2754	8	江西	712
9	江西	2621	9	四川	707
10	上海	2566	10	湖北	596

数据来源：知识产权出版社 i 智库

数据时间：法律状态公告日为 2022 年 1 月 1 日至 2022 年 12 月 31 日

注：地域分布统计以质权人所在地为准

（单位：笔）

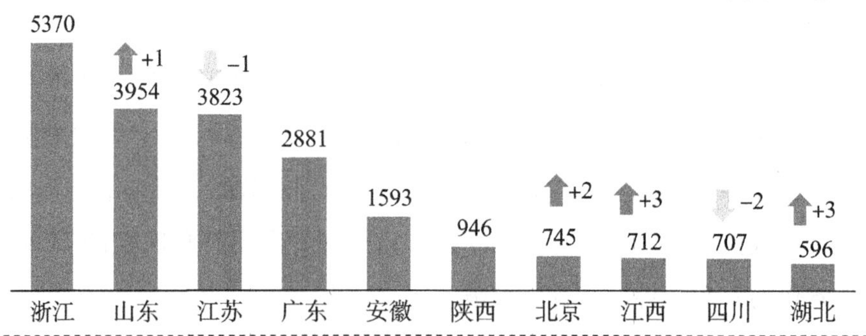

数据来源：知识产权出版社i智库

数据时间：法律状态公告日为2022年1月1日至2022年12月31日

注：地域分布统计以质权人所在地为准

图 5－3　2022 年中国专利质押登记合同数量排名的地区名次变化

从2022年中国专利质押的区域分布来看，如图5-4所示，华东地区①的质押次数达57657次，占全国专利质押总次数的59.0%，且华东地区有7个省份进入质押次数排名前十榜单，区域优势较为明显；华南地区②、华中地区③、华北地区④均位列华东地区之后，分别占质押总次数的12.9%、11.4%和5.7%；西南⑤、东北⑥、西北⑦地区的质押次数较少，分别仅占质押总次数的4.6%、3.6%和2.6%。

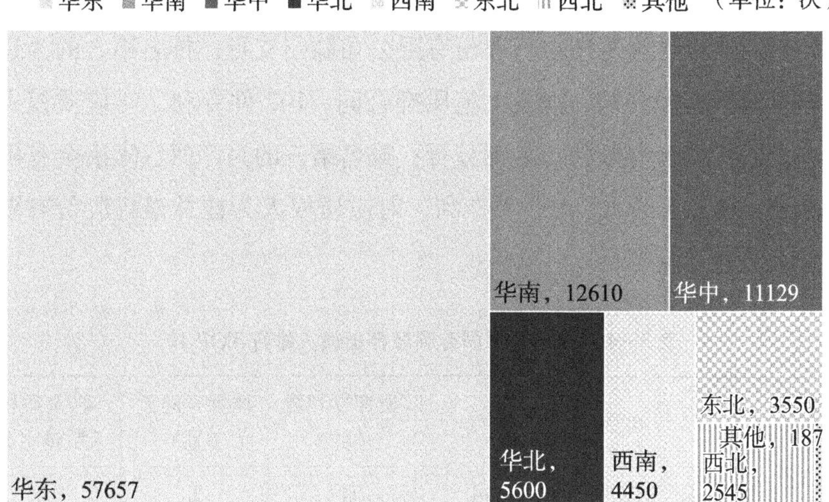

图5-4　2022年中国专利质押地域分布

2022年中国专利质押出质人数量达到22000个，比2021年增长62.1%，专利质押惠及面进一步扩大，惠及更多企业。2022年中国专利质押出质人排名中⑧，如表5-4所示，排名前十的出质人所涉及的质押专

① 华东地区：上海、山东、江苏、浙江、江西、安徽、福建、台湾。
② 华南地区：广东、广西、海南、香港、澳门。
③ 华中地区：河南、湖北、湖南。
④ 华北地区：北京、天津、河北、山西、内蒙古。
⑤ 西南地区：四川、贵州、云南、西藏、重庆。
⑥ 东北地区：黑龙江、吉林、辽宁。
⑦ 西北地区：陕西、甘肃、宁夏、新疆、青海。
⑧ 质权人为金融服务类机构以外的专利质押项目不纳入数据统计范围。

利数在 82 ~ 184 件，有 4 位出质人有两笔及以上质押合同，其他 6 位出质人仅有 1 笔质押合同，前十出质人单笔质押合同涉及专利数量较多，质权人主要为银行。从所属行业来看，排名前十的出质人主要是来自家居、电子设备、钢铁、制冷设备、智能装备、金属制品、汽车等行业的制造业企业，此外有 2 家企业为服务型企业，分别为高新技术孵化和知识产权运营提供服务。

排名第一的尚品本色智能家居有限公司，涉及 1 笔质押合同，184 件专利，对应质权人为枣庄银行股份有限公司滕州支行；排名第二的为辽宁中蓝光电科技有限公司，涉及 1 笔质押合同，107 件专利，对应质权人为中国建设银行股份有限公司盘锦分行；排名第三的为广西盛隆冶金有限公司，涉及 1 笔质押合同，102 件专利，对应质权人为桂林银行股份有限公司防城港分行。

表 5－4　2022 年中国专利质押出质人排行 TOP 10

排名	出质人	质押专利数（件）	质押合同数（笔）	涉及质权人数量（位）
1	尚品本色智能家居有限公司	184	1	1
2	辽宁中蓝光电科技有限公司	107	1	1
3	广西盛隆冶金有限公司	102	1	1
4	佛山市艾凯电器有限公司	100	1	1
5	宁波伟立机器人科技股份有限公司	94	1	1
6	湖州聚业孵化器有限公司	86	2	1
7	湖州帷幄知识产权运营有限公司	85	3	1
8	福建祥鑫股份有限公司	84	3	3
9	涿州皓原箔业有限公司	83	1	1
10	宁波凯福莱特种汽车有限公司	82	2	2

数据来源：知识产权出版社 i 智库

数据时间：法律状态公告日为 2022 年 1 月 1 日至 2022 年 12 月 31 日

5.1.3　银行占质权人近八成，541家农村商业银行开展知识产权质押融资业务

2022年中国专利质押质权人类型分布中，如图5－5所示，银行[①]涉及质押合同数占79.0%，融资担保公司涉及质押合同数占16.0%，其他类型质权人涉及质押合同数占5.0%，银行作为质权人仍然是专利质押融资中的首选，较之2021年，银行作为质权人的质押合同数占比提升了7.7个百分点，融资担保公司为质权人的质押合同数占比则下降了4.4个百分点。

2022年参与专利权质押贷款的银行具体包括政策性银行[②]、六大国有商业银行[③]、全国性股份制商业银行[④]、城市商业银行[⑤]、农村商业银行[⑥]、村镇银行、农村信用社、农村合作银行、开发性金融机构[⑦]、外资银行、外资法人银行和民营银行。六大国有商业银行、农村商业银行和城市商业银行是最主要的参与者，六大国有商业银行共涉及7162笔专利质押合同，占质押合同总数的28.6%，占银行类型质押合同数的36.2%，所涉质押合同数和占比均较2021年有所上升。其中中国银行、中国建设银行、中国邮政储蓄银行的质押合同数在六大国有商业银行中居前三位；农村商业银行共涉及5631笔质押合同，自2020年超越城市商业银行成为质押合同数排名第二的银行类型，共有541家农村商业银行参与了专利质押，其中

---

① 银行作为质权人的模式为直接质押融资模式，即专利权人以其合法、有效的专利权为质押标的物出资，经评估作价后从商业银行取得资金，并按期偿还资金本息的融资模式。

② 政策性银行：指中国进出口银行、中国农业发展银行。

③ 六大国有商业银行：指中国工商银行、中国农业银行、中国银行、中国建设银行、交通银行、中国邮政储蓄银行。

④ 原中国银行保险监督管理委员会数据显示，截至2022年12月底，中国有12家股份制商业银行，分别为：招商银行、中信银行、中国光大银行、华夏银行、上海浦东发展银行、中国民生银行、广发银行、兴业银行、平安银行、浙商银行、渤海银行、恒丰银行。

⑤ 20世纪90年代中期中央以城市信用社为基础组建城市商业银行，原中国银行保险监督管理委员会数据显示，截至2022年12月底，国内共有125家城市商业银行。

⑥ 农村商业银行是由辖内农民、农村工商户、企业法人和其他经济组织共同发起成立的股份制地方性金融机构，原中国银行保险监督管理委员会数据显示，截至2022年12月底，国内共有1606家农村商业银行。

⑦ 开发性金融机构：指国家开发银行。

涉及质押合同数较多的有杭州联合农村商业银行、浙江诸暨农村商业银行和济南农村商业银行，如杭州联合农村商业银行质押合同数达到了 351 笔；城市商业银行共涉及 5213 笔专利质押合同，其中浙江泰隆商业银行股份有限公司、江苏银行股份有限公司表现突出，质押合同数分别为 1096 笔和 744 笔。融资担保公司作为质权人参与专利质押，涉及 3996 笔专利质押合同，质押合同数排名前列的融资担保公司包括西安创新融资担保有限公司、杭州高科技融资担保有限公司和成都中小企业融资担保有限责任公司等。

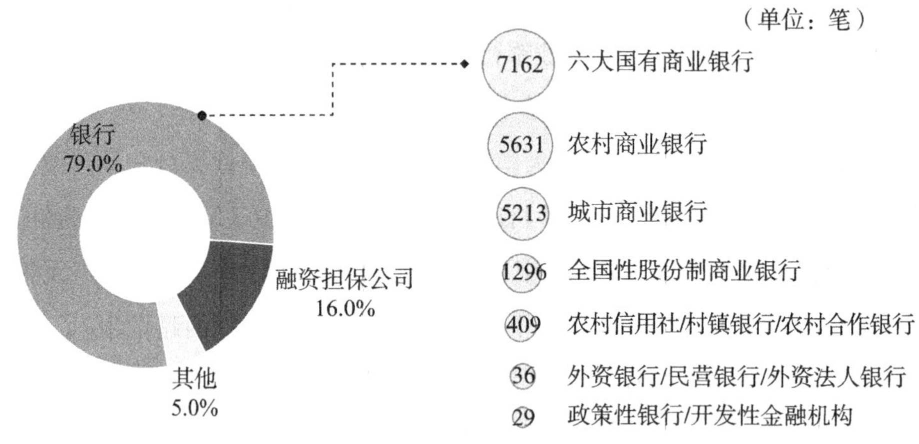

数据来源：知识产权出版社i智库
数据时间：法律状态公告日为2022年1月1日至2022年12月31日

图 5－5　2022 年中国专利质押质权人类型分布

从 2022 年中国专利质押质权人排名 TOP 10 来看，前 10 位中有 9 家银行和 1 家融资担保公司，中国银行、中国建设银行和浙江泰隆商业银行位列质押合同数排行榜前三位，如表 5－5 所示。

表 5－5　2022 年中国专利质押质权人排行 TOP 10

排名	质权人	质押合同数（笔）	涉及专利数（件）	质权人类型
1	中国银行股份有限公司	2852	13276	六大国有商业银行

续表

排名	质权人	质押合同数（笔）	涉及专利数（件）	质权人类型
2	中国建设银行股份有限公司	1327	6085	六大国有商业银行
3	浙江泰隆商业银行股份有限公司	1096	2549	城市商业银行
4	中国邮政储蓄银行股份有限公司	1020	3337	六大国有商业银行
5	中国工商银行股份有限公司	884	3263	六大国有商业银行
6	中国农业银行股份有限公司	875	4869	六大国有商业银行
7	江苏银行股份有限公司	744	1182	城市商业银行
8	西安创新融资担保有限公司	453	486	融资担保公司
9	兴业银行股份有限公司	415	2392	全国性股份制商业银行
10	南京银行股份有限公司	408	912	城市商业银行

数据来源：知识产权出版社 i 智库

数据时间：法律状态公告日为2022年1月1日至2022年12月31日

六大国有商业银行中有五家进入榜单前十。中国银行继续蝉联榜首，是2022年度参与专利质押贷款业务最多的银行（以质押合同数计），质押合同数达到2852笔，同比增长72.0%，质押合同涉及13276件专利，平均每笔合同涉及专利4.7件；中国建设银行和中国邮政储蓄银行位列中国银行之后，质押合同数均破千笔，中国邮政储蓄银行的质押融资工作推进取得新突破，2022年质权人排名上升4位，质押合同数同比大幅增长184.1%。

城市商业银行中的浙江泰隆商业银行、江苏银行和南京银行进入质权人排名TOP 10榜单。作为质押合同数最多的融资担保公司，西安创新融资担保有限公司居榜单第八位，质押合同数量达到453笔，涉及486件专利。

农村金融机构主要包括农村信用社、农村商业银行、农村合作银行、村镇银行、农村资金互助社等。2022年农村金融机构的专利质押合同数达到6040 笔，占全年专利质押合同总数的24.1%，较之2021 年这一占比提升了2.0 个百分点，2022 年农村金融机构专利质押合同数为六大国有商业银行专利质押合同数的84.3%，是全国性股份制商业银行专利质押合同数的4.7 倍。农村金融机构在我国专利质押贷款中持续发挥着重要作用。杭州联合农村商业银行股份有限公司蝉联农村金融机构质押合同数榜首，2022 年质押合同数达到351 笔，同比增长21.5%，涉及专利445 件，浙江诸暨农村商业银行股份有限公司、济南农村商业银行股份有限公司在2022 年表现突出，排名上升势头明显，进入农村金融机构质押合同数榜单前三位。如表5－6 所示。

表5－6　2022 年中国专利质押质权人农村金融机构排行TOP 10

排名	农村金融机构	质押合同数（笔）	涉及专利数（件）
1	杭州联合农村商业银行股份有限公司	351	445
2	浙江诸暨农村商业银行股份有限公司	270	697
3	济南农村商业银行股份有限公司	155	1225
4	武汉农村商业银行股份有限公司	137	761
5	上海农村商业银行股份有限公司	134	521
6	浙江嘉善农村商业银行股份有限公司	84	180
7	山东文登农村商业银行股份有限公司	82	348
8	浙江富阳农村商业银行股份有限公司	80	186
8	江苏紫金农村商业银行股份有限公司	80	84
10	浙江南浔农村商业银行股份有限公司	74	274
10	山东滕州农村商业银行股份有限公司	74	287

数据来源：知识产权出版社i 智库

数据时间：法律状态公告日为2022 年1 月1 日至2022 年12 月31 日

5.2　2022年商标专用权质押数据分析

商标专用权质押是指商标注册人以债务或者担保人身份将自己所拥有的、依法可以转让的商标专用权作为债权的担保，当债务人不履行债务时，债权人有权依照法律规定，以该商标专用权折价或以拍卖、变卖该商标专用权的价款优先受偿。注册商标专用权质押融资是商标权运用的一项重要内容，既拓宽了企业融资渠道，又创新了小微企业融资方式，是支持企业提升商标品牌价值、提高全社会商标运用水平的有力抓手，也是服务经济转型升级、培育发展新动能的重要举措。

近年来，商标作为一项无形资产，得到越来越多债权人的认可，商标专用权质押登记数量也逐年上升。本节主要聚焦2022年我国商标专用权质押的总体数量和金额、区域质押情况、TOP 10出质人、质权人类型、TOP 10质权人质押情况分析等，通过不同维度的榜单数据，以期为各企事业单位提供更多行业视野和决策分析。

5.2.1　商标专用权质押融资逾853亿元，半数以上质押项目仅涉及单件商标

2022年，商标专用权质押达到18881次，共涉及18185件商标，质押次数占2022年商标运营总次数（商标转让次数、许可次数和质押次数之和）的2.9%，较2021年提高0.3个百分点；质押总金额达到853.8亿元，较2021年同期下降5.1%，质押项目达3675笔，较2021年同期增长43.2%。[①] 如图5－6所示。

① 商标专用权质押次数、件数、融资金额、项目数量均来自国家知识产权局。

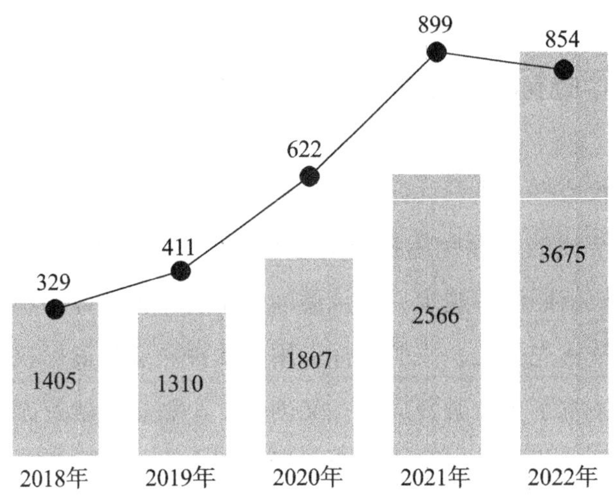

数据来源：国家知识产权局
数据时间：法律状态公告日截至2022年12月31日

图 5－6　中国商标专用权质押融资总金额和质押项目数（2018—2022 年）

从 2022 年 3675 笔中国商标专用权质押项目所涉及的商标数量来看，有 85.3% 的质押项目仅包含 1～5 件商标，其中仅涉及 1 件商标的质押项目数量最多，达到 1957 笔，约占质押项目总数的 53.3%。包含 6～10 件商标的质押项目占总数的 6.4%，包含 11～50 件商标的质押项目占总数的 7.0%。仅有 48 笔质押项目所包含的商标数量达到 50 件以上，其中包含 51～100 件商标的质押项目有 28 笔，包含 101～200 件商标的质押项目有 15 笔，有 5 笔质押项目涉及的商标数量突破 200 件。如表 5－7 所示。

表 5－7　2022 年中国商标专用权质押项目所涉商标数量

单笔质押项目所涉商标数量（件）	质押项目数（笔）	占质押项目总数比例（%）
1～5	3134	85.3
6～10	235	6.4
11～50	258	7.0
51～100	28	0.8

续表

单笔质押项目所涉商标数量（件）	质押项目数（笔）	占质押项目总数比例（%）
101～200	15	0.4
200+	5	0.1

数据来源：国家知识产权局

数据时间：2022年1月1日至2022年12月31日

5.2.2 浙江蝉联第一，四川和黑龙江质押金额上升明显，华东地区占比超七成

数据显示，中国商标专用权质押区域集中度进一步提高，排行前十的省市质押金额占全国商标专用权质押总金额的89.6%，与2021年持平；商标专用权质押登记项目数量排行前十的省市质押登记项目数量占全国商标专用权质押登记项目总数量的85.0%，比2021年下降3.3个百分点。

以第一出质人所在地统计，如表5－8、图5－7所示，浙江以449.1亿元的金额依然稳居全国榜首，其商标专用权质押金额占2022年全国商标专用权质押总金额的52.6%，质押金额较2021年增加了117.24亿元，所占比例上升15.7个百分点；广东排名第二，商标专用权质押金额为73.0亿元，与2021年相比排名上升了4位，质押金额占全国商标专用权质押总金额的8.5%，质押金额较2021年增加了34.49亿元；江苏仍排在第三位，但质押金额较2021年减少了11.1亿元，占全国商标专用权质押总金额的5.4%；安徽排名第四，较2021年排名上升4位，质押金额达到43.0亿元，占全国商标专用权质押总金额的5.0%，质押金额较2021年增加了18.68亿元。此外，四川和黑龙江质押金额排名上升明显，分别从2021年的第14位、第24位，上升至2022年的第6位和第10位，质押金额分别为31.4亿元和17.2亿元。

从商标专用权质押项目数量来看，如表5－8、图5－8所示，浙江2022年商标专用权质押项目数量为1982笔，蝉联全国第一，超过全国商标专用权质押项目总数的一半；安徽以519笔排名第二，与2021年排名

相同；广东、江苏分别以 159 笔、132 笔居第三位、第四位。此外，与 2021 年相比，湖北、广西、黑龙江三省份排名有所上升，分别位居第六位、第七位、第八位；江苏、山东、辽宁三省份排名有所下降，分别位居第四位、第九位、第十位。

表 5－8　2022 年中国商标专用权质押活跃地区排名 TOP 10

排名	商标专用权质押出质人所在省份	商标专用权质押金额（亿元）	排名	商标专用权质押出质人所在省份	质押项目数量（笔）
1	浙江	449.1	1	浙江	1982
2	广东	73.0	2	安徽	519
3	江苏	46.0	3	广东	159
4	安徽	43.0	4	江苏	132
5	山东	34.8	5	福建	69
6	四川	31.4	6	湖北	66
7	上海	27.1	7	广西	59
8	天津	25.4	8	黑龙江	56
9	湖南	18.3	9	山东	43
10	黑龙江	17.2	10	辽宁	40

数据来源：国家知识产权局，质押项目及金额归属按照第一出质人所在地统计
数据时间：2022 年 1 月 1 日至 2022 年 12 月 31 日

自 2019 年以来，浙江的商标专用权质押金额连续四年保持国内第一，2022 年其商标专用权质押金额为 449.1 亿元，占 2022 年全国商标专用权质押总金额的 52.6%，其中商标质押普惠贷款 70.88 亿元，惠及企业 1185 家，较 2021 年明显上升。2022 年商标专用权质押融资总金额、商标质押普惠贷款金额全国排名前六的城市均位于浙江，依次为台州、杭州、宁波、温州、绍兴、金华。

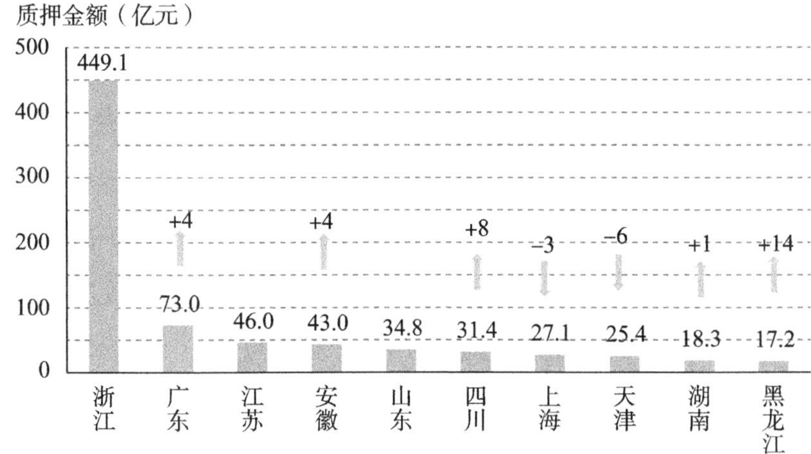

数据来源：国家知识产权局，地域分布以第一质权人所在地统计
数据时间：质权登记公告日为2022年1月1日至2022年12月31日

图5-7 2021年与2022年中国商标专用权质押金额省份分布TOP 10对比

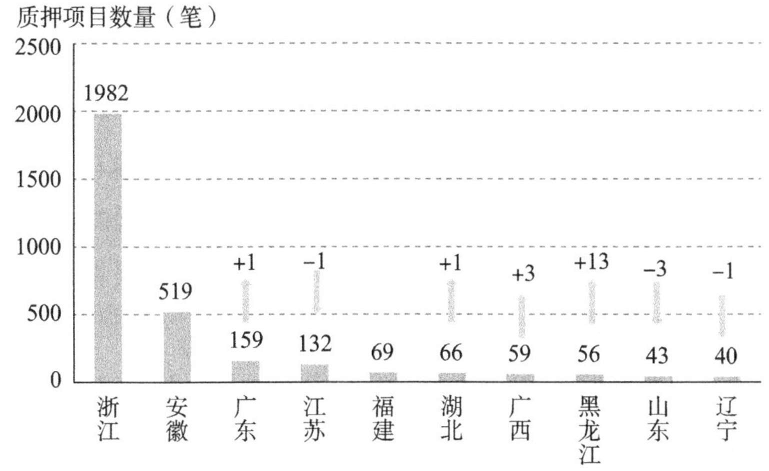

数据来源：国家知识产权局，地域分布以第一质权人所在地统计
数据时间：质权登记公告日为2022年1月1日至2022年12月31日

图5-8 2021年与2022年中国商标专用权质押项目数量省份分布TOP 10对比

排名首位的台州在2022年商标专用权质押融资金额达到150.5亿元，是2022年全国各城市中质押项目数量最多、融资总金额以及商标质押普惠贷款金额最大、惠及企业也最多的城市，质押项目数量648笔，较2021

年上升了 85 笔，同比上升了 15 个百分点；商标质押普惠贷款 422 笔，普惠贷款金额达到 22.3 亿元，惠及企业 417 家。

杭州质押金额达到 65.5 亿元，在全国各城市中排名第二，较 2021 年增加了 34.5 亿元，同比增长 111.1%；质押项目数量为 406 笔，较 2021 年增加了 119 笔，同比增长 41.5%。宁波质押金额在全国各城市中排名第三，较 2021 年增加了 3.06 亿元，同比增长 6.4%；质押项目数量为 126 笔，较 2021 年增加了 56 笔，同比上升了 44 个百分点。

广东 2022 年商标专用权质押金额在全国各省份中排名第二，质押项目数量排名第三，较 2021 年的商标专用权的质押金额排名上升了四位，质押总额达到 73.0 亿元，涉及企业 1775 家；其中商标质押普惠贷款 5.2 亿元，惠及企业 95 家。深圳以 27.7 亿元的质押金额排在广东的首位，质押项目 18 笔，涉及企业 396 家；商标质押普惠贷款 1600 万元，惠及企业 3 家。

江苏 2022 年商标专用权质押金额在全国各省份中排名第三，质押项目数量排名第四，质押总额达到 46.0 亿元，涉及企业 2715 家；其中商标质押普惠贷款 4.16 亿元，惠及企业 88 家。苏州以 21.4 亿元的质押金额排在江苏的首位，质押项目 19 笔，涉及企业 399 家；商标质押普惠贷款 6729.3 万元，惠及企业 16 家。

从 2022 年中国商标专用权质押的区域分布来看，如图 5－9 所示，华东地区的质押金额达 609.2 亿元，占全国商标专用权质押总金额的 71.4%，区域优势较为明显。华东地区有 5 个省市进入省份质押金额排名前十榜单，即浙江、江苏、安徽、山东、上海。华南地区在华东地区之后，商标专用权质押金额占质押总金额的 9.4%；东北地区、西南地区、华北地区、华中地区和西北地区这五个区域的质押金额相对较少，占比分别为 4.9%、4.7%、4.3%、3.9% 和 1.5%。与 2021 年相比，中国各区域的商标专用权质押金额，华北地区下降最明显，下降了203亿元；其余地区都有所上升，其中华东、华南、西南地区上升幅度较大。

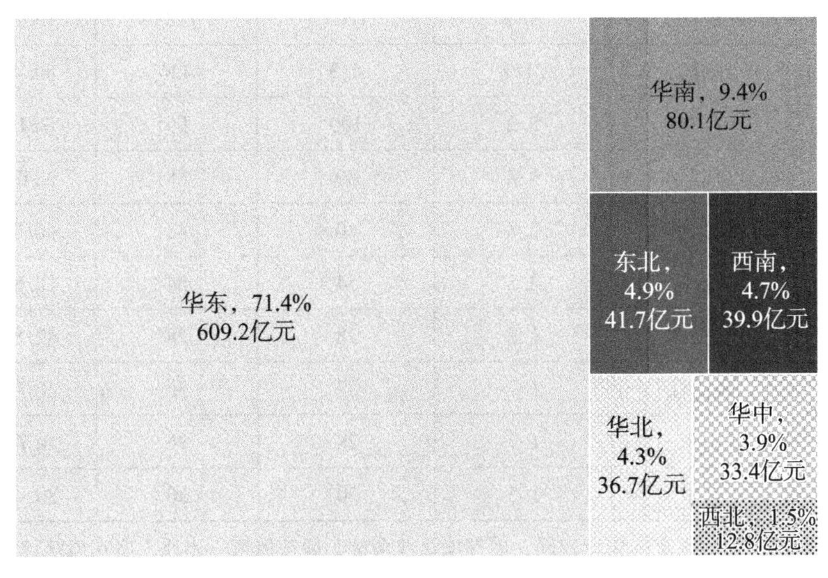

数据来源：国家知识产权局
数据时间：2022年1月1日至2022年12月31日

图5-9 2022年中国商标专用权质押的区域分布

2022年商标质押融资规模进一步扩大，普惠性进一步凸显，全国商标质押融资金额达到853.79亿元，融资项目达3675项。其中，商标质押普惠性贷款达123.97亿元，占总质押金额的14.5%，惠及企业2267家，充分显示了知识产权质押融资服务中小微企业的普惠特点。

2022年中国商标质押普惠贷款金额TOP 10省份为浙江、安徽、广东、江苏、福建、湖北、内蒙古、黑龙江、山东、辽宁，其中，浙江普惠贷款金额最高，达到70.9亿元，质押登记项目数量最多，惠及企业最多，达到1185家；安徽的普惠贷款金额占比最高，达到50.4%，惠及企业424家，如表5-9所示。

表 5－9　2022 年中国商标质押普惠贷款金额 TOP 10

排名	商标质押出质人所在省份	商标专用权普惠质押金额（亿元）	质押项目数量（笔）	涉及企业（个）	普惠贷款占比
1	浙江	70.9	1204	1185	15.8%
2	安徽	21.7	433	424	50.4%
3	广东	5.2	100	95	7.1%
4	江苏	4.2	89	88	9.0%
5	福建	2.8	50	43	40.8%
6	湖北	2.3	54	54	18.8%
7	内蒙古	1.8	28	28	42.8%
8	黑龙江	1.7	37	36	9.7%
9	山东	1.7	28	26	4.7%
10	辽宁	1.5	30	30	20.4%

数据来源：国家知识产权局，质押项目及金额归属按照第一出质人所在地统计

数据时间：2022 年 1 月 1 日至 2022 年 12 月 31 日

5.2.3　企业出质人是商标专用权质押的实施主体，古蔺县久盛投资有限公司是质押金额最多的出质人

2022 年，中国参与商标专用权质押的出质人进一步增加，达到 3552 个，较 2021 年同期增长 43.3%。其中，企业出质人是商标专用权质押的实施主体，占比达到 93.6%，余下的出质人包括个人、合作社、行业协会、农场等。

质押项目数量排名前十的出质人所涉及的质押商标项目数量在 2～4 笔之间，涉及 1～2 位质权人①。这些出质人涉及商贸、行业协会、食品、材料、针织服装、机械等多个行业，来自浙江的出质人质押项目数相对

① 质权人为金融服务类机构以外的商标质押项目不纳入数据统计范围。

较多。

2022年，质押项目数量并列排名第一的出质人有2家公司，质押项目均为4笔，一个是泉州市洛江区河市镇槟榔芋协会，对应的质权人是泉州农村商业银行股份有限公司河市支行，质押金额为10万元；另一个是河北美临多维粮油贸易有限公司，对应的质权人是临漳县农村信用合作联社，质押金额为3350万元。质押项目数量并列排名第二的有4家公司：铜陵新鑫焊材有限公司、汕头市新兴雅针织实业有限公司、黑龙江省农垦龙王食品有限责任公司和安徽电缆股份有限公司，这4家公司质押商标项目数量均为3笔，铜陵新鑫焊材有限公司对应的质权人为铜陵市金狮融资担保有限责任公司，汕头市新兴雅针织实业有限公司对应的质权人为汕头市中小企业融资担保有限公司，黑龙江省农垦龙王食品有限责任公司对应的质权人为绥化农村商业银行股份有限公司大有支行和中国邮政储蓄银行股份有限公司绥化市分行，安徽电缆股份有限公司对应的质权人为天长市天振融资担保有限公司和天长市科技融资担保有限公司，这4家公司的质押金额分别为400万元、1950万元、5000万元、5000万元。并列排名第三的有88个出质人，包括浙江中能工业集团有限公司、浙江正林机械制造有限公司、浙江中易慧能科技有限公司、浙江味老大工贸有限公司等，这些出质人的质押商标项目数均为2笔，如表5－10所示。

表5－10　2022年中国商标专用权质押的出质人质押项目数量排行TOP 10

序号	出质人	所在地区	商标专用权质押项目数量（笔）	涉及的质权人
1	泉州市洛江区河市镇槟榔芋协会	福建	4	泉州农村商业银行股份有限公司河市支行
2	河北美临多维粮油贸易有限公司	河北	4	临漳县农村信用合作联社

续表

序号	出质人	所在地区	商标专用权质押项目数量（笔）	涉及的质权人
3	铜陵新鑫焊材有限公司	安徽	3	铜陵市金狮融资担保有限责任公司
4	汕头市新兴雅针织实业有限公司	广东	3	汕头市中小企业融资担保有限公司
5	黑龙江省农垦龙王食品有限责任公司	黑龙江	3	绥化农村商业银行股份有限公司大有支行；中国邮政储蓄银行股份有限公司绥化市分行
6	安徽电缆股份有限公司	安徽	3	天长市天振融资担保有限公司；天长市科技融资担保有限公司
7	浙江中能工业集团有限公司	浙江	2	台州银行股份有限公司
8	浙江正林机械制造有限公司	浙江	2	浙江舟山定海海洋农村商业银行股份有限公司马岙支行
9	浙江中易慧能科技有限公司	浙江	2	中信银行股份有限公司杭州萧山支行；杭州联合农村商业银行股份有限公司新生支行
10	浙江味老大工贸有限公司	浙江	2	浙江仙居农村商业银行股份有限公司横溪支行

数据来源：国家知识产权局

从质押金额来看，2022 年 TOP 10 出质人主要来自服装、园林绿化、化妆品、农产品、食品、餐饮、日化产品、保健品、体育等行业，分别来自美国、韩国以及我国四川、天津、浙江等多个省份。其中质押金额最多的出质人是古蔺县久盛投资有限公司，质押金额高达 30.0 亿元，对应的质权人是中国农业银行股份有限公司古蔺县支行。排名第二的是天津泰达绿化科技集团股份有限公司，质押金额为 25.0 亿元，对应的质权人为中国建设银行股份有限公司天津开发分行。如表 5－11 所示。

表5-11　2022年中国商标专用权质押的出质人质押金额排行TOP 10

序号	出质人	所在地区	质押金额（亿元）	涉及的质权人
1	古蔺县久盛投资有限公司	四川	30.0	中国农业银行股份有限公司古蔺县支行
2	天津泰达绿化科技集团股份有限公司	天津	25.0	中国建设银行股份有限公司天津开发分行
3	伊丽莎白雅顿品牌2020有限责任公司	美国	20.0	杰富瑞金融有限责任公司
4	青田县农产品经纪人协会	浙江	20.0	浙江青田农村商业银行股份有限公司鹤城支行
5	猿人香港有限公司	中国香港	17.2	法国巴黎银行
6	湖南口味王集团有限责任公司	湖南	15.6	中国农业发展银行万宁市支行
7	江苏隆力奇集团有限公司	江苏	15.2	中国农业银行股份有限公司常熟分行
8	泰山体育产业集团有限公司	山东	15.0	中国农业银行股份有限公司乐陵市支行
9	上海顺风餐饮集团股份有限公司	上海	12.1	杭州银行股份有限公司上海分行
10	耐葩株式会社	韩国	10.7	株式会社友利银行

数据来源：国家知识产权局

5.2.4　超八成质权人是银行，城市商业银行和农村商业银行质押项目占比约六成

2022年，银行在中国商标专用权质押的质权人类型中占绝对优势，共计质押项目2963笔，占比高达80.6%，比2021年同期上涨1.6个百分点；其次是融资担保公司，占12.5%，其他类型占6.9%。

在银行类的质权人中，城市商业银行是商标专用权质押融资中出现最

多的质权人，累计质押项目 1176 笔，占 2022 年总质押数量的 32.0%；其次是农村商业银行，质押项目 1024 笔，占 2022 年总质押数量的 27.9%；六大国有商业银行排名第三，然后依次是村镇银行/农村信用社、全国性股份制商业银行、政策性银行，以及外资银行/民营银行等。如图 5－10 所示。

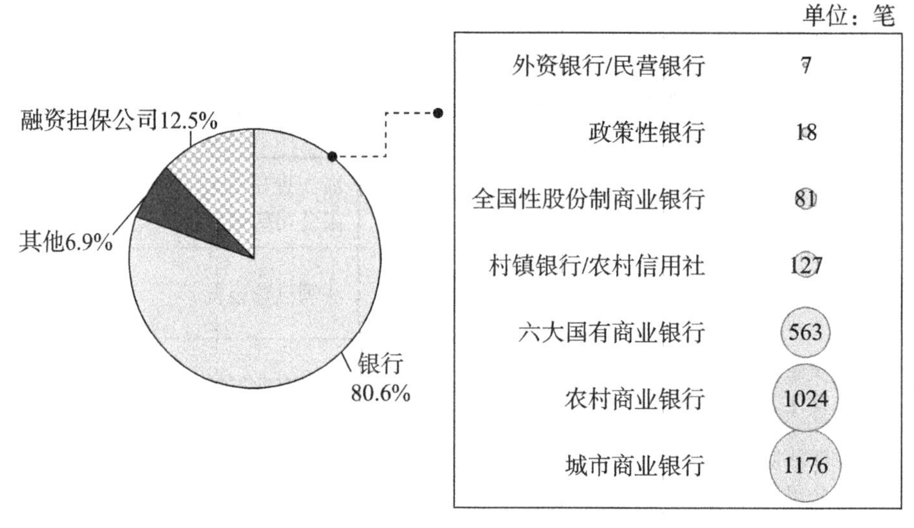

图 5－10　2022 年中国商标专用权质押质权人类型

2022 年，城市商业银行共有 315 家银行（含支行、分行）参与了质押，比 2021 年同期增加了 20 家，增长幅度达 6.8%；共计质押项目 1176 笔，占 2022 年质押总项目数的 32.0%，在全国商标专用权质押中发挥着重要作用。

在 2022 年中国商标专用权质押项目数量的质权人总体排行 TOP 10 中，有 7 家城市商业银行上榜，全部是浙江泰隆商业银行股份有限公司的分行（或支行），即台州温岭支行、金华分行、杭州临安支行、台州分行、宁波余姚支行、金华义乌支行、杭州桐庐支行，如表 5－12 所示。

表5-12　2022年中国商标专用权质押项目数量的质权人总体排行TOP 10

排名	质权人	商标专用权质押项目数量（笔）	涉及商标数（件）	质权人类型
1	浙江泰隆商业银行股份有限公司台州温岭支行	71	129	城市商业银行
2	浙江台州路桥农村商业银行股份有限公司	54	125	农村商业银行
3	浙江温岭农村商业银行股份有限公司	53	125	农村商业银行
4	浙江泰隆商业银行股份有限公司金华分行	52	120	城市商业银行
5	浙江泰隆商业银行股份有限公司杭州临安支行	50	62	城市商业银行
6	浙江泰隆商业银行股份有限公司台州分行	48	78	城市商业银行
7	浙江泰隆商业银行股份有限公司宁波余姚支行	42	66	城市商业银行
8	汕头市中小企业融资担保有限公司	40	51	融资担保公司
9	浙江泰隆商业银行股份有限公司金华义乌支行	31	53	城市商业银行
10	浙江泰隆商业银行股份有限公司杭州桐庐支行	29	37	城市商业银行

数据来源：国家知识产权局

进一步研究发现，2022年，浙江泰隆商业银行股份有限公司累计有60家分行（以分行或支行数计）开展商标专用权质押贷款业务，共涉及商标专用权质押项目755笔，涉及1228件商标。

自2020年开始，浙江泰隆商业银行股份有限公司商标专用权质押贷款业务连续三年居城市商业银行之首，累计质押项目755笔，约占城市商业银行类质权人质押项目总量的63.0%；累计质押金额86.7亿元，约占 2022 年商标专用权质押总金额的 10.2%。浙江泰隆商业银行股份有限公司 2022 年较 2021 年的质押项目数量同比上升 78.1%，质押金额增长两倍多，参与质押的分行（以分行或支行数计）数量同比上升 53.8%。成立于 1993 年的浙江泰隆商业银行股份有限公司，20 多年来在实践中探索小企业信贷服务和风险控制技术，总结出一套以“三品、三表、三三制”为特色的小企业金融服务模式，实现了小企业融资“事前低成本获取信息、事中低成本监控管理、事后低成本违约惩罚”的三个低成本，为小企业融资难这一国际性的“麦克米伦缺口”提供了中国式解答。①

农村商业银行也在商标专用权质押中发挥了重要作用，在 2022 年中国商标专用权质押项目数量的质权人总体排行 TOP 10 中，有 2 家农村商业银行上榜，包括浙江台州路桥农村商业银行股份有限公司、浙江温岭农村商业银行股份有限公司（见表 5－12）。2022 年约有 420 家农村商业银行（以分行或支行数计）参与商标专用权质押贷款，全年实施商标专用权质押项目 1024 笔，占全年商标专用权质押总项目数的 27.9%，与 2021 年基本持平，惠及企业（或个人）990 多个，如玉环清港良友阀门配件有限公司、浙江正林机械制造有限公司、浙江味老大工贸有限公司、石台华星商贸有限公司、宁波伟峰影像设备集团有限公司、黑龙江省农垦龙王食品有限责任公司等。2022 年中国商标专用权质押质权人中农村商业银行排行 TOP 10，如表 5－13 所示。

表 5－13　2022 年中国商标专用权质押质权人－农村商业银行排行 TOP 10

排名	农村商业银行	商标专用权质押项目数量（笔）
1	浙江台州路桥农村商业银行股份有限公司	54
2	浙江温岭农村商业银行股份有限公司	53

① 商业银行服务小微企业的台州模式［EB/OL］.（2021－11－10）［2022－07－05］. https://www.sohu.com/a/478500064_120808417.

续表

排名	农村商业银行	商标专用权质押项目数量（笔）
3	杭州联合农村商业银行股份有限公司萧山支行	29
4	杭州联合农村商业银行股份有限公司九堡支行	26
5	浙江诸暨农村商业银行股份有限公司阮市支行	24
6	浙江玉环农村商业银行股份有限公司	20
7	杭州联合农村商业银行股份有限公司长河支行	18
8	浙江诸暨农村商业银行股份有限公司	13
9	浙江诸暨农村商业银行股份有限公司枫桥支行	13
10	宁波慈溪农村商业银行股份有限公司	11

数据来源：国家知识产权局

2022年，参与商标专用权质押的质权人还包括融资担保公司、农村信用社、外资银行和民营银行，这些质权人涉及的质押项目数约占总项目数的13.6%。其中，有154家融资担保公司作为质权人参与商标专用权质押，涉及459笔商标专用权质押项目，占质押总项目数的12.5%。农村信用社、外资银行、民营银行质押项目相对较少，这些类型的质权人总计质押项目占比约为1.1%。

第 6 章 知识产权质押融资及保险典型案例

2016—2019 年，国家知识产权局在全国多个地方组织开展了知识产权质押融资及保险工作试点。2020 年，国家知识产权局会同原中国银行保险监督管理委员会（以下简称银保监会）指导 5 个省市开展了覆盖 53 个园区的知识产权质押融资入园惠企活动。2021 年，国家知识产权局又联合原银保监会、国家发展改革委印发了知识产权质押融资入园惠企三年行动方案。知识产权质押融资及保险工作开展以来，地方有关部门和各金融机构因地制宜探索知识产权金融服务新举措、新产品、新模式，缓解创新型中小企业融资难、融资贵等问题，取得了积极成效。为了进一步总结推广知识产权质押融资及保险工作中的好经验、好做法，发挥示范引领作用，国家知识产权局会同原银保监会、国家发展改革委开展了知识产权质押融资及保险典型案例的评选工作，在地方有关部门、有关金融机构报送案例的基础上评选出首批 20 个典型案例[①]。从案例类型看，包括质押融资和保险两大类；从案例内容看，主要涉及政策激励、模式创新、产品创新、特色服务等；从案例主体看，有省级管理部门、地市级管理部门，也有金融机构总部及分支机构；从地域分布看，以浙江、广东、江苏等知识产权金融服务

① 国家知识产权局办公室 中国银保监会办公厅 国家发展和改革委员会办公厅关于发布首批知识产权质押融资及保险典型案例的通知［EB/OL］.（2023－01－20）［2023－06－28］. https：//www.cnipa.gov.cn/art/2023/1/20/art_75_181574.html.

工作成效突出的发达地区为主，适当兼顾中西部地区。首批20个典型案例如表6－1所示。

表6－1　知识产权质押融资及保险典型案例清单

案例编号	案例名称	案例摘要
1	江苏省深入开展“百亿融资行动”打造知识产权金融生态	江苏省知识产权局、中国银保监会江苏监管局联合多家金融机构深入开展“百亿融资行动”，通过数据信息化推进客户细分、评价整体化破解估值难题、服务便利化提高融资效率、政策集成化降低融资成本、产品多元化降低系统风险、部门协同化形成工作合力，打造省市县联动、全省“一盘棋”的知识产权金融生态。南京市建设知识产权金融互联网公共服务平台，为中小企业和金融机构提供从贷款申请、价值评价、尽职调查、质押登记、授信放款到贷后服务、质物处置的全流程、标准化线上服务，大幅提高知识产权质押融资便利化程度。2002年至2022年9月，全省有91家银行、13家融资担保机构、31家金融投资机构参与知识产权质押融资，累计融资金额近1000亿元。
2	湖南省探索建立市场化的知识产权质押融资风险补偿机制	湖南省、长沙市和湖南自贸区岳阳片区知识产权部门推动设立总规模为6500万元的知识产权质押融资风险补偿金，委托湖南省知识产权交易中心进行市场化运营，按照“风险补偿金45%、合作银行及指定的合作担保或保险机构45%、评估处置机构10%”的风险承担比例，建立起了“谁参与、谁受益、谁担责”的风险分担机制。截至2022年6月，累计纳入风险补偿资金补偿范围的专利商标质押登记206笔，质押金额达25.6亿元，惠及近200户科技型中小微企业。
3	广西壮族自治区创设“桂惠贷—知识产权质押贷”，建立区市联动的知识产权质押融资模式	广西壮族自治区知识产权局推出“桂惠贷—知识产权质押贷”专门产品，将知识产权质押融资纳入“桂惠贷”支持范围。建立区市联动机制，按照贷款金额的3个百分点给予贴息，由自治区财政和企业所在地财政按比例分担；优化财政贴息方式，由金融机构按照降低后的利率发放优惠贷款，再统一向财政部门申请贴息；实行名单制管理，重点支持国家、自治区知识产权示范优势企业等市场主体进行知识产权质押贷款。2022年1—9月，全区专利商标质押登记214笔，同比增长240%，质押金额达14.6亿元，同比增长218%。

续表

案例编号	案例名称	案例摘要
4	杭州市形成政策合力，健全知识产权金融服务体系	杭州市知识产权局推动设立规模为 3000 万元的专利质押融资风险补偿基金，搭建杭州知识产权运营公共服务平台，做好银企对接服务，联合金融机构、运营服务机构、创新主体构建知识产权融、贷、投、评“一体化”模式，探索知识产权证券化和数据知识产权质押新模式，不断健全知识产权金融服务体系，推进知识产权质押规模稳步增长。2022 年 1—9 月，杭州市专利商标普惠贷款金额达 32.5 亿元，惠及企业 523 家，居全省第一。
5	济南市探索建立五大机制，形成知识产权质押融资闭环式管理服务模式	济南市知识产权局坚持“政府引导、政策支持、市场运作、企业受益”的知识产权质押融资工作思路，整合资源、多方协作，探索建立融资补贴、风险补偿、联盟服务、绩效考核、银企对接五大机制，形成知识产权质押融资闭环式管理服务模式，通过常态化开展“入园惠企”，深入企业“面对面”服务、“点对点”支持。2018 年至 2022 年 9 月，全市累计专利商标质押登记 892 笔，质押金额达 83.6 亿元，惠及企业 400 余家，有效助力企业纾困解难。
6	武汉市“服务型政府＋多维模式”跑出知识产权质押融资加速度	武汉市知识产权局推出“风险共担机制＋设立专营机构＋创新评估方式＋清单式靶向营销”的知识产权金融模式，建立知识产权质押融资财政风险补偿、贷款贴息及保费补贴等机制。2021 年全市专利商标质押登记 151 笔，质押金额达 19.9 亿元，2022 年 1—9 月，质押金额达 27.6 亿元，再创新高。
7	广州市探索形成多元互补的知识产权质押融资模式	广州市知识产权局推动形成多元互补的知识产权质押融资模式：一是“政银企”合作模式，由政府引导扶持，商业银行与企业直接对接；二是“政银企服”合作模式，通过政府扶持降低融资成本，服务机构辅助提升融资效率，银企对接达成快速融资；三是风险补偿基金合作模式，通过知识产权风险补偿基金分担商业银行债务风险，提升商业银行知识产权授信额度，帮助科技型中小微企业融资。三种模式互为补充，推动了广州市知识产权质押融资工作快速发展。2021 年，全市专利商标质押融资登记金额达 114.6 亿元，同比增长 56.12%，惠及企业 650 余家，2022 年 1—9 月，质押登记 649 笔，质押金额达 96.1 亿元。

续表

案例编号	案例名称	案例摘要
8	成都市发挥公共平台资源汇聚优势，延伸知识产权质押融资服务链条	成都市知识产权局支持建设成都知识产权交易中心，发挥资源汇聚优势，全链条完善知识产权质押融资供需对接、价值评估、质物处置等服务，全时段运营“知贷通”知识产权融资服务平台，全方位构建知识产权价值评估和价格发布体系。截至2022年9月，成都知识产权交易中心“知贷通”平台累计放款118笔，放款金额6.9亿元。
9	台州市推进知识产权质押融资“一站式”服务	台州市知识产权局强化政银企联动，发挥全国首个地方商标质押登记受理窗口优势，推进质押登记快速便捷办理。通过线上线下联动、创新产品模式、强化内外激励、落实降本减费等多措并举，畅通知识产权质押融资“一站式”服务，有效缓解中小企业融资难题，助力民营经济高质量发展。2022年1—9月，台州市共办理专利商标质押登记856笔。其中，商标质押登记395笔，连续6年居全国地级市第一。
10	农业银行持续完善工作机制和服务体系，加大知识产权质押融资信贷支持力度	农业银行重点围绕轻资产客户评价难、授信难、评估难等问题，以知识产权应用为核心不断研发特色信贷产品，依法合规创新园区批量获客整体授信模式、以点带面的供应链模式、政府增信“知识产权+”模式等金融服务模式，推动解决科技型、创新型等轻资产客户担保难问题。截至2022年6月，农业银行知识产权质押贷款余额达107.6亿元。
11	中国银行打造“全周期、全场景、全链条”的知识产权金融服务生态	中国银行全面落实与国家知识产权局的战略合作协议，以“知识产权融资创新实验室”为依托，研发知识产权融资专门产品“惠如愿·知惠贷”，打造了集多元化获客、全周期产品、场景化平台服务为一体的覆盖大中小微企业的知识产权金融服务体系，持续打通知识产权金融服务链条的诸多堵点，打造“全周期、全场景、全链条”的知识产权金融服务生态。2022年1—6月，中国银行当年累放知识产权质押贷款金额70.9亿元，当年累放贷款户数992户，位居金融同业前列。

续表

案例编号	案例名称	案例摘要
12	建设银行东莞分行推广“技术流”评价体系，做实知识产权金融	建设银行东莞分行率先提出“科技企业创新能力评价体系”，将知识产权作为核心指标，对企业的专利数量、结构、技术含量等 32 个维度综合测评分级，并将评价结果应用于信贷审批中。截至 2022 年 9 月，建设银行东莞分行共为 261 家企业办理专利质押贷款 125.8 亿元，业务办理量位居东莞市各银行前列。建设银行总行已在全行范围内开展“技术流”评价体系运用试点工作。
13	交通银行北京分行推进各项创新，助推知识产权质押融资降本增效	交通银行北京分行针对传统知识产权质押贷款“评估难、处置难”的问题，2019 年与总行共同研发了新版“智融通”专利权质押融资产品，推进在专利评价体系、风险处置模式、降低融资成本等方面创新，简化了第三方评估、法律审查、保险等环节，通过专利“反向许可”模式缓解企业还款困境，并给予该业务专项优惠定价政策，降低小微企业融资成本。截至 2022 年 9 月，交通银行北京分行新版“智融通”产品累计向近 260 家科技型小微企业投放贷款约 19 亿元。
14	上海银行探索建立专利许可收益权质押融资模式	上海银行聚焦专利运营环节中常见的专利实施许可场景，探索建立专利许可收益权质押融资模式。在知识产权质押融资的基础上，基于专利权人许可他人实施其专利的真实交易背景，在国家知识产权局完成专利实施许可合同备案后，将这笔交易的未来收益权通过应收账款质押登记，以此获得更高额度授信的流动资金支持。
15	南京银行打造“知鑫服务直通车”银企对接专项品牌活动	南京银行与江苏省知识产权局联合打造“知鑫服务直通车”，通过建立品牌化、长效化的银企对接专项品牌活动，加强活动顶层设计，加强资源集成和联动，采用“政银主导、市场运作、多方参与”的服务模式，着力提高服务园区、服务企业、服务创新效能，推动优惠政策措施直达企业。截至 2022 年 6 月，“知鑫服务直通车”已通过“线上 + 线下”的形式，举办超过 30 场活动，累计服务企业超过 1500 家，帮助中小企业融资近 44 亿元。

续表

案例编号	案例名称	案例摘要
16	北京市开展知识产权保险试点工作，打造知识产权保险服务样板	北京市知识产权局联合北京市地方金融监管局等7家单位自2020年开始实施为期三年的知识产权保险试点工作，试点遵循“政府引导、市场主导”原则，主要通过保费补贴的方式，为北京市单项冠军企业和重点领域中小微企业提供包括专利执行保险、专利被侵权损失保险在内的综合性知识产权风险保障。截至2022年10月，已支持北京市472家企业投保了4818件专利，保险保障金额超过53.6亿元。2022年9月，在中国国际服务贸易交易会“北京主题日”活动上，北京市知识产权保险试点工作获评2022年“两区”建设十大最具影响力政策。
17	上海市积极探索保险服务新模式，助推知识产权质押融资	上海市自2014年起启动知识产权保险试点工作，支持有关保险机构围绕企业面临的维权、融资以及运营等问题，积极构建形成体系化的知识产权保险产品序列。其中知识产权质押融资保证保险作为企业融资增信方式之一，保险机构围绕企业融资需求开展知识产权价值评估、办理知识产权质押登记、提供保险担保服务，合作银行凭借保险机构保险单对企业发放贷款，一旦出现坏账，保险公司按照比例承担坏账风险并负责处置质押的知识产权，有效助推了中小企业获得银行贷款资金支持。
18	浙江开展知识产权保险创新试点改革，打造知识产权保险全链条服务	浙江省印发《浙江省知识产权保险创新试点改革方案》，将保险机制全面融入知识产权管理体系，助力共同富裕示范区建设；设立浙江省知识产权保险创新支持中心，上线“知识产权保险专区”平台，创新推出PCT国际专利、海牙工业品外观设计、马德里商标等多款行业领先的保险产品，涵盖申请费用补偿、被侵权损失及侵权责任、科技成果应用转化、商业秘密保护等全链条风险保障，全省知识产权保险服务保障水平不断提升。截至2022年9月，全省保险机构共提供近70款知识产权保险产品，保障金额近12亿元。
19	宁波市打造知识产权“保险＋维权＋服务”模式	宁波市创新推出知识产权“保险＋维权＋服务”模式，成立知识产权保险运营服务中心，共建知识产权保险联盟，推动保险产品覆盖知识产权申请、转化、维权全链条，实

续表

案例编号	案例名称	案例摘要
19	宁波市打造知识产权“保险＋维权＋服务”模式	现专利、商标、地理标志、商业秘密等知识产权险种全覆盖。截至 2022 年 9 月，累计为 5992 件商标、1859 件专利等提供承保服务，保障额度超过 6.9 亿元，赔付 75.6 万元。
20	广州开发区落地知识产权海外侵权责任险，全面升级海外维权服务体系	广州开发区围绕海外知识产权纠纷重点领域和关键环节，加大企业海外维权扶持力度，推出知识产权海外侵权责任险，提升企业海外纠纷风险应对能力。截至 2022 年 9 月，已有累计 41 家次企业投保，总保额达 1.3 亿元，市场需求和发展潜力初步显现。

知识产权质押融资及保险典型案例生动展示了全国各地知识产权金融服务创新成果，地方知识产权管理部门方面，如江苏省知识产权局、原银保监会江苏监管局深入开展“百亿融资行动”，着力构建知识产权金融生态圈；银行业金融机构方面，如中国银行以“知识产权首选服务银行”为目标，以“知识产权融资创新实验室”为依托，打造了“全周期、全场景、全链条”的知识产权金融服务生态，中国建设银行股份有限公司东莞分行推广“技术流”评价体系，做实知识产权金融；知识产权质押融资模式方面，为了解决轻资产科技型中小企业融资难、融资贵的问题，湖南省知识产权局积极探索市场化背景下的知识产权质押融资风险补偿机制；知识产权保险方面，北京市开展为期三年的知识产权保险试点工作，为北京市单项冠军企业和重点领域中小微企业提供综合性知识产权风险保障，打造知识产权保险服务样板。本章以上述 3 个地方、2 个银行的创新实践为例，以下从政策创新、模式创新、服务创新等不同方面，具体展示有关地方、金融机构和服务机构共同探索的知识产权金融经验做法。

6.1 江苏深入开展“百亿融资行动” 打造知识产权金融生态圈*

江苏省知识产权局、原银保监会江苏监管局深入开展“百亿融资行动”，通过信息数据化推进客户细分、评价整体化破解估值难题、服务便利化提高融资效率、政策集成化降低融资成本、产品多元化降低系统风险、部门协同化形成工作合力，着力构建知识产权金融生态圈。

1. **基本情况**

为深入推进知识产权质押融资工作，在原银保监会江苏监管局的支持下，江苏省知识产权局联合中国银行、江苏银行等金融机构启动“知识产权百亿融资行动”计划，充分发挥知识产权制度优势，强化部门之间资源整合、业务融合，积极搭建银企对接平台，努力探索知识产权质押融资的新经验和新模式，并带动形成了省市县联动、全省“一盘棋”的知识产权金融生态。

2. **主要做法**

江苏省知识产权局、原银保监会江苏监管局坚持把优化服务供给、强化信息对接，作为推进知识产权金融工作的关键，着力把金融活水引向实体经济，具体体现为“六个化”。

（1）信息数据化推进客户细分。江苏省知识产权局每年牵头组织开展“万企融资需求调研”，在全省范围内以高新技术企业、科技型中小微企业为重点，详细了解10000家拥有自主知识产权的小微企业的融资需求、瓶颈以及政策建议，并将上述企业融资需求，按照其对银行的偏好，分类分发给银行。同时，充分发挥知识产权大数据“多尺度、低噪声、强交互”的优势，对有融资需求的小微企业提供精准画像，有力支撑了银行做好市场细分和客户细分的工作，提供差异化的服务。

---

* 本节案例来源于江苏省知识产权局，该案例入选国家知识产权局、中国银保监会、国家发展改革委发布的首批20个知识产权质押融资及保险典型案例。

（2）评价整体化破解估值难题。指导中国银行等银行业金融机构，开发知识产权质押融资信用贷款，结合企业知识产权综合能力和水平等诚信数据，以企业整体知识产权创新能力为评价对象，由银行给予企业 100 万元至 500 万元的授信额度，在全国率先形成了以信用为核心的“免评估”知识产权质押模式。

（3）服务便利化提高融资效率。指导全省各级知识产权管理部门，联合中国银行开展“一站通 · 全省行”等主题活动，高质量组织开展“百场千企”“入园惠企”等专题活动，会前企业组织、会中交流沟通、会后跟踪回访，支持银行为参会企业建立审查审批“绿色通道”，着力提高银企对接落地签约率。支持苏州加快推进江苏国际知识产权运营交易中心平台发展，引入金融机构，搭建了银企沟通平台。

（4）政策集成化降低融资成本。江苏省知识产权局以南京、苏州、无锡等地为重点，指导地方不断完善知识产权金融政策体系，比如，苏州市自 2009 年起，就制定实施了《苏州市知识产权质押贷款管理暂行办法》和《苏州市知识产权质押贷款扶持资金管理办法》，采取风险补贴和贷款奖励的办法，对每家银行按年度贷款实际发放额给予 1.5% 的风险补贴和 1% 的奖励，引导银行为企业提供知识产权质押贷款。各县（市、区）也出台配套政策，对知识产权质押贷款进行风险分担、提供贴息和服务费补贴以降低企业融资成本。

（5）产品多元化降低系统风险。针对小微企业“缺信息、缺信用、缺抵押”等问题，积极推进产品集成，与金融机构合作开发更多的政银合作信贷产品，特别是引入担保机制，指导江苏省信用担保有限责任公司开发“知保通”产品，为创新型小微企业在各银行已有贷款融资的基础上，用其拥有的知识产权做质押，新增贷款额度 100 万元以上信用担保贷款，同时，积极拓展知识产权质押融资质物范围。

（6）部门协同化形成工作合力。江苏省知识产权局与原银保监会江苏监管局合作积极探索知识产权金融创新，积极承接知识产权质押融资线上全流程无纸化办理试点；与江苏省科技厅共同探索将知识产权质押融资贷款纳入省“苏科贷”风险补偿体系；与江苏省工信厅联合出台《江苏省中小企业知识产权战略推进工程实施方案（2018—2020年）》，共同推进专精特新中小企业利用知识产权质押融资，着力形成缓解小微企业融资难、融资贵的合力。

3. 工作成效

（1）银行评价创新型企业有了新维度。江苏省知识产权局通过加强面向银行等金融机构的宣传培训，银行对拥有自主知识产权的企业认知和信心进一步增强，对知识产权无形资产价值理解进一步提升，有效激发了银行等金融机构为拥有自主知识产权的中小微企业放款的积极性。截至2022年底，全省有超过100家金融机构参与知识产权质押融资，累计知识产权融资金额超过1000亿元。

（2）中小企业融资有了新路径。通过政银合作信贷产品的开发推广和知识产权知识的宣传培训，银行对知识产权资产属性的认知度进一步提升，有效缓解了中小企业“缺信息、缺信用、缺抵押”等问题，切实打通了中小企业通过知识产权质押融资的“最后一公里”问题。

（3）政银合作有了新模式。通过交换匹配数据、联合推广产品、创新服务模式、集聚整合资源等一系列举措，精准引导银行扩大客户资源，聚焦中小企业“大市场”，在缓解中小企业融资难、融资贵方面形成政银合力，实现政银合作模式从单纯的联合举办活动向建立长效合作机制、深度业务融合转变。

4. 经验启示

一是深化与金融机构合作是根本。知识产权金融工作要充分调动金融机构参与的积极性，通过政银合作的模式，引导银行探索开发知识产权质押融资专属信贷产品，扩大对知识产权质押融资资金投放规模。

二是大力发展互联网平台是支撑。充分发挥互联网的优势，推动服务链条向两端延伸，着力强化银行获客引流能力和贷后管理能力，提高服务黏性。

三是加强数据应用是保障。优化金融机构与企业信息对接机制，深化“互联网＋”融资对接服务模式，通过资金供需双方在线上高效对接，让信息“多跑路”，让企业“少跑腿”。

6.2 湖南省探索建立市场化背景下的知识产权质押融资风险补偿机制*

为解决轻资产科技型中小企业融资难、融资贵的问题，湖南省、长沙市和湖南自贸区岳阳片区知识产权部门推动设立总规模为 6500 万元的知识产权质押融资风险补偿金（以下简称风险补偿金），委托湖南省知识产权交易中心进行市场化运营，按照“风险补偿金 45%、合作银行及指定合作的担保或保险机构 45%、评估处置机构 10%”风险承担比例，建立起“谁参与、谁受益、谁担责”的风险分担机制，取得积极成效。

1. **基本情况**

知识产权质押融资是国家促进创新的重要改革举措，而建立风险补偿机制是实现知识产权质押融资市场有序发展的重要途径。近年来，湖南省不断加强政策集成，加快促进知识产权与金融资源融合，建立完善知识产权质押融资风险共担的市场化经营模式并取得良好成效。

根据《关于商业银行知识产权质押贷款业务的指导意见》（银监发〔2013〕6 号）、《湖南创新型省份建设若干财政政策措施》（湘政办发〔2019〕3 号）等文件要求，湖南省本级、长沙市、岳阳临港新区自 2018 年以来先后设立了湖南省、长沙市、湖南自贸区岳阳片区三笔风险补偿金并委托同一运营机构进行市场化运营，拥有资金规模 6300 万元（省本级

* 本节案例来源于湖南省市场监督管理局，该案例入选国家知识产权局、中国银保监会、国家发展改革委发布的首批 20 个知识产权质押融资及保险典型案例。

1300万元、长沙市3000万元、湖南自贸区岳阳片区2000万元)。风险补偿金运营三年来，先后与建设银行、长沙银行、交通银行、兴业银行、光大银行、华融湘江银行、邮储银行7家银行及湖南省财信科技小额贷款有限公司建立了合作关系，截至2022年底，累计纳入风险补偿金补偿范围的专利商标质押登记223笔，质押金额达28.8亿元，惠及200余户科技型中小微企业。

目前，国家发展改革委将湖南知识产权金融服务模式作为服务实体经济发展的典型经验推介，《中国知识产权报》《经济日报》《中国质量报》和人民网等国家级媒体进行了报道。

2. 主要做法

(1) 建立了市场化运营和风险分担机制。风险补偿金按照“政府引导、风险共担、市场化运作”的原则，建立了市场化运营和风险分担模式。一是委托湖南省知识产权交易中心有限公司进行市场化运营，充分激发了运营方的积极性和资金使用效率。二是建立了“风险补偿金45%、合作银行及指定合作的担保或保险机构45%、评估处置机构10%”的风险分担模式，同时要求合作银行自行与其指定合作的担保或保险机构协商承担比例，但自身应承担的比例不低于损失总额的20%，有效地防范了风险补偿金代偿风险。三是建立了“谁评估、谁处置、谁分担风险”的模式，评估处置机构作为风险补偿金运营方并按10%的比例承担风险，最大限度保证了知识产权价值评估的客观性和代偿后续处置的积极性。

(2) 加强了运行过程风险控制。一是风险补偿金按照合作银行承诺的授信额度比例分别存入各合作银行，作为银行开展知识产权质押贷款的风险担保金。二是控制了贷款上限。将纳入风险补偿范围的企业单户贷款额度上限控制在500万元以内。三是贷前联合评审。由银行、保险或担保机构、评估处置机构对融资企业开展贷前联合评审，任何一方经独立审核认为贷款项目存在较大风险的，均可行使否决权。四是建立了追偿和处置程序。贷款风险发生后，各方追偿和处置知识产权所得的资金，在扣除诉讼等实现债权的费用和其他相关费用后，按代偿比例返还各方。五是设置了风险止损阈值。当风险补偿金代偿额度达到资金总额的 50% 时，立即暂停风险补偿金运营。

（3）有效控制了融资成本。风险补偿金要求合作银行的贷款利率上浮控制在 20% 以内，在现行贷款政策背景下，企业通过风险补偿途径获得的贷款融资成本（包括利息、担保或保险费、评估费等）基本可以控制在 4% 左右。

（4）探索开展了知识产权价值和风险评估。在风险补偿金制度设计中，要求知识产权质押融资活动完全基于知识产权的价值展开，不与任何固定资产等质押物捆绑，促使资金运营方和合作银行在知识产权价值和风险评估方面进行了积极探索。一方面，由银行合作的资产评估机构进行知识产权价值评估，银行普遍按照评估额的 30% 及以下水平确定贷款额度。另一方面，运营机构组织开展知识产权评价和处置风险评估。主要包括三个环节：一是利用大数据系统对专利技术进行价值评估，现有系统指标体系包括保护水平（专利品质）、影响力、变现能力三个板块共 46 项指标，可对专利技术先进性、经济性、投资效益和运营前景进行综合估值；二是组织专利技术、金融市场、管理运营等专业团队对企业技术实力、产品竞争力、技术市场规模、技术盈利能力进行尽职调查，客观评价企业发展趋势及还款能力；三是对专利进行人工分析，评价其专利质量、技术水平和产业应用前景，对可能出现的知识产权处置做出前景预判，以有效规避风险。

3. **经验启示**

当前，评估难、处置难是知识产权质押融资工作中的最大障碍和难点，通过财政资金投入，探索建立知识产权质押融资风险补偿机制，进而带动社会参与知识产权质押融资活动，显得尤为重要。同时，采取市场化运营和风险共担的方式管理知识产权质押融资风险补偿资金，一方面可以避免行政管理行为中的弊端，充分激发市场方的积极性，有利于汇集多方市场资源，降低运营成本；另一方面可以有效防范财政资金、银行贷款损失的风险，避免或减少发生金融风险的可能。

6.3　中国银行知识产权融资为实体经济浇注金融活水*

中国银行全面落实与国家知识产权局的战略合作协议，以“知识产权首选服务银行”为目标，以“知识产权融资创新实验室”为依托，打造了“全周期、全场景、全链条”的知识产权金融服务生态，持续为实体经济浇注金融活水。

1. 基本情况

中国银行秉承大行责任担当，在发展和创新知识产权金融的过程中坚持不懈探索，搭建多方合作机制，整合各类金融资源，打通知识产权金融服务链条的诸多堵点断点，打造了“全周期、全场景、全链条”的知识产权金融服务生态。

2. 主要做法

经过多年的探索和积淀，中国银行已初步搭建了一套行之有效的集多元化获客、全周期产品、场景化服务平台为一体的覆盖大中小微企业的知识产权金融服务体系。

（1）构建多元化获客体系。中国银行于2021年与国家知识产权局签订了战略合作协议，并联合成立“知识产权融资创新实验室”（以下简称实验室）。中国银行依托银政战略合作关系及实验室平台资源，一是引导辖内各分行积极与当地知识产权主管部门、各类知识产权运营平台及相关机构开展数据合作和评估合作，批量获取梳理拥有高价值专利的企业名单，根据专利价值和企业成长性，对目标客户按照重点支持类、适度支持

* 本节案例来源于中国银行股份有限公司，该案例入选国家知识产权局、中国银保监会、国家发展改革委发布的首批20个知识产权质押融资及保险典型案例。

类、一般支持类进行分类管理，根据客户类型提供差异化的综合金融服务。二是邀请相关部委和监管部门、知名企业、高校以及主要知识产权服务机构共同推进实验室的建设运营，联合开展课题研究和产品开发，以研带创，以创促用，推动知识产权金融创新和成果推广。三是依托知识产权"入园惠企"活动、商标质押助力重点行业纾困"知惠行"专项活动、中银跨境撮合活动等，积极开展知识产权金融主题的服务活动、培训交流、政策宣导和人才培养，促进批量获客和金融服务的高效展开。例如，中国银行全辖范围共举办了知识产权"入园惠企"服务活动 300 余场，参与客户超过 2 万家，筛选出近 4000 户知识产权白名单客户，转化超过 1100 户，带动融资总量近 40 亿元。

（2）创新全周期产品体系。围绕不同发展阶段企业的差异化需求，中国银行打造了以"中银知贷通"和"惠如愿·知惠贷"两款拳头产品为主的知识产权质押融资产品体系。"中银知贷通"产品的主要服务对象是处于成熟期的大中型企业，接受专利权、注册商标专用权、著作权等不同形式知识产权进行质押融资，贷款期限最长 3 年。2021 年 6 月推出的"惠如愿·知惠贷"产品主要面向广大小微企业，接受发明专利、实用新型专利和外观设计专利相关的质押融资，该产品实现了线上申请，支持知识产权单一质押担保或组合担保，最长期限 3 年，最高授信额度可达 3000 万元。

（3）打造场景化服务平台。中国银行在其自主研发的"中银 e 企赢"撮合平台中上线了特色化的"高价值专利供需对接专区"，可以为企业免费提供知识产权供需对接增值服务，企业可以在专区内展示其名下专利（包括已质押于中国银行的专利），或搜索其生产经营所需专利，在平台上实现供需对接洽谈。在中国银行的全流程服务模式下，实现了"专利获客 + 专利融资 + 专利撮合"的低成本、一站式服务。

（4）创新企业知识产权质押融资指数。中国银行在国家知识产权局运用促进司的指导下，开展企业知识产权质押融资指数的编制。该指数以金融机构视角研判企业知识产权质押融资的环境变化，分析企业客户体验及满意度、企业经营和风险评价情况，研究得出知识产权质押融资指数及其发展趋势，提升金融机构和企业对知识产权价值的认识和运用，从而助力知识产权金融的高质量发展，提升知识产权金融服务能力。

3. 工作成效

全线上版的“知惠贷”投产后，中国银行形成了线上、线下全覆盖的知识产权质押产品体系。中国银行在知识产权金融领域的积极探索和工作成效获得了有关部门的认可。

在各地方，中国银行的知识产权融资工作也取得了一定成绩。以江苏省为例，江苏省中国银行在开展知识产权质押融资过程中，用心倾听企业需求、持续开展产品升级。为进一步匹配中小企业短、频、急的用款需求，江苏省中国银行对“惠如愿·知惠贷”业务流程做了进一步优化，实现了贷款申请的线上化，并支持“先发放贷款、后办理质押”。

4. 经验启示

要实现知识产权金融的“提质扩面”，需要转变固有思路，搭建多方合作机制，整合各类金融资源，以知识产权全链条为视角，用“大连接、大服务、大场景”的方式打通知识产权金融服务链条的诸多断点。中国银行在实践中不断探索“破局”之路，初步构建起中国银行特色的知识产权金融生态。下一步，在双循环新发展格局的建设征程中，中国银行将完善知识产权金融新生态，持续为知识产权全链条场景化应用赋能金融力量。

6.4　东莞建行做实知识产权金融　助力科技企业成长*

中国建设银行股份有限公司东莞分行（以下简称东莞建行）通过战

* 本节案例来源于中国建设银行股份有限公司东莞分行，该案例入选国家知识产权局、中国银保监会、国家发展改革委发布的首批20个知识产权质押融资及保险典型案例。

略先行，创新“技术流”，深化政银合作，优化业务流程等做法。2017 年以来累计办理专利质押 153.7 亿元，业务办理量位居东莞市各银行前列，进一步助力科技型企业将“知本”转变为“资本”，实现“智慧变现”。

1. **基本情况**

近年来，东莞市以创新驱动为引领和支撑，科技企业数量和科技创新能力得到了飞速提升。东莞市高新技术企业数量从 2015 年的 755 家增加到目前的 9002 家，增长了近 11 倍，各项专利的保有量、申请量都位于全省前列。

虽然企业科技创新能力不断增强，但科技企业融资难、融资贵问题仍然突出，很多握有高价值专利的中小科技企业经常因为资金问题错失成果转化和继续创新的良机。为了改变这一现状，东莞建行在东莞市委市政府及市场监督管理局（知识产权局）等有关部门的指导下，积极进行知识产权金融尝试和突破，聚焦先进制造业，服务实体经济，以新金融的理念推动知识产权金融，并取得一定成效。

2. **主要做法**

（1）战略先行，深耕“知识产权金融服务品牌”。

2015 年，建设银行广东省分行就创新提出科技金融战略，按照上级行的工作部署，依托东莞科创企业拥有的丰富的知识产权等核心资源，东莞建行紧跟东莞市创新驱动、倍增计划等战略部署，深耕知识产权金融，将科技金融、知识产权金融作为转型发展的开路先锋，持续提升科技企业服务能力。一方面，为更好地服务科技型企业，东莞建行按照上级行统一部署，打破传统架构，在市分行成立科技金融业务中心，建立服务科技企业的专设部门。通过在市分行设立专营中心，在各镇区支行设立科技专员，东莞建行构建了覆盖全市的科技企业立体化服务体系。另一方面，持续将知识产权质押融资业务纳入下设支行、网点 KPI 考核，并赋予高权重分，提升基层行发展知识产权质押融资的积极性。

（2）创新“技术流”，打造知识产权融资新模式。

一直以来，传统银行对企业沿用以“资金流”为核心的综合评价体系，导致盈利尚不明显、缺乏固定资产的科技企业融资难、融资贵，难免造成信贷资源错配。经过多年探索，东莞建行率先提出“技术流”评价体系，并经建设银行广东省分行完善后面向社会推广运用。

“技术流”是将科技企业的知识产权作为核心指标，对企业的专利数量、结构、技术含量等32个维度要素综合测评，把科技企业分为T1至T10共10个等级，并将测评结果应用于信贷审批中。同时，持续推进专利等知识产权在融资中的增信作用。它改变商业银行依靠“资金流”、固定资产及金融抵（质）押物的传统评价模式，创新提出“不看砖头看专利”的全新理念，将企业的知识产权转化为“技术流”，“技术流”转化为“资金流”，推动金融资源向知识产权创新领域加快流动，加快知识产权与金融的深度融合，有效解决科技型企业融资难、融资贵、融资慢的问题。2020年2月，“技术流”被国务院办公厅纳入新一批改革举措向全国推广，目前建设银行总行已在全国范围内开展“技术流”评价体系运用试点工作。

截至2022年底，依托“技术流”评价体系，为1242家高新技术企业授信853亿元，信贷余额396亿元。同时基于东莞科技型企业拥有的丰富知识产权，东莞建行探索推出“莞知通”综合服务方案，大力发展知识产权质押融资业务，并在东莞市市场监督管理局（知识产权局）的指导下，先后发放全国银行业首笔专利、商标、著作权混合质押贷款；向某口罩生产企业发放疫情防控期间全国首笔知识产权质押贷款，在国务院新闻办公室新闻发布会上被作为知识产权助力抗疫的典型案例全国推广。

（3）深化政银合作，推动知识产权金融遍地花开。

为推动知识产权金融快速发展，东莞市政府出台东莞市专利促进项目资助办法，对科技型企业办理的专利质押贷款最高可给予70%的贴息，以及发生风险事项后在限额内100%代偿，充分发挥财政资金对金融资本的撬动作用，提升了企业和金融机构办理知识产权质押融资的积极性，走在了全国前列。为提升企业对知识产权质押融资的认识，东莞建行也积极联合政府主管部门，全力打造科技与金融对接平台、科创企业信息交流平台、银企创新产品发布平台。2020 年 8 月 6 日，东莞建行联合东莞市市场监督管理局（知识产权局）在抖音“东莞制造品牌馆”举办了知识产权金融直播首秀，也获得企业的高度关注和认可。

（4）优化业务流程，大幅提升知识产权质押融资业务专业性及效率。

为提升基层员工办理知识产权质押融资的积极性，东莞建行梳理了知识产权评估、业务申报、质押登记等相关流程，并形成操作指引挂网，方便员工查阅。同时为了提升办理时效，东莞建行也与东莞市市场监督管理局（知识产权局）及其下属的知识产权保护协会建立稳定的合作关系，将原有的专利质押登记的时间由 1 周压缩到 1 至 2 个工作日，大幅提升了贷款投放效率，满足快速放款需求。

3. **工作成效**

2017 年以来，东莞建行累计办理专利质押贷款 152.7 亿元，业务办理量位居东莞市各银行前列，进一步助力科技型企业将“知本”转变为“资本”，实现“智慧变现”。2019 年 12 月，东莞建行为东莞市某设备有限公司发放全国首笔专利、商标、著作权混合质押贷款，进一步拓宽了科技金融创新服务通道。2020 年 2 月，在全民抗疫的攻坚时期，东莞建行成功为东莞市某口罩生产企业发放疫情防控期间全国首笔专利质押贷款，助力企业复工复产，起到全国示范效应。东莞建行以点带面，推动知识产权质押融资业务连续多年位于东莞市银行业前列。2022 年全年，东莞建行累计为 51 家企业办理知识产权质押贷款 51.07 亿元，助力科技型企业将“知本”转变为“资本”。

4. **经验启示**

在全国范围内的金融机构开展“技术流”评价体系运用工作，做实知识产权金融，助力科技企业成长。

6.5　北京市开展知识产权保险试点工作　打造知识产权保险服务样板*

北京率先在全国开展知识产权保险试点，遵循“政府引导、市场主导”原则，通过政府给予一定比例保费补贴的方式，支持北京市单项冠军企业和重点领域中小微企业，将具有创新性、先进性、前沿性的专利向保险公司投保知识产权保险。①

1. **基本情况**

为推动北京国际科技创新中心建设，保护智力成果，强化知识产权保护与运用，推进知识产权保险试点相关工作，北京市知识产权局、北京市地方金融监管局等七家单位印发《北京市知识产权保险试点工作管理办法》，明确自2020年开始实施为期三年的试点工作，主要通过给予保费补贴的方式，为北京市单项冠军企业和重点领域中小微企业提供包括专利执行保险、专利被侵权损失保险在内的综合性知识产权风险保障。

2. **主要做法**

（1）坚持政府引导与市场主导推进原则。确立知识产权保险“政府引导、市场主导”原则，为保障投保人的利益，政府对知识产权保险工作进行政策上适度的限定，限定知识产权保险最低的累计赔偿限额倍数，经公开招标确定保险公司并在主管部门备案，在此基础上设置知识产权保险产品，企业自愿投保，协商签订保险合同，政府对符合规定条件的投保企业给予保费补贴，形成可持续性的良性模式。

（2）高精尖产业发展与精准支持企业兼顾。以服务科技创新、发展高精尖产业的政策导向，将保险试点经费支持的投保人范围，限定为容易

---

* 本节案例来源于北京市知识产权局，该案例入选国家知识产权局、中国银保监会、国家发展改革委发布的首批20个知识产权质押融资及保险典型案例。

① 人保财险知识产权保险试点项目入选最佳实践案例 将在全国推广［EB/OL］.（2021－10－13）［2023－06－29］. http：//hunan. ifeng. com/c/8AHY5tSE5e9.

成为专利侵权潜在目标的单项冠军企业和维权能力较差的重点领域中小微企业，试点的保险产品组合了专利执行保险条款、专利被侵权损失保险条款及相关附加险，全面保障专利持有企业因维权而发生的调查费用、法律费用以及经法院判决的直接经济损失和因抗辩无效申请而产生的调查费用、法律费用等。知识产权海外纠纷法律费用保险则主要面向本市海外出口业务较多的企业群体，保险产品承担损失赔偿责任，足额支付企业应对知识产权海外纠纷展开的诉讼所需支付的法律费用，切实降低投保企业应诉成本。

（3）退坡补贴机制与风险补偿联动。补贴比例实行逐次投保退坡，首次投保按照 100% 比例给予保费补贴，冠军企业第二次投保按照保费标准给予 80% 补贴，第三次投保按照保费标准给予 50% 补贴；重点领域中小微企业第二次投保按照保费标准给予 90% 补贴，第三次投保按照保费标准给予 80% 补贴，其余由企业自担。知识产权海外纠纷法律费用保险则按照每家企业一次投保不超过保费 80% 的比例且最高不超过 80 万元的标准给予补贴，逐步实现市场化发展。同时，为了弥补保险公司可能发生的超保费理赔风险，试点工作还对保险公司建立了风险补偿机制。

（4）保险保障与增值服务并重。增值服务是保险产品的重要组成部分，通过合作的专业律所为企业提供优质法律服务，并指导试点保险公司针对企业投保专利开展全方位、多层次的专利体检服务并形成专利体检报告，为参保企业提供知识产权保护等方面的教育和培训，帮助参保企业更加深入地了解自身专利潜在的风险和同业竞争状况。着重将风险管理服务作为保险产品的一部分，整合知识产权专业律所、咨询公司、行业数据分析公司等机构为企业提供优质的风险管理服务，使风险等量管理转变为风险减量管理。以知识产权保险试点为切入点，结合各地知识产权金融服务的成功经验，共同探索知识产权保险试点与知识产权金融创新工作协同推进的服务方案，促进知识产权保险与知识产权金融融合发展。组建知识产权金融服务包，进一步扩大保险试点工作在北京市的覆盖范围，提升金融机构和企业对知识产权保险产品的认知度和认可度。

（5）稳步推进与政策创新结合。拓展保险维度，在持续实施国内知识产权保险试点的同时，2022 年创新实施知识产权海外纠纷法律费用保险，提升企业应对纠纷的解决能力，增强企业“走出去”的信心。2022 年试点工作引入良性竞争机制，鼓励更多保险公司积极参与知识产权保险工作，进一步优化试点知识产权保险产品、提升保障额度，为企业释放更大的政策红利，通过政策创新持续优化知识产权保险保障体系，着力打造知识产权保险“北京样板”。

（6）市区联动与重点推送同步。协调多部门对知识产权保险试点工作进行广泛宣传，与相关委办局、多个区知识产权局、园区管委会、协会、孵化器等合力举办宣传培训活动，共同推动试点工作的进程，提供知识产权保险试点政策和相关服务的精准投送。定期维护网站保险试点工作专栏，对知识产权保险试点工作的相关文件进行及时更新，并通过公众号等渠道发布知识产权保险试点工作相关政策和新闻，引导带动更多企业关注并积极参与保险试点项目。

3. **工作成效**

知识产权保险试点工作实施三年来，取得了较好的效果，已支持北京市 472 家企业投保了 4818 件专利。其中包括全市 24 家制造业单项冠军企业投保 354 件专利，449 家重点领域中小微企业投保 4464 件。保险保障金额超过 53.9 亿元，保费补贴 5300 万元。累计为投保企业提供专利体检报告、企业科创属性评价报告和知识产权法律咨询意见近 1000 份。试点期间，共有 17 家企业 2 次投保，6 家企业 3 次投保。2022 年北京市知识产权局在国内首创试点知识产权海外纠纷法律费用保险，支持北京市 7 家海外出口业务较多的企业投保，提供保费补贴 400 万元，保险保障金额 4200 万元。截至 2022 年 10 月底，北京市知识产权保险试点已累计提供专利执行险理赔 86 万余元；完成 1 笔知识产权海外纠纷法律费用保险理赔，先期赔付 38 万余元。

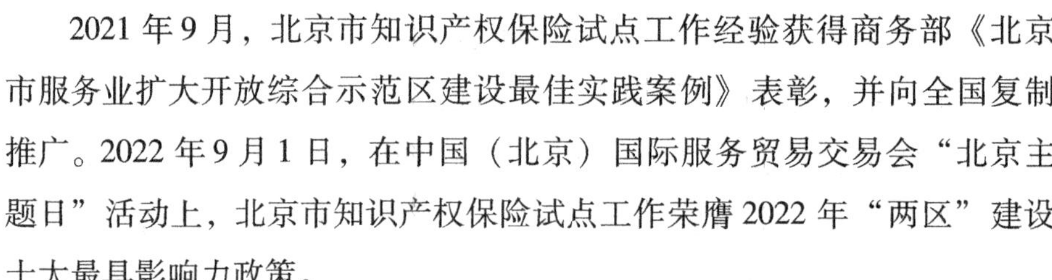

2021 年 9 月，北京市知识产权保险试点工作经验获得商务部《北京市服务业扩大开放综合示范区建设最佳实践案例》表彰，并向全国复制推广。2022 年 9 月 1 日，在中国（北京）国际服务贸易交易会“北京主题日”活动上，北京市知识产权保险试点工作荣膺 2022 年“两区”建设十大最具影响力政策。

4. 经验启示

三年来，北京市知识产权保险协调机制持续完善，市、区两级政策支持体系初步形成；试点保险公司良性竞争机制日渐成熟，保障力度不断加大，保险服务体系进一步优化；保费补贴退坡机制稳步推进，市场主导作用得到体现。知识产权保险试点工作有效降低了企业维权成本，提升了企业维权能力，形成了知识产权保险“北京样板”，为北京市营造国际一流的营商环境、全面推进“两区”建设提供了重要支撑。

第7章　上市公司知识产权资产分析

知识产权是企业的核心资产，对企业发展及经济增长起着重要作用，对于上市公司的投资运营及可持续发展具有重大意义。世界知识产权组织发布的《2022年全球创新指数报告》显示，中国排名第11，较2021年再上升1位，全球创新指数排名连续10年稳步上升，上升势头强劲。[①] 中国上市公司协会发布的数据显示，2021年上市公司营收总额占全年GDP的56.81%，2022年，境内上市公司共实现营业收入71.53万亿元，同比增长7.2%，境内首发上市公司424家，总数增至5079家。[②] 可见，上市公司群体持续壮大，占据了中国经济的半壁江山，是我国经济的支柱力量，上市公司的创新发展对我国提升科技创新能力、引领经济高质量发展具有重要作用。

2021年9月2日，北京证券交易所（以下简称北交所）宣布设立，成为我国资本市场改革的重要里程碑。北交所服务对象定位于创新型中小企业，服务对象“更早、更小、更新”，与沪深市场形成错位发展、功能互补的格局，截至2022年11月底，北交所共有上市公司126家，总市值超2000亿元，服务创新型中小企业主阵地成效初显。

---

① 2022年全球创新指数报告：中国排名较去年升1位居第11位［EB/OL］.（2022-09-29）［2023-05-18］. https：//baijiahao. baidu. com/s？ id=1745314755785678183&wfr=spider&for=pc.

② 2022年我国境内上市公司共实现营业收入71.53万亿元 同比增长7.2%［EB/OL］.（2023-04-29）［2023-05-18］. https：//baijiahao. baidu. com/s？ id=1764501457657075711&wfr=spider&for=pc.

为探究中国上市公司知识产权资产情况，本章选取我国金融市场 A 股主板、创业板、科创板和北交所共计 5061 家公司①在 2022 年年度报告中披露的数据作为研究对象，去掉 1 家 S* ST 公司、96 家* ST 公司和 35 家未披露无形资产的公司后，共计有效样本为 4929 家公司。

7.1 上市公司 2022 年知识产权资产概况

7.1.1 创业板上市公司披露知识产权资产的公司比例最高

知识产权资产是上市公司的重要无形资产，对上市公司的市值、营收以及利润具有积极影响。对于上市公司，知识产权资产信息披露的准确性和及时性有利于投资者发现企业的潜在价值，是上市公司创新能力的重要体现。本章选取的样本中，共计 4627 家上市公司在资产负债表中披露了知识产权资产情况，占比为 93.9%，较 2021 年下降 0.7 个百分点。这些公司按上市板块分布如图 7 - 1 所示，其中主板上市公司共有 3068 家，披露知识产权资产的公司共计 2850 家，占主板上市公司数量的 92.9%，略低于平均值；创业板上市公司 1207 家，共有 1156 家公司披露知识产权资产，占 95.8%，高于其他板块；科创板上市公司 494 家，披露知识产权资产的公司共有 473 家，占 95.7%；北交所上市公司 160 家，共有 148 家公司披露知识产权资产，占 92.5%。

根据各公司 2022 年年报中财务报表附注中的数据，知识产权无形资产主要统计对象包括专利技术②、非专利技术、商标权及软件著作权。分类别来看，如图 7 - 2 所示，披露软件著作权资产的上市公司共计 4092

① 本书中的上市公司首发上市时间截至 2022 年 12 月 31 日；上市公司年报收集时间截至 2023 年 5 月 5 日。目前上交所划分为上交所主板及科创板，深交所划分为深交所主板及创业板，北交所尚未设立明确的板块划分。

② 本书中的专利技术资产包含上市公司年报中披露的专利技术资产及专有技术资产。

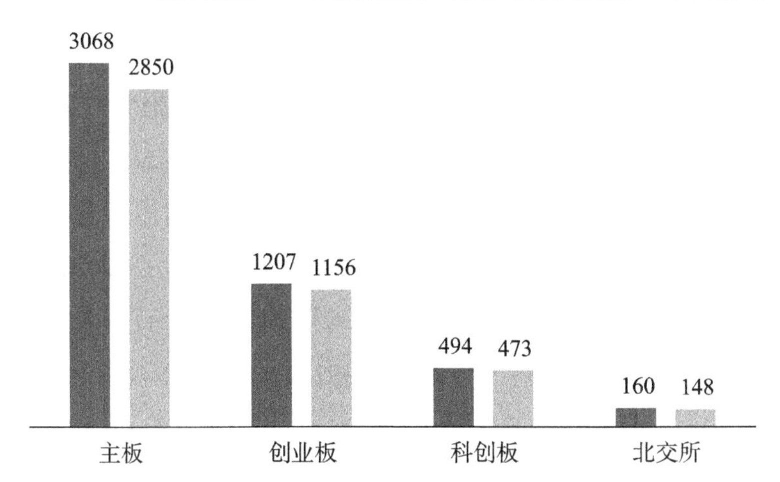

图7-1 不同上市板块披露知识产权资产的上市公司分布

家，占比为83.0%，在知识产权类无形资产四个类别中占比最高；其次，披露专利技术资产的上市公司共计2248家，占比为45.6%；披露非专利技术资产的上市公司共计1177家，占比为23.9%；披露商标权资产的上市公司有999家，占比为20.3%。

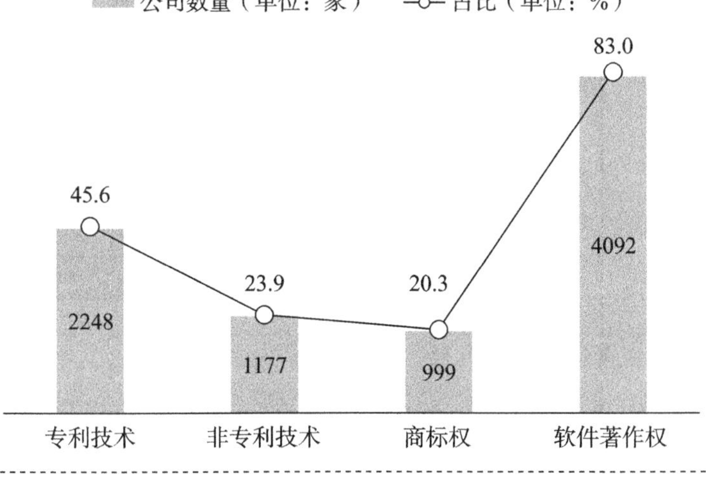

图7-2 上市公司知识产权资产拥有情况

7.1.2 上市公司知识产权资产稳步上升，软件著作权资产占知识产权资产总量比重提升

通过对 4929 家上市公司 2022 年年报中所披露的无形资产数据进行分析，截至 2022 年底，上市公司无形资产总额共计 68714.2 亿元，A 股上市公司持有的土地使用权资产最高，共计 22393.2 亿元，占比达到 32.6%，知识产权资产共计 10542.6 亿元，较 2021 年同比增长 9.3%，占无形资产总量的比例为 15.3%，如图 7－3 所示，较 2021 年下降 0.4 个百分点。进一步对知识产权资产类型进行分析，与 2021 年相比，软件著作权资产占比提升，其他类型占比均有所下降，[①] 如图 7－4 所示，A 股上市公司持有的软件著作权资产仍然最高，共计 5348.3 亿元，占知识产权资产总量的 50.7%，比 2021 年上升了 6.8 个百分点；其次是专利技术资产，共计 2407.5 亿元，占比为 22.8%，比 2021 年下降了 2.2 个百分点；非专利技术资产共计 1840.7 亿元，占比为 17.5%；商标权资产共计 946.1 亿元，占比为 9.0%。

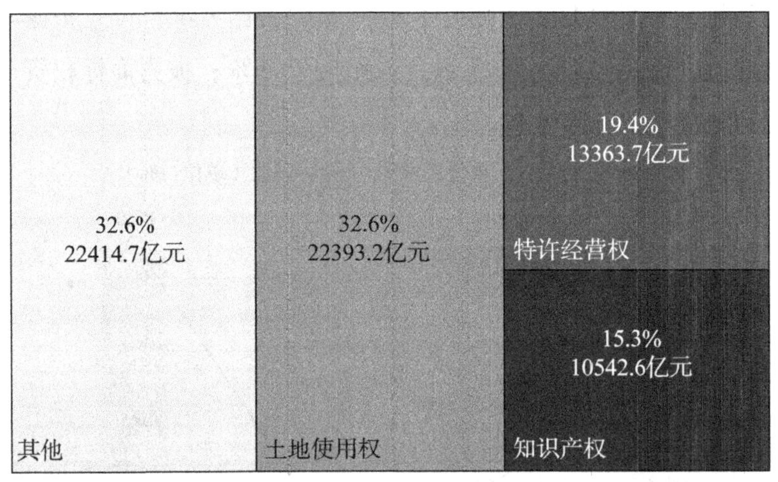

数据来源：上市公司2022年年报

图 7－3 上市公司无形资产分布及占比

① 2021 年 A 股上市公司软件著作权资产、专利技术资产、非专利技术资产、商标权资产占知识产权类无形资产总量的比例分别为 43.9%、25.0%、20.1%、11.1%。

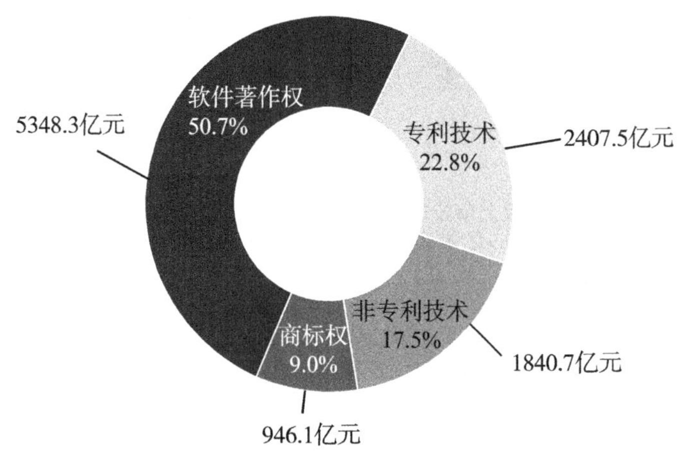

数据来源：上市公司2022年年报

图7－4　上市公司各类型知识产权资产分布及占比

7.1.3　科创板及北交所上市公司知识产权资产中专利技术资产占比最高

目前，我国资本市场已形成北京、上海、深圳三家证券交易所错位发展的新局面。其中，主板主要面向偏传统的成熟行业；创业板强调“三创四新”与传统产业相结合的新业态；科创板定位侧重“硬科技”特色，集中于六类高新技术产业和战略性新兴产业；北交所定位服务创新型中小企业，特别聚焦于专精特新“小巨人”公司。所以，各个板块因包含的企业类型不同，其知识产权资产状况也不尽相同。从各板块上市公司知识产权资产总量及其占无形资产的比例来看，如图7－5所示，2022年主板上市公司共持有知识产权资产9382.7亿元，占无形资产总量的14.6%，该比例低于其他板块占比情况；创业板上市公司的知识产权资产共计779.9亿元，占其无形资产总量的比例为21.6%；科创板上市公司的知识产权资产共计364.7亿元，较2021年的200.4亿元大幅增长82.0%，占其无形资产总量的比例最高，达到38.4%，比2021年提升4.2个百分点；北交所上市公司的知识产权资产共计15.3亿元，占其无形资产总量的比例为20.2%。

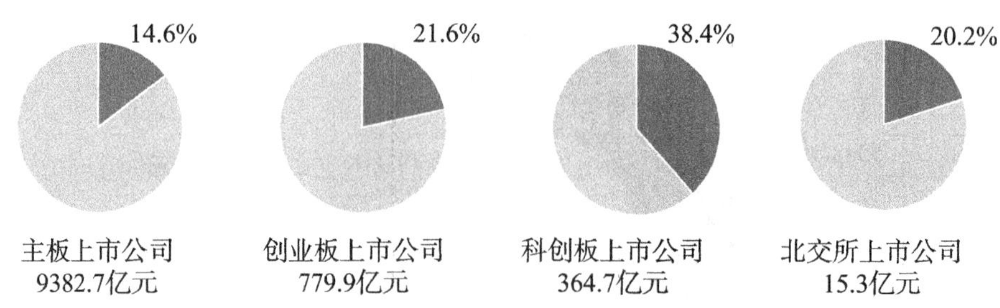

数据来源：上市公司2022年年报

图 7-5　各板块上市公司知识产权资产总量及其占无形资产的比例

从各板块上市公司知识产权资产类型占比情况来看，如图 7-6 所示，不同板块在知识产权种类分布上也呈现出显著差异，主板上市公司的软件著作权资产所占的比例最高，达到 52.3%，比 2021 年提升 7.9 个百分点，其次是专利技术资产，占比为 21.7%；创业板上市公司同主板上市公司类似，软件著作权资产占比最高，为 42.3%，其次是专利技术资产，所占的比例为 28.5%；科创板上市公司的知识产权各类型占比与上述两个板块有较大区别，占比最高的为专利技术资产，占其知识产权资产总量的 39.4%，比 2021 年下降 11.7 个百分点，其次为非专利技术资产，占比为

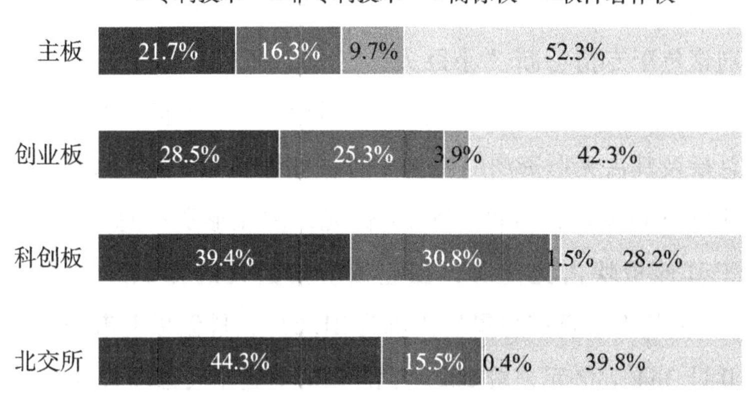

数据来源：上市公司2022年年报

图 7-6　各板块上市公司知识产权资产类型占比

30.8%；北交所上市公司同科创板上市公司类似，专利技术资产所占的比例最高，为44.3%，其次为软件著作权资产，占比为39.8%，北交所上市公司主要为创新型中小企业，多集中于机械、航空航天科技、医药、汽车及化工等创新活力强的领域。

综合以上分析，在知识产权种类分布上，科创板上市公司专利技术资产占比出现下降趋势，从2021年的51.1%下降至2022年的39.4%。进一步从科创板不同首发年份上市公司的知识产权资产类型占比来看，如图7－7所示，2019年和2020年首发上市公司的专利技术资产占比较高，均在50%以上，2021年首发上市公司的专利技术资产占比降至39.5%，2022年进一步降至21.3%。从具体年报对知识产权资产的披露情况来看，2020年之后首发的上市公司中未披露专利技术资产的公司占比进一步增长，2021年首发的上市公司中未披露专利技术资产的公司占比达到60.0%，2022年首发的上市公司中该占比也达到58.5%，如思科瑞（688053.SH）、甬矽电子（688362.SH）、东微半导（688261.SH）等上市公司拥有多项专利，但仅披露了软件资产，后发上市公司专利资产未充分披露成为科创板上市公司专利技术资产占比下降的主要影响因素。

数据来源：上市公司2022年年报

图7－7　科创板不同首发上市年份上市公司的知识产权资产类型占比

7.2 上市公司 2022 年知识产权资产的行业和地域分析

7.2.1 信息传输、软件和信息技术服务业的知识产权资产占无形资产比例最高

根据中国证券监督管理委员会公布的《2021 年 3 季度上市公司行业分类结果》①，从各个行业的知识产权资产分布情况可以看出，如表 7－1 所示，制造业体量最大，拥有的上市公司数量最多，共有 3293 家，比 2021 年增加了 341 家，知识产权资产达到 5281.6 亿元，占上市公司知识产权资产总量的 50.1%，其次为信息传输、软件和信息技术服务业以及金融业，知识产权资产分别为 2529.5 亿元、1139.0 亿元。

从知识产权资产在无形资产中的占比来看，信息传输、软件和信息技术服务业占比最高，由 2021 年的 56.4% 提升至 2022 年的 60.8%，该行业为知识产权密集产业，知识产权是其重要的无形资产，也是各上市公司维持核心竞争力的关键和基础；其次是卫生和社会工作，知识产权资产在无形资产中的占比达到 32.4%；第三是科学研究和技术服务业，知识产权资产在无形资产中占比为 31.4%。金融业上市公司知识产权资产在无形资产中的占比有所下降，从 2021 年的 34.7% 回落至 2022 年的 27.1%。

表 7－1 各行业知识产权资产分布及其占无形资产比例

序号	行业分类	上市公司数量（家）	知识产权资产（亿元）	占无形资产比例（%）
1	制造业	3293	5281.6	24.7
2	信息传输、软件和信息技术服务业	405	2529.5	60.8

① 中国证券监督管理委员会. 2021 年 3 季度上市公司行业分类结果［EB/OL］.（2021－11－10）［2022－5－26］. http：//www.csrc.gov.cn/csrc/c100103/c1558619/content.shtml.

续表

序号	行业分类	上市公司数量（家）	知识产权资产（亿元）	占无形资产比例（%）
3	金融业	117	1139.0	27.1
4	交通运输、仓储和邮政业	111	318.7	4.3
5	建筑业	102	314.9	2.8
6	采矿业	78	271.8	2.7
7	批发和零售业	180	211.8	15.1
8	电力、热力、燃气及水生产和供应业	129	169.1	4.0
9	科学研究和技术服务业	108	53.9	31.4
10	文化、体育和娱乐业	59	50.0	8.0
11	租赁和商务服务业	65	48.8	13.7
12	房地产业	99	47.9	6.3
13	水利、环境和公共设施管理业	92	33.5	1.4
14	住宿和餐饮业	8	29.9	21.1
15	农、林、牧、渔业	45	13.8	7.8
16	卫生和社会工作	15	12.7	32.4
17	综合	10	11.3	12.6
18	教育	12	4.0	8.9
19	居民服务、修理和其他服务业	1	0.3	28.9

数据来源：上市公司2022年年报

进一步从各行业知识产权的结构来看，如表7－2所示，信息传输、软件和信息技术服务业，居民服务、修理和其他服务业，金融业等13个行业主要以软件著作权资产为主，占比均超过50%。以专利技术资产为主的行业主要有：制造业，水利、环境和公共设施管理业，采矿业以及农、林、牧、渔业，其中采矿业与水利、环境和公共设施管理业的专利技术资产所占的比例最高，为57.6%。而住宿和餐饮业则主要以商标权资产为主，占比高达96.4%。

表 7-2 各行业知识产权资产类型及占比 （单位:%）

行业分类	知识产权资产类型			
	专利技术	非专利技术	商标权	软件著作权
制造业	38.2	28.6	12.6	20.6
信息传输、软件和信息技术服务业	2.9	5.5	0.4	91.2
批发和零售业	17.0	19.3	8.3	55.4
电力、热力、燃气及水生产和供应业	19.2	12.9	0.6	67.3
金融业	0.4	1.4	9.4	88.8
交通运输、仓储和邮政业	4.4	2.5	25.5	67.7
科学研究和技术服务业	24.5	14.6	6.6	54.3
建筑业	6.9	4.7	1.5	86.9
房地产业	8.3	1.9	9.8	80.1
水利、环境和公共设施管理业	57.6	14.3	0.5	27.6
采矿业	57.6	22.6	0.3	19.5
租赁和商务服务业	5.8	1.0	31.7	61.5
文化、体育和娱乐业	7.8	6.0	1.3	84.9
农、林、牧、渔业	33.9	29.3	1.7	35.1
卫生和社会工作	5.4	1.7	24.5	68.4
教育	2.1	0.6	29.1	68.2
综合	21.2	60.5	7.4	10.9
住宿和餐饮业			96.4	3.6
居民服务、修理和其他服务业	6.1			93.9

数据来源：上市公司 2022 年年报

7.2.2 北京平均每家上市公司拥有的知识产权资产远高于其他地区

按照注册地对 A 股上市公司进行分类，如表 7-3 所示，广东拥有的上市公司数量最多，共有 806 家，比 2021 年增加 79 家。另外，浙江、江苏、北京、上海等地区也集中了较多的上市公司。从知识产权资产总量数据来看，北京的上市公司披露的知识产权资产遥遥领先，达 3883.8 亿元，占其无形资产的比例为 15.5%。广东排名第二，其知识产权资产总量和占比也较高，分别为1598.7亿元和19.5%。排名第三的上海，知识产权资产共计975.2亿元，总量占其无形资产的比例为23.1%。从各注册地平均每家上市公司拥有的知识产权资产情况来看，北京位居首位，平均每家上市公司拥有的知识产权资产达到8.8亿元，是广东省的4.4倍，远高于其他地区。而浙江、江苏等地区的上市公司虽然知识产权资产总量较高，但平均每家上市公司拥有的知识产权资产分别只有0.7亿元和0.9亿元。

表7-3　各注册地A股上市公司知识产权资产分布及其占无形资产比例

注册地	上市公司数量（家）	知识产权资产（亿元）	平均每家上市公司拥有的知识产权资产（亿元）	占无形资产比例（%）
广东	806	1598.7	2.0	19.5
浙江	645	463.6	0.7	15.4
江苏	629	544.2	0.9	20.2
北京	439	3883.8	8.8	15.5
上海	410	975.2	2.4	23.1
山东	280	515.7	1.8	12.6
福建	166	133.0	0.8	8.2
四川	162	175.3	1.1	9.8
安徽	161	229.2	1.4	12.9
湖南	136	140.4	1.0	9.8
湖北	132	284.8	2.2	18.8
河南	105	72.5	0.7	4.6
辽宁	80	90.4	1.1	10.0
江西	75	65.8	0.9	10.1
陕西	73	102.9	1.4	14.0
河北	73	229.3	3.1	21.7
重庆	68	219.9	3.2	26.0
天津	68	246.1	3.6	16.9
新疆	56	112.6	2.0	9.2

续表

注册地	上市公司数量（家）	知识产权资产（亿元）	平均每家上市公司拥有的知识产权资产（亿元）	占无形资产比例（%）
吉林	47	68.1	1.4	27.9
云南	41	60.8	1.5	10.6
山西	40	35.4	0.9	2.1
广西	38	35.9	0.9	14.0
黑龙江	35	61.0	1.7	31.2
贵州	34	33.8	1.0	13.2
甘肃	33	21.1	0.6	5.3
海南	27	51.8	1.9	26.6
内蒙古	25	60.6	2.4	9.7
西藏	21	19.5	0.9	15.1
宁夏	15	4.5	0.3	4.5
青海	9	6.4	0.7	5.0

数据来源：上市公司 2022 年年报

各省市上市公司的知识产权资产结构差异较大。如表 7－4 所示，从知识产权资产总量排名全国前三的北京、广东和上海来看，北京和上海披露的知识产权资产主要以软件著作权为主，其中北京的占比超过了七成，上海占五成，而广东各种类型知识产权资产分布则相对比较均衡。

表 7－4　各省市上市公司各类型知识产权资产占比情况　（单位:%）

地区	资产类型			
	专利技术	非专利技术	商标权	软件著作权
广东	30.4	11.1	20.0	38.5
浙江	28.5	18.8	9.1	43.6
江苏	31.3	17.7	18.4	32.5
北京	11.8	10.4	2.9	74.9
上海	26.1	18.4	4.7	50.8

续表

地区	资产类型			
	专利技术	非专利技术	商标权	软件著作权
山东	28.3	20.9	31.0	19.8
福建	21.6	10.5	9.9	58.0
四川	26.5	30.2	14.9	28.4
安徽	35.2	18.4	3.0	43.4
湖南	28.8	15.8	14.2	41.2
湖北	58.7	15.4	1.9	24.0
河南	26.7	24.0	2.7	46.7
辽宁	36.2	22.9	1.7	39.3
江西	36.2	30.1	5.2	28.6
陕西	10.6	39.9	2.0	47.5
河北	29.6	46.6	2.4	21.3
重庆	4.2	76.6	3.4	15.8
天津	30.4	32.9	13.2	23.6
新疆	35.2	7.9	2.3	54.6
吉林	20.9	46.5	0	32.5
云南	48.7	10.7	0.5	40.1
山西	33.9	36.4	1.0	28.7
广西	38.3	10.9	5.9	44.9
黑龙江	12.5	51.0	1.6	34.8
贵州	15.7	11.0	4.5	68.8
甘肃	14.3	3.7	30.7	51.3
海南	8.1	73.8	5.3	12.8
内蒙古	24.0	25.3	36.6	14.1
西藏	44.3	17.8	2.7	35.2

续表

地区	资产类型			
	专利技术	非专利技术	商标权	软件著作权
宁夏	26.9	42.1	4.9	26.1
青海	68.8	1.6	10.2	19.4

数据来源：上市公司 2022 年年报

7.2.3 北京、广东、上海和江苏上市公司知识产权资产集聚效应显著

按照注册地对 A 股上市公司进行分类，从各个行业的知识产权资产分布情况可以看出，北京、广东、上海和江苏上市公司知识产权资产集聚效应显著，其中北京尤为突出。北京在信息传输、软件和信息技术服务业，金融业，采矿业，文化、体育和娱乐业，水利、环境和公共设施管理业，科学研究和技术服务业等 8 个行业的知识产权资产位居全国第一，其中信息传输、软件和信息技术服务业的知识产权资产最多，达到 2133.1 亿元，北京在居民服务、修理和其他服务业的全国占比达到 100%，住宿和餐饮业占比达 96.7%，信息传输、软件和信息技术服务业占比也达到了 84.3%。

广东在综合，交通运输、仓储和邮政业，电力、热力、燃气及水生产和供应业，房地产业，制造业，建筑业这 6 个行业的知识产权资产位居全国第一，其中制造业的知识产权资产最高，达到 939.5 亿元，综合，交通运输、仓储和邮政业和建筑业这 3 个产业的知识产权资产全国占比较高，分别为 69.0%、51.4% 和 49.0%。上海在批发和零售业、租赁和商务服务业这两个行业知识产权资产位居全国第一，全国占比分别为 15.2% 和 23.9%。江苏在卫生和社会工作行业的知识产权资产位居全国第一，全国占比为 30.5%。安徽在农、林、牧、渔业的知识产权资产居全国第一，全国占比为 27.5%。湖南和福建在教育行业的知识产权资产位居全国第一，全国占比为 32.5%。另外，上海的行业分布最为广泛，除居民服务、修理和其他服务业外，在 18 个行业均有知识产权资产分布。

表7-5　按照注册地各行业A股上市公司知识产权资产分布

（单位：亿元）

注册地	采矿业	电力、热力、燃气及水生产和供应业	房地产业	建筑业	交通运输、仓储和邮政业	教育	金融业	居民服务、修理和其他服务业	科学研究和技术服务业	农、林、牧、渔业	批发和零售业	水利、环境和公共设施管理业	卫生和社会工作	文化、体育和娱乐业	信息传输、软件和信息技术服务业	制造业	住宿和餐饮业	综合	租赁和商务服务业	总计
北京	200.8	34.6	3.1	118.3	25.7	0.3	526.1	0.3	16.1	3.2	12.9	10.5		15.5	2133.1	747.1	29.0		7.4	3883.8
广东	0.3	60.7	9.0	154.3	163.7		154.3		12.6	0.7	15.3	1.8	1.1	1.8	70.7	939.5		7.8	5.0	1598.7
上海	0.3	3.5	4.8	18.4	35.8	0.3	213.5		3.9	0.1	32.1	1.3	0.3	0.3	80.9	568.1			11.7	975.2
江苏		2.4	8.4	10.7	1.4	0.2	34.3		12.6	0.02	30.5	4.1	3.9	3.1	32.5	388.6	0.2	2.4	8.9	544.2
山东	19.5	0.2	1.0	1.8	4.6		17.3			0.3	9.7	0.003	1.5	1.2	9.7	448.7		0.1	0.2	515.7
浙江	0.02	5.3	0.9	2.6	4.7		48.0		0.7	0.4	29.7	6.8	1.4	12.8	27.5	316.4	0.6		5.7	463.6
湖北		1.6	3.4	1.1	0.6		13.8		0.03		9.3	1.4		2.0	2.5	245.2			4.0	284.8
天津	11.3	0.1	1.0		63.8				2.5		1.0			0.9	9.9	155.5			0.02	246.1
河北	1.1	20.6	3.9	0.03	2.4		4.7					0.1			7.4	189.3				229.3
安徽	0.9	0.4	0.1	1.7	0.9	0.1	7.4		0.2	3.8	6.2	1.2		0.6	71.8	133.9				229.2
重庆	0.1	1.8	4.4	0.3	0.2		7.7		1.2		2.3	1.4		0.04	2.0	198.5				219.9

续表

注册地	采矿业	电力、热力、燃气及水生产和供应业	房地产业	建筑业	交通运输、仓储和邮政业	教育	金融业	居民服务、修理和其他服务业	科学研究和技术服务业	农、林、牧、渔业	批发和零售业	水利、环境和公共设施管理业	卫生和社会工作	文化、体育和娱乐业	信息传输、软件和信息技术服务业	制造业	住宿和餐饮业	综合	租赁和商务服务业	总计
四川		3.4		1.6	0.2		7.6		1.3	0.4	1.1	1.0	0.4	2.9	24.3	130.7		0.1	0.2	175.3
湖南	0.3	1.9		0.6	0.1	1.3	13.6		0.1	1.9	13.6	0.6	1.4	5.0	0.8	99.1	0.1			140.4
福建	1.1	0.6	0.5	0.2	0.9	1.3	12.0		0.3	0.9	20.0	0.1	0.6		12.2	80.0			2.3	133.0
新疆	17.3	1.3		0.4	0.1		18.5		0.1	0.1	0.5		0.1	0.2	0.5	70.4			3.4	112.6
陕西	5.6	0.6	0.2	2.0		0.3	5.5		0.01		2.2	0.6	1.3	0.02	4.6	79.8	0.1		0.1	102.9
辽宁	0.6	13.3			7.6	0.1				0.6	4.7	0.04		1.4	9.8	52.3				90.4
河南	4.3	0.6		0.3	0.6		16.6		0.7	0.4		0.1			3.7	45.2				72.5
吉林		1.5	0.2	0.4	0.01		6.1				0.2	0.8			7.0	51.9				68.1
江西	0.2	1.1			0.2		0.004		0.02		7.1	0.7		1.7	0.1	54.6				65.8
黑龙江		0.1		0.2	0.02		7.9			0.3	0.01				8.6	43.9				61.0
云南	2.0	4.7	5.8				5.5			0.2	1.4	0.3			1.5	39.5				60.8

续表

注册地	采矿业	电力、热力、燃气及水生产和供应业	房地产业	建筑业	交通运输、仓储和邮政业	教育	金融业	居民服务、修理和其他服务业	科学研究和技术服务业	农、林、牧、渔业	批发和零售业	水利、环境和公共设施管理业	卫生和社会工作	文化、体育和娱乐业	信息传输、软件和信息技术服务业	制造业	住宿和餐饮业	综合	租赁和商务服务业	总计
内蒙古	0.8	2.0										0.1				57.6				60.6
海南	0.4		1.3		0.2		0.3			0.4				0.2		48.1		0.8		51.8
广西		2.0	0.05		1.0		5.8		0.4	0.04	0.9	0.5			5.0	20.1		0.1		35.9
山西	2.5	2.3			2.2						2.2				0.2	26.0			0.01	35.4
贵州	0.1	1.8			1.8		3.7		0.4		8.3				2.2	15.6				33.8
甘肃	2.1	0.1					4.6		0.5	0.2	0.2		0.8	0.3		12.3				21.1
西藏	0.2		0.01				4.2		0.2			0.2			0.7	13.9				19.5
青海				0.1												6.3				6.4
宁夏		0.5			0.1					0.02	0.3					3.6				4.5

7.3 上市公司 2022 年知识产权资产增量情况

7.3.1 约八成上市公司无形资产和知识产权资产处于增长态势

分析 A 股上市公司 2022 年无形资产、知识产权资产以及专利技术资产的增量情况，如图 7－8 所示，2022 年上市公司无形资产账面原值的期初余额为 62102.6 亿元，期末余额为 68714.2 亿元，共计增加 6611.6 亿元，增幅为 10.6%，增幅与 2021 年基本持平（2021 年增幅为 10.7%）；知识产权资产增加 1343.9 亿元，增幅高于无形资产整体增幅，达到了 14.6%，比 2021 年提升了 0.6 个百分点；专利技术资产增加 236.3 亿元，增幅为 10.9%，低于 2021 年 14.7% 的增幅。

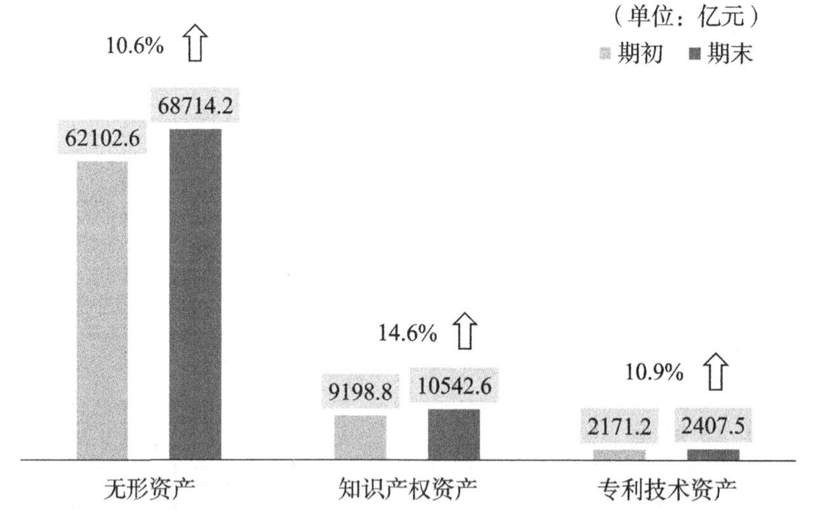

图 7－8 上市公司 2022 年无形资产、知识产权资产、专利技术资产增量

从 A 股上市公司 2022 年无形资产、知识产权资产、专利技术资产增量对应的上市公司数量来看，如图 7－9 所示，在无形资产方面，共计

4018 家公司处于增长状态，比 2021 年增加了 481 家，约占公司总量的 81.5%，比 2021 年提高 3.3 个百分点，处于下降状态的公司共计 601 家；在知识产权资产方面，处于增长状态的公司共计 3728 家，比 2021 年增加了 360 家，占公司总量的比例为 75.6%，比 2021 年提升了 1.2 个百分点；在专利技术资产方面，处于增长状态的公司仅有 907 家，比 2021 年增加了 125 家，占公司总量的 18.4%，比 2021 年回落了 2.6 个百分点，而共有 3842 家公司的专利技术资产在 2022 年没有变化，约占公司总量的 77.9%。

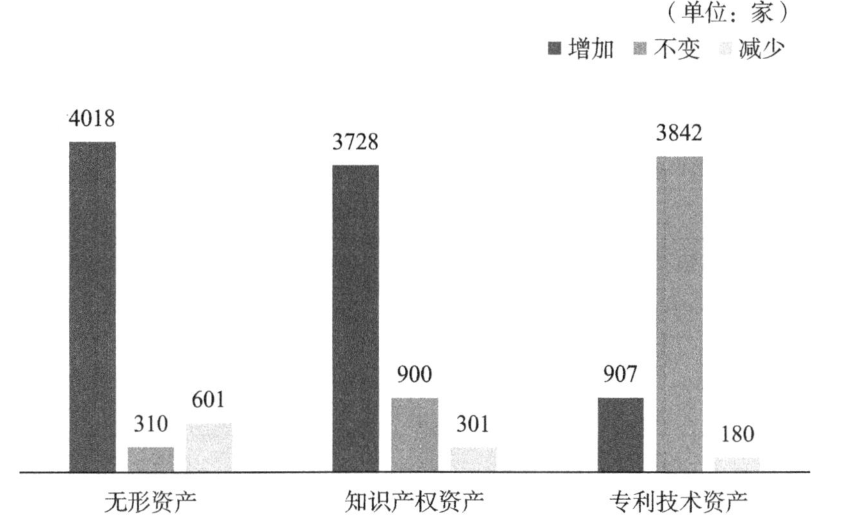

数据来源：上市公司2022年年报

图 7－9　2022 年无形资产、知识产权资产及专利技术资产增量对应的上市公司

7.3.2　无形资产、知识产权资产、专利技术资产增量最多的均为制造业

从各行业上市公司无形资产、知识产权资产、专利技术资产增量情况来看，如表 7－6 所示，2022 年无形资产、知识产权资产、专利技术资产增量最多的均为制造业，这与制造业所涉及的企业数量最多有一定关系，六成以上的上市企业分布在制造业，将各资产增量平均到制造业的每家上

市公司，资产增量并不突出。无形资产增量排名第二和第三的分别为建筑业和采矿业；知识产权资产增量较多的行业还包括信息传输、软件和信息技术服务业，金融业和建筑业；专利技术资产增量排名第二和第三的行业分别是信息传输、软件和信息技术服务业，批发和零售业。

表 7－6　各行业无形资产、知识产权资产及专利技术资产增量

序号	行业分类	无形资产增量（亿元）	知识产权资产增量（亿元）	专利技术资产增量（亿元）
1	制造业	2611.7	608.3	210.9
2	建筑业	1188.6	165.0	0.7
3	采矿业	746.3	14.7	1.6
4	交通运输、仓储和邮政业	540.4	37.6	−0.3
5	金融业	469.2	170.7	0.8
6	信息传输、软件和信息技术服务业	376.5	274.8	10.5
7	电力、热力、燃气及水生产和供应业	285.1	10.9	3.0
8	水利、环境和公共设施管理业	219.9	3.0	1.4
9	文化、体育和娱乐业	42.6	3.5	0.2
10	租赁和商务服务业	37.6	8.4	0.4
11	房地产业	33.1	4.8	0.4
12	科学研究和技术服务业	25.3	8.5	1.2
13	批发和零售业	19.9	28.3	6.2
14	卫生和社会工作	5.4	1.7	−0.5
15	住宿和餐饮业	4.4	0.7	
16	农、林、牧、渔业	4.3	2.1	0.6
17	综合	4.2	0.7	−0.1
18	居民服务、修理和其他服务业	−0.002	−0.002	−0.0003
19	教育	−2.8	0.07	

数据来源：上市公司 2022 年年报

7.3.3　北京和广东上市公司无形资产、知识产权资产增量排前两位

从各省市上市公司的无形资产、知识产权资产、专利技术资产增量情况来看，如表7-7所示，各省市在无形资产、知识产权资产方面均处于正增长状态，北京、内蒙古、甘肃、青海在专利技术资产方面出现负增长。其中在无形资产增量方面，北京排名第一，广东排名第二；在知识产权资产增量方面，北京仍然排第一位，广东排第二位，两省市相差不大；在专利技术资产增量方面，排名前三的省市分别为广东、江苏和湖北。

表7-7　各省市上市公司无形资产、知识产权资产及专利技术资产增量情况

地区	无形资产增量（亿元）	知识产权资产增量（亿元）	专利技术资产增量（亿元）
北京	1749.6	340.1	-4.8
广东	1021.0	303.5	60.2
浙江	391.0	48.6	10.2
福建	347.9	14.6	3.0
上海	322.5	135.3	20.3
安徽	295.1	44.3	5.8
江苏	284.9	72.2	31.3
山东	283.4	41.0	14.0
天津	234.1	38.2	16.8
河南	202.2	11.5	0.1
湖北	201.4	42.2	23.4
四川	194.9	26.5	8.8
新疆	178.8	15.7	7.5
河北	129.1	46.0	7.6
江西	125.0	12.7	3.8
内蒙古	112.0	20.1	-1.8
重庆	84.9	48.2	1.6
陕西	67.1	8.8	0.5

续表

地区	无形资产增量（亿元）	知识产权资产增量（亿元）	专利技术资产增量（亿元）
贵州	65.2	4.8	1.7
山西	56.3	6.5	1.3
辽宁	48.3	10.6	5.7
湖南	44.2	15.2	3.2
云南	35.8	14.7	11.1
西藏	33.7	3.8	1.4
广西	23.2	3.8	1.0
甘肃	20.9	1.2	-0.4
黑龙江	20.3	7.9	0.6
宁夏	20.1	1.2	0.4
海南	10.0	1.6	0.04
青海	6.6	0.2	-0.003
吉林	2.1	3.0	1.8

数据来源：上市公司2022年年报

7.4 科创板上市公司2022年知识产权资产概况及行业分析

7.4.1 上海科创板上市公司拥有的无形资产、知识产权资产及专利技术资产遥遥领先于其他省市

本节以494家科创板上市公司为分析样本，如表7-8所示，科创板上市公司主要分布在江苏、上海、广东、北京及浙江等地区，分布在前五省市的公司数量占总量的72.3%。从各省市科创板上市公司披露的无形资产来看，上海科创板上市公司拥有的无形资产遥遥领先于其他省市，无形资产总量排名第二和第三的分别是江苏和北京。在知识产权资产方面，资产总量排在前三位的是上海、天津和北京，天津的知识产权资产总量占

无形资产的比例达到93.5%。在专利技术资产方面，上海拥有的资产总量也远高于其他省市，达到了73.3亿元，同比增长16.7%，比排名第二的北京多57.8亿元。从专利技术资产占知识产权资产的比例来看，上海的占比也最高，达61.7%，安徽和湖南的专利技术资产占知识产权资产比重也较高，均在50%以上。

表7-8 各省市科创板上市公司2022年无形资产、知识产权资产及专利技术资产情况

注册地	上市公司数量（家）	无形资产总量（亿元）	知识产权资产		专利技术资产	
			总量（亿元）	占无形资产比例	总量（亿元）	占知识产权资产比例
江苏	96	129.8	34.4	26.5%	10.6	30.7%
上海	78	253.1	118.7	46.9%	73.3	61.7%
广东	75	86.8	31.1	35.8%	13.1	42.2%
北京	66	128.6	48.4	37.6%	15.5	31.9%
浙江	42	57.7	9.0	15.6%	1.2	13.5%
山东	20	27.1	6.3	23.3%	2.5	39.9%
安徽	19	20.8	4.8	23.2%	2.8	57.7%
四川	17	9.7	3.1	32.1%	0.7	23.9%
湖南	14	43.1	16.5	38.3%	9.3	56.5%
湖北	12	12.7	3.7	29.2%	0.7	18.1%
陕西	12	29.9	2.3	7.6%	1.1	49.4%
福建	8	9.9	0.5	5.3%	0.1	9.7%
辽宁	8	9.1	2.4	26.1%	0.2	8.0%
天津	7	82.0	76.7	93.5%	11.4	14.8%
河南	5	8.4	0.6	7.1%	0.2	30.5%
江西	5	25.3	2.6	10.3%	0.5	18.7%
贵州	3	3.0	0.4	12.7%	0.1	21.8%
黑龙江	2	0.9	0.1	6.8%	0.01	17.8%
吉林	2	4.2	2.7	63.9%	0.6	21.9%
海南	1	2.3				

续表

注册地	上市公司数量（家）	无形资产总量（亿元）	知识产权资产		专利技术资产	
			总量（亿元）	占无形资产比例	总量（亿元）	占知识产权资产比例
新疆	1	6.1	0.2	3.1%		
重庆	1	0.3	0.2	73.0%	0.04	18.8%

数据来源：上市公司 2022 年年报

7.4.2　制造业上市公司拥有的无形资产、知识产权资产与专利技术资产最多

从科创板上市公司所属行业分类来看，如表 7－9 所示，2022 年科创板上市公司共涉及 4 个行业。其中制造业拥有的科创板上市公司数量增加了 105 家，达到了 398 家，占总量的 80.6%。另外有 69 家公司属于信息传输、软件和信息技术服务业，18 家公司属于科学研究和技术服务业，9 家公司属于水利、环境和公共设施管理业。从各行业科创板上市公司拥有的无形资产、知识产权资产以及专利技术资产情况来看，因八成科创板上市公司属于制造业，制造业拥有的无形资产、知识产权资产与专利技术资产最多。从知识产权资产占无形资产的比例来看，信息传输、软件和信息技术服务业所占的比例最高，达到 53.0%。从专利技术资产占知识产权资产的比例来看，水利、环境和公共设施管理业所占的比例最高，达到 53.4%，其次为制造业，占比为 41.2%。

表 7－9　各行业科创板上市公司 2022 年无形资产、知识产权资产及专利技术资产情况

行业分类	上市公司数量（家）	无形资产总量（亿元）	知识产权资产		专利技术资产	
			总量（亿元）	占无形资产比例	总量（亿元）	占知识产权资产比例
制造业	398	853.9	323.9	37.9%	133.6	41.2%
信息传输、软件和信息技术服务业	69	63.6	33.7	53.0%	7.6	22.4%

续表

行业分类	上市公司数量（家）	无形资产总量（亿元）	知识产权资产		专利技术资产	
			总量（亿元）	占无形资产比例	总量（亿元）	占知识产权资产比例
科学研究和技术服务业	18	17.0	5.7	33.7%	1.9	33.6%
水利、环境和公共设施管理业	9	16.2	1.4	8.4%	0.7	53.4%

数据来源：上市公司2022年年报

7.4.3 超过五成的科创板上市公司未进行专利技术资产的披露

从科创板上市公司的知识产权资产披露情况来看，如图7－10所示，披露知识产权资产的上市公司共有473家，占总量的95.7%，仅有21家公司未披露知识产权资产。进一步对其专利技术资产的披露情况进行分析，披露专利技术资产的上市公司有219家，较2021年增加55家，占总量的44.3%，可见超过五成的科创板上市公司未进行专利技术资产的披露。

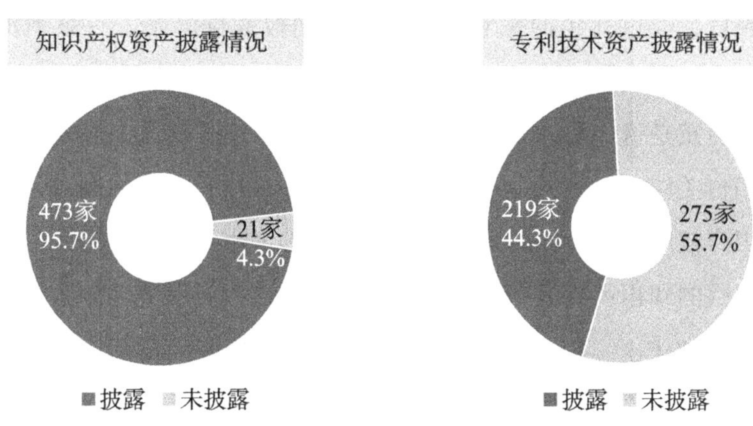

图7－10 科创板上市公司2022年知识产权资产和专利技术资产披露情况

第8章 科创板企业上市的知识产权要点

2023年6月13日，科创板迎来开板四周年；7月22日，是科创板开市四周年。数据显示，四年间科创板累计进行541起IPO、募资规模累计达8478亿元，每年科创板IPO募资规模占全部上市板比例在40%左右。[①]可见科创板的设立为我国科技创新注入了强大的资本动能，实现了资本和产业的有效对接。

自2018年11月5日，国家主席习近平在首届中国国际进口博览会开幕式上宣布设立科创板以来，鉴于其独立于现有主板市场且实行注册制试点的特殊性，经过几年的探索，我国为科创板量身定制了一系列法律法规、部门规章、业务规则等配套制度，奠定了其诞生的基础，并在实践中逐步完善，正是这一系列举措助力"硬科技"企业迎来发展的春天。

我们也关注到科创板上市企业的科创属性日益被重视的同时，其中涉及的知识产权问题也愈加凸显。目前科创板的上市制度中尚未专门出台一个系统完整的知识产权指引，与知识产权相关的内容更多地分散在各项规定制度的条款中。[*] 本章在梳理相关知识产权政策的基础上加以归纳总结，初步建立一个知识产权要点框架，帮助读者快速了解在科创板上市中

① 科创板四周年：累计进行541起IPO，募资规模达8478亿［EB/OL］.（2023－07－16）［2023－07－21］. https：//stock. cfi. cn/p20230716000114. html.

* 本章节涉及的法律政策收集时间截至2023年7月31日。

需要注意的知识产权问题。

8.1　科创板上市政策规定及条件

我国现行对科创板企业上市的相关政策规范体系主要由法律法规、部门规章、业务规则和业务指南构成。其中与知识产权相关的包括两部法律：《中华人民共和国证券法》和《中华人民共和国公司法》，部门规章、业务规则和业务指南则进一步细化了两部法律的原则性规定。本节通过梳理归纳相关内容，去繁就简，从下面五点内容择要列举科创板企业上市应满足的知识产权方面相关规定和必备条件。

8.1.1　科创板企业上市的知识产权门槛政策

科创板区别于主板及其他独立板块，自有其专门板块定位，应准确认识并尊重科技创新规律和科创企业的发展规律，针对特定领域的企业，匹配特殊的上市基础条件，处理好现实与目标、当前与长远的关系。知识产权作为企业科技创新能力的核心评价指标，既可能成为科创企业成功申请上市的“登天梯”，也可能会成为上市过程中的“拦路虎”，堪称一把双刃剑。

1. 科创板定位

《科创板首次公开发行股票注册管理办法（试行）（2020年7月修订）》（中国证券监督管理委员会（以下简称证监会）令第174号，以下简称《注册办法（试行）》）的第三条规定：“发行人申请首次公开发行股票并在科创板上市，应当符合科创板定位，面向世界科技前沿、面向经济主战场、面向国家重大需求。优先支持符合国家战略，拥有关键核心技术，科技创新能力突出，主要依靠核心技术开展生产经营，具有稳定的商业模式，市场认可度高，社会形象良好，具有较强成长性的企业。”2022年12月30日，上海证券交易所（以下简称上交所）修订的《上海证券交易所科创板企业发行上市申报及推荐暂行规定》（上证发〔2022〕171号，以下简称《上市申报及推荐暂行规定》）对此作出进一步详细规定，即“科创板优先支持符合国家科技创新战略、拥有关键核心技术等先进技术、科技创新能力突出、科技成果转化能力突出、行业地位突出或者市场认可度高等的科技创新企业发行上市”。该规定不仅新增了对科技成果转化能力和企业的行业地位的要求，而且进一步突出强调了“科技创新性”，更加明确了科创板的定位。

《上市申报及推荐暂行规定》进一步规范了科创板上市企业的所属行业领域，划定了限制领域、禁止领域。如表 8 – 1 所示。

表 8 – 1　科创板上市企业领域分类

<table>
<tr><td rowspan="7">支持领域</td><td>新一代信息技术领域</td><td>主要包括半导体和集成电路、电子信息、下一代信息网络、人工智能、大数据、云计算、软件、互联网、物联网和智能硬件等</td></tr>
<tr><td>高端装备领域</td><td>主要包括智能制造、航空航天、先进轨道交通、海洋工程装备及相关服务等</td></tr>
<tr><td>新材料领域</td><td>主要包括先进钢铁材料、先进有色金属材料、先进石化化工新材料、先进无机非金属材料、高性能复合材料、前沿新材料及相关服务等</td></tr>
<tr><td>新能源领域</td><td>主要包括先进核电、大型风电、高效光电光热、高效储能及相关服务等</td></tr>
<tr><td>节能环保领域</td><td>主要包括高效节能产品及设备、先进环保技术装备、先进环保产品、资源循环利用、新能源汽车整车、新能源汽车关键零部件、动力电池及相关服务等</td></tr>
<tr><td>生物医药领域</td><td>主要包括生物制品、高端化学药、高端医疗设备与器械及相关服务等</td></tr>
<tr><td>符合科创板定位的其他领域</td><td></td></tr>
<tr><td>限制领域</td><td colspan="2">金融科技、模式创新</td></tr>
<tr><td>禁止领域</td><td colspan="2">房地产、金融类、投资类</td></tr>
</table>

支持领域中的六大技术领域与近年来PCT专利申请的热点技术领域，如数字通信、计算机技术、医疗技术、新能源、高端装备等基本保持一致。[①] 因此，可以认为科创板企业多为技术密集型企业。对技术密集型企业来说，科技创新能力是最重要的核心竞争力。拥有的知识产权的量与质是衡量企业科技创新能力的直接指标，也是帮助科创企业上市的利器。

2. 科创属性评价指标中的知识产权

2021年4月16日，证监会公布了《关于修改〈科创属性评价指引（试行）〉的决定》（证监会公告〔2021〕8号），指出为“落实科创板定位，支持和鼓励硬科技企业在科创板上市”，制定了两套科创属性评价指标，企业如果符合其中一套指标中的相应条件，即可申报上市。2022年12月30日，证监会公布了再次修改的决定，总体沿用了之前的评价指标，仅对个别地方进行了调整。

科创属性第一套评价指标由研发投入、研发人员、发明专利数量及营业收入四个方面组成，其中明确规定，科创板上市企业需具有形成主营业务收入的发明专利5项以上，软件行业可以除外，但其研发投入占比应在10%以上。《上市申报及推荐暂行规定》进一步指出发明专利也可以包含国防专利。[②]

无法适用第一套评价指标上市的科创企业，为了支持和鼓励符合科创板定位规定的相关行业领域企业上市，证监会制订了第二套评价指标，规定符合其中之一情形的企业即有资格申报科创板上市，主要考核的方面为：“（一）拥有的核心技术经国家主管部门认定具有国际领先、引领作用或者对于国家战略具有重大意义；（二）作为主要参与单位或者核心技术人员作为主要参与人员，获得国家自然科学奖、国家科技进步奖、国家技术发明奖，并将相关技术运用于主营业务；（三）独立或者

① 董新蕊，彭锐，王一．知识产权管理如何助力企业登陆科创板［J］．中国发明与专利，2019（007）：18－21.

② 参见《上海证券交易所科创板企业发行上市申报及推荐暂行规定（2022年12月修订）》第五条、第六条。

牵头承担与主营业务和核心技术相关的国家重大科技专项项目；（四）依靠核心技术形成的主要产品（服务），属于国家鼓励、支持和推动的关键设备、关键产品、关键零部件、关键材料等，并实现了进口替代；（五）形成核心技术和应用于主营业务的发明专利（含国防专利）合计 50 项以上。”虽然这套指标对企业的研发投入、研发人员及营业收入并未提出要求，进一步增强了包容性，但是大幅提高了对企业核心技术及核心技术人员的要求，特别是对技术的先进性、独立性、战略性树立了很高的标准，提高了科创企业凭借技术上市的门槛，凸显了科创板姓“科”的属性。

8.1.2 知识产权权属

知识产权作为科创板上市公司的核心无形资产，是企业具有市场竞争力的核心资源，更与企业主营产品、特色服务具有千丝万缕的内在联系。企业要想登陆科创板成功上市，应确保其知识产权权属关系清晰，内容完整，企业能够合法、自由运用于生产，如果知识产权权属存在重大问题，轻则会对企业的独立性经营造成重大影响，重则会中断科创板上市之路。当前政策中对知识产权权属的规定主要分为下面三类：

第一，知识产权权属和来源的相关规定。《公开发行证券的公司信息披露内容与格式准则第 41 号——科创板公司招股说明书》（证监会公告〔2019〕7 号，以下简称《第 41 号准则》）第五十四条规定“发行人应……披露发行人的核心技术是否取得专利或其他技术保护措施……”，该公告第六十二条还规定“（一）资产完整方面。生产型企业……合法拥有与生产经营有关的主要土地、厂房、机器设备以及商标、专利、非专利技术的所有权或者使用权……”。《公开发行证券的公司信息披露内容与格式准则第 61 号——上市公司向特定对象发行证券募集说明书和发行情况报告书》（证监会公告〔2023〕8 号）第十五条明确指出，通过募集资金收购非股权资产的，标的资产的基本情况需明确“资产权属是否清晰，是否存在权利受限、权属争议或者妨碍权属转移的其他情况”。以上规定明确了企业应具备知识产权的所有权和使用权，将知识产权和企业生产经营紧密结合，纳入了企业经营性的考察范围。

第二，合作研发技术知识产权归属的相关规定。新技术、新产品的研发不仅风险高，而且囿于各种原因，企业自主研发存在现实困难，不少科创企业选择与国内行业内研发能力较高的科研院所进行合作开发，针对这类情况，《第 41 号准则》第五十四条规定："与其他单位合作研发的，还应披露合作协议的主要内容，权利义务划分约定及采取的保密措施等。"实践中常可见因委托开发与合作开发引起的权属纠纷，事前订立协议有助于分清各方权责义务，知识产权是独创性还是引进型更是上交所审核公司是否具备科技创新能力的重要衡量标准。如若发生争议，主要依据双方是否都进行了投资以及是否都派出了人员参与、共同完成了创造性贡献来判断知识产权归属。[①]

第三，知识产权权属纠纷对持续经营影响的相关规定。科创板企业的性质决定了发行人主要运用核心技术开展经营活动，知识产权如果出现权属纠纷将直接影响生产主营产品和服务，进而影响企业营收。若被判决败诉，企业生产经营的产品或业务的合法合规性难以为继，不仅相关业务线不能继续生产，还需要承担相应的赔偿责任，一旦给其持续经营能力造成严重的负面影响，就无法拿到上交所的"通行卡"，亦会让其他投资者对其生产能力产生怀疑。鉴于科创板企业的特殊性，无论是证监会的部门规章还是上交所发布的业务规则，有多份不同的文件对此类问题反复作出了规定。

其中，《第 41 号准则》第五十三条、第六十二条第七项与《注册办法（试行）》第十二条第三项对此作出了基本相同的规定，例如《注册办法（试行）》第十二条第三项规定："发行人不存在主要资产、核心技术、商标等的重大权属纠纷，重大偿债风险，重大担保、诉讼、仲裁等或有事

① 马天旗．科创板企业上市知识产权指南［M］．北京：知识产权出版社，2021.

项，经营环境已经或者将要发生重大变化等对持续经营有重大不利影响的事项。”《第 41 号准则》第五十三条规定：“发行人应披露对主要业务有重大影响的主要固定资产、无形资产等资源要素的构成，分析各要素与所提供产品或服务的内在联系，是否存在瑕疵、纠纷和潜在纠纷，是否对发行人持续经营存在重大不利影响。发行人与他人共享资源要素的，如特许经营权，应披露共享的方式、条件、期限、费用等。”该条强调了知识产权与生产产品或者服务的内在关系，特别指出了潜在纠纷对持续生产经营能力的威胁。

《监管规则适用指引——发行类第 4 号》4 -9 规定：“涉及主要产品、核心商标、专利、技术等方面的诉讼或仲裁可能对发行人生产经营造成重大影响，或者诉讼、仲裁有可能导致发行人实际控制人变更，或者其他可能导致发行人不符合发行条件的情形，保荐机构和发行人律师应在提出明确依据的基础上，充分论证该等诉讼、仲裁事项是否构成本次发行的法律障碍并审慎发表意见。”由此可见，知识产权的纠纷可能会对发行人上市发行产生不利影响。

《上海证券交易所科创板股票上市规则（2020 年 12 月修订）》（上证发〔2020〕101 号，以下简称《上市规则》）将“核心商标、专利、专有技术、特许经营权或者核心技术许可丧失、到期或者出现重大纠纷”列为重大风险事项，要求企业及时披露其对公司核心竞争力和持续经营能力的具体影响，指出知识产权的许可丧失和到期对企业经营的潜在风险。

8.1.3　核心技术人员

如果将知识产权比作科创板企业的“生命线”，那么肩负创造和维护这条“生命线”职责的企业核心技术人员对科创板企业能否满足上市条件具有重大作用。他们区别于企业控股股东、实际控制人、董事、监事、高级管理人员，不仅作为企业自主研发的生力军，确保企业具有不竭的科技创新能力，而且通过薪酬、股权、签订协议等方式与企业的运营有密切的联系，对企业上市和发展有多重影响，近年来日益得到更多的关注。本小节将梳理当前政策中关于核心技术人员的有关规定。

首先，界定核心技术人员的范围。根据《第41号准则》第五十四条第四款的规定，发行人应披露核心技术人员占员工总数的比例、学历背景构成，取得的专业资质、重要科研成果和获得奖项情况，对公司研发的具体贡献等，转板到科创板的企业也需披露如上信息。[①] 该条明确了科创板上市企业中的核心技术人员应当是具备一定的专业技术背景和科研能力的人员。

第二，公开披露核心技术人员的基本情况。核心技术人员的相关信息在一定程度上反映及决定了公司的技术方向和发展趋势，加之科创板适用注册制的特殊制度，适度披露核心技术人员的相关信息便于投资者合理决策。《第41号准则》第四十三条规定，发行人应披露核心技术人员的简要情况，主要包括：姓名、国籍及境外居留权；性别、年龄；学历及专业背景、职称；主要业务经历及实际负责的业务活动；对发行人设立、发展有重要影响的核心技术人员，还应披露其创业或从业历程；曾经担任的重要职务及任期；现任发行人的职务及任期；核心技术人员的兼职情况及所兼职单位与发行人的关联关系，与发行人其他董事、监事、高级管理人员及核心技术人员的亲属关系。转板企业也需披露如上信息。

第三，关注核心技术人员的稳定性。《注册办法（试行）》第十二条第二项和《第41号准则》第六十二条第六项规定，发行人核心技术人员稳定，最近2年内核心技术人员没有发生重大不利变化。

第四，重视核心技术人员的法律属性。核心技术人员不仅自身作为一个独立行为体与外界缔结各类法律关系，而且通过技术参与到科创企业的建设中，依据公司的管理制度参与日常生产经营签订的各类协议，可能会

---

① 上海证券交易所科创板发行上市审核规则适用指引第4号——转板上市报告书内容与格式（上证发〔2021〕58号）［EB/OL］第四十八条．（2021-07-23）［2023-06-12］．http：//www.sse.com.cn/lawandrules/sselawsrules/stocks/review/flap/c/c_20230209_5715910.shtml.

引起相关的法律纠纷进而对公司的发展产生重大影响，发行人应及时进行披露。例如，企业内部管理中，发行人应披露与核心技术人员所签订的对投资者作出价值判断和投资决策有重大影响的协议，公布有关协议的履行情况，当发行人的核心技术人员所持股份发生被质押、冻结或发生诉讼纠纷等情形的，应充分披露上述情形的产生原因及对发行人可能产生的影响。① 对外投资经济活动中，发行人应披露核心技术人员与发行人及其业务相关的对外投资情况，包括投资金额、持股比例、有关承诺和协议，对于存在利益冲突情形的，应披露解决情况。② 若资产交易涉及重大资产购买的，需结合行业特点，披露拟购买资产主营业务的具体情况，包括核心技术人员特点分析及变动情况等。③ 在司法活动中，发行人应披露核心技术人员作为一方当事人可能对发行人产生影响的刑事诉讼、重大诉讼或仲裁事项，主要包括：案件受理情况和基本案情；诉讼或仲裁请求；判决、裁决结果及执行情况；诉讼、仲裁案件对发行人的影响；核心技术人员最近3年涉及行政处罚、被司法机关立案侦查、被中国证监会立案调查情况。④ 当核心技术人员涉嫌犯罪被司法机关采取强制措施的时候，上市公司、保荐机构、保荐代表人应当就相关事项对公司核心竞争力和日常经营的影响，以及是否存在其他未披露重大风险发表意见并披露。⑤

8.1.4　核心技术

一个企业的从无到有、从小到大、从弱到强是经年累月、勇于开拓的过程，核心技术的研发也非一日之功。如科创板企业的定位所述，国家优

---

① 《公开发行证券的公司信息披露内容与格式准则第41号——科创板公司招股说明书》第四十四条。

② 《公开发行证券的公司信息披露内容与格式准则第41号——科创板公司招股说明书》第四十六条。

③ 《公开发行证券的公司信息披露内容与格式准则第26号——上市公司重大资产重组》第二十一条。

④ 《公开发行证券的公司信息披露内容与格式准则第41号——科创板公司招股说明书》第九十六条。

⑤ 《上海证券交易所科创板股票上市规则（2020年12月修订）》。

先支持具有关键核心先进技术、科技创新能力突出、科技成果转化能力突出、行业地位突出或者市场认可度高等的科技创新企业发行上市，因此掌握核心技术是科创板企业上市的“敲门砖”。科创板企业需坚守科创定位，坚持依靠核心技术开展生产经营，做好相关的知识产权管理工作，将核心技术的成果转化与公司高质量发展相连，成为推动自身不断成长的动力源。当前，科创板中与核心技术相关的政策如下。

第一，核心技术的披露要求。核心技术是企业科技创新实力的凝练体现，决定着企业未来发展的潜力和市场竞争力，对投资人来说，获知披露的相关信息尤为重要。当前政策中对核心技术信息的披露内容进行了专门规定。结合《第41条准则》第五十条、第五十四条，《上海证券交易所科创板发行上市审核规则适用指引第4号——转板上市报告书内容与格式》第四十八条的内容，整合梳理如下，如表8-2所示。

表8-2　科创板上市企业核心技术披露要求

<table>
<tr><td rowspan="4">核心技术披露要求</td><td>核心技术来源</td><td>发行人应披露主要产品或服务的核心技术及技术来源，核心技术是否取得专利或其他技术保护措施，如核心技术是否权属清晰。与其他单位合作研发的，还应披露合作协议的主要内容，权利义务划分约定及采取的保密措施等</td></tr>
<tr><td rowspan="2">核心技术先进性</td><td>行业指征。披露所属行业在新技术、新产业、新业态、新模式等方面近三年的发展情况和未来发展趋势，发行人取得的科技成果与产业深度融合的具体情况；结合行业技术水平和对行业的贡献，披露技术先进性及具体表征</td></tr>
<tr><td>竞争优势。披露发行人产品或服务的市场地位、技术水平及特点、行业内的主要企业、竞争优势与劣势、行业发展态势、面临的机遇与挑战，以及上述情况在报告期内的变化及未来可预见的变化趋势</td></tr>
<tr><td>核心技术科研实力和成果情况</td><td>获得的重要奖项，承担的重大科研项目，核心学术期刊论文发表情况</td></tr>
</table>

第二，考核核心技术的科研创新能力。科创板企业往往是“高精尖”

技术的代表，从最开始的研究开发到试运行和正式投产，通常都需要经历一个漫长的过程，其拥有的核心技术更需以优秀的科研能力作为强力支撑。发行方应及时披露与产品或服务有关的技术情况，特别是募集资金用于研发投入、科技创新、新产品开发生产的，应披露其具体安排及其与发行人现有主要业务、核心技术之间的关系。[①] 各方应准确把握科技创新企业的运行特点，充分评估企业科技创新能力。一是发行人应披露正在从事的研发项目、所处阶段及进展情况、相应人员、经费投入、拟达到的目标；结合行业技术发展趋势，披露相关科研项目与行业技术水平的比较；披露报告期内研发投入的构成、占营业收入的比例。[②] 二是重点关注科创板上市企业是否拥有高效的研发体系，是否具备持续创新能力，是否具备突破关键核心技术的基础和潜力，包括但不限于研发管理情况、研发人员数量、研发团队构成及核心研发人员背景情况、研发投入情况、研发设备情况、技术储备情况。

8.1.5 知识产权信息披露

真实、准确、及时、完整的信息披露是上市公司的法定义务，特别是作为试行注册制的科创板，无论是上交所还是其他监管部门，其工作核心在于落实以信息披露为中心的理念，最大限度保证科创板上市公司能完整、连续、充分、如实地披露相关信息，最大限度保持市场的透明度，帮助投资者作出正确判断，确保整体市场的规范有序。综合现有部门规章、业务规则等公告内容，可将现有知识产权信息披露规定主要分为三类内容：信息披露规则要求、知识产权风险披露及豁免披露信息的条件。下文将逐一归纳总结，其中知识产权风险披露与前文有关内容有相似之处，在此仅做简要梳理总结。

---

① 《公开发行证券的公司信息披露内容与格式准则第 41 号——科创板公司招股说明书》第八十六条。

② 《公开发行证券的公司信息披露内容与格式准则第 41 号——科创板公司招股说明书》第五十四条。

第一，信息披露规则要求。首先，需满足信息披露的最低要求。发行人申请首次公开发行股票并在科创板上市，应当按照中国证监会制定的信息披露规则，编制并披露招股说明书，保证相关信息真实、准确、完整。信息披露内容应当简明易懂，语言应当浅白平实，以便投资者阅读、理解。中国证监会制定的信息披露规则是信息披露的最低要求。不论上述规则是否有明确规定，凡是对投资者作出价值判断和投资决策有重大影响的信息，发行人均应当予以披露。① 其次，明确知识产权信息披露范围。发行人应披露商标、专利、非专利技术、土地使用权等主要无形资产的价值、取得方式和时间、使用情况、使用期限或保护期，以及对发行人生产经营的重大影响。发行人允许他人使用自己所有的资产，或作为被许可方使用他人资产的，应简介许可合同的主要内容，主要包括许可人、被许可人、许可使用的具体资产内容、许可方式、许可年限、许可使用费等。若发行人所有或使用的资产存在纠纷或潜在纠纷的，应明确提示。② 在提供产权证书清单时，除上述列举内容外，还需列明证书号码、是否及存在何种他项权利等内容。③

第二，知识产权风险披露。风险披露是上交所关注的重点内容，发行人应当根据自身特点，有针对性地披露行业特点、业务模式、公司治理、发展战略、经营政策、会计政策，充分披露科研水平、科研人员、科研资金投入等相关信息，并充分揭示可能对公司核心竞争力、经营稳定性以及未来发展产生重大不利影响的风险因素，④ 便于投资者做出合理决策。与知识产权风险直接相关的重大不利影响可梳理为技术风险、管理风险、法律风险三类，主要规定如表8－3所示。

---

① 《科创板首次公开发行股票注册管理办法（试行）（2020年7月修订）》第三十四条。

② 《公开发行证券的公司信息披露内容与格式准则第43号——科创板上市公司向不特定对象发行证券募集说明书》第三十一条。

③ 《公开发行证券的公司信息披露内容与格式准则第58号——首次公开发行股票并上市申请文件》附录7－1－1。

④ 《科创板首次公开发行股票注册管理办法（试行）（2020年7月修订）》第三十九条。

表 8－3　科创板上市企业知识产权风险分类

<table>
<tr><th>风险分类</th><th>具体规定</th><th>政策来源</th></tr>
<tr><td rowspan="2">技术风险</td><td>技术升级迭代、研发失败、技术专利许可或授权不具排他性、技术未能形成产品或实现产业化等风险</td><td>《公开发行证券的公司信息披露内容与格式准则第 41 号——科创板公司招股说明书》第三十三条（一）</td></tr>
<tr><td>主要产品、业务或者所依赖的基础技术研发失败或者被禁止使用</td><td>《上海证券交易所科创板股票上市规则（2020 年 12 月修订）》8.2.4（五）</td></tr>
<tr><td rowspan="3">管理风险</td><td>管理经验不足，特殊公司治理结构，依赖单一管理人员或核心技术人员等</td><td>《公开发行证券的公司信息披露内容与格式准则第 41 号——科创板公司招股说明书》第三十三条（三）</td></tr>
<tr><td>核心技术人员离职</td><td>《上海证券交易所科创板股票上市规则（2020 年 12 月修订）》3.2.8（二）</td></tr>
<tr><td>发行人控股股东、实际控制人、控股子公司、董事、监事、高级管理人员和核心技术人员涉及的重大诉讼或仲裁事项比照上述标准执行</td><td>《监管规则适用指引——发行类第 4 号》4－9（3）</td></tr>
<tr><td rowspan="3">法律风险</td><td>重大技术、产品纠纷或诉讼风险，土地、资产权属瑕疵，股权纠纷，行政处罚等方面对发行人合法合规性及持续经营的影响</td><td>《公开发行证券的公司信息披露内容与格式准则第 41 号——科创板公司招股说明书》第三十三条（五）</td></tr>
<tr><td>涉及主要产品、核心商标、专利、技术等方面的诉讼或仲裁可能对发行人生产经营造成重大影响，或者诉讼、仲裁有可能导致发行人实际控制人变更，或者其他可能导致发行人不符合发行条件的情形，保荐机构和发行人律师应在提出明确依据的基础上，充分论证该等诉讼、仲裁事项是否构成本次发行的法律障碍并审慎发表意见</td><td>《监管规则适用指引——发行类第 4 号》4－9（4）</td></tr>
<tr><td>核心知识产权、特许经营权或者核心技术许可丧失、不能续期或者出现重大纠纷</td><td>《上海证券交易所科创板股票上市规则（2020 年 12 月修订）》3.2.8（三）</td></tr>
</table>

第三，豁免披露信息的条件。信息披露虽是科创板企业上市的义务，但并不意味着所有的企业信息都应对外公开，鉴于科创板企业的特殊性，应划定一条信息公开的底线，制定相应的信息披露豁免制度，保护企业的合理商业秘密信息，保证企业的合法权利不受恶意侵犯。第一，科创企业应当严格管理信息披露暂缓、豁免事项，建立相应的内部管理制度，明确信息披露暂缓、豁免事项的内部审核程序。规定的内部管理制度经科创企业董事会审议通过后，在上交所及企业网站披露。第二，信息披露义务人拟披露的信息存在不确定性，属于临时性商业秘密等情形，及时披露可能损害企业利益或者误导投资者的，可以暂缓披露。第三，科创企业和相关信息披露义务人拟披露的信息属于商业秘密、商业敏感信息，按照《上市规则》披露或者履行相关义务可能引致不当竞争、损害公司及投资者利益或者误导投资者的，可以豁免披露。拟披露的信息被依法认定为国家秘密，按照《上市规则》披露或者履行相关义务可能导致其违反境内法律法规或危害国家安全的，可以豁免披露。第四，暂缓、豁免披露的信息应当符合下列条件：相关信息尚未泄露；有关内幕信息知情人已书面承诺保密；公司股票及其衍生品种的交易未发生异常波动。[1]

8.2 科创板知识产权上市问询及审核

科创板在制度上的一大创新在于将发行审核权下放到上交所，首先由上交所负责科创板上市受理和审核，之后由上市审核委员会（以下简称上市委）召开会议对上交所审核机构出具的审核报告及发行人上市申请文件进行审议并提出审议意见，上交所结合上市委审议意见，将审核通过的上市申请文件等报送证监会。证监会负责科创板股票发行注册及对上交

① 《上海证券交易所科创板上市公司自律监管指引第1号——规范运作》7.1.2－7.1.5。

所审核工作进行监督，强化全过程监管。目前科创板上市已实现受理和审核全流程电子化，全流程重要节点均对社会公开，提高了审核效率，减轻了企业负担，大大缩短了科创板企业上市的审核时间。审核权的下放并不意味着上市公司能够轻易通过上交所的审核，鉴于科创板注册制的特点，投资人少了监管机构对企业盈利能力的担保，具有更为自主的市场投资判断空间，凸显了上市过程中信息披露为核心的理念。但发行人往往可能要经历上交所、证监会的多轮问询，在问询的回复中将生产经营中的重要事项真实、完整、充分、及时披露出来，才能通过审核顺利注册发行。在问询过程中，常常会涉及科创企业的核心技术或知识产权问题，下文将简要梳理归纳上市中的知识产权问询及审核重点。

8.2.1 科创板上市中的知识产权问询

上交所科创板审核机构是科创板上市的“第一道关”，上市委和证监会同为“把关人”，在对申报上市企业提出初步审核意见之前，上述机构会充分利用问询式审核的方式，代表市场投资人问出一家“真公司”。其中，最受市场关注的当属上交所科创板审核机构出具的问询函。

通常来说，一家企业需要接受两到三轮的问询，甚至多达六轮的问询才能注册生效。首轮问询一般涵盖七大方面，即股权结构及董监高等基本情况、核心技术、业务、公司治理与独立性、财务会计信息与管理层分析、风险因素及其他事项。本轮问询中企业收到的问询数量最多，内容最全面，能最大限度地把企业整体状态呈现在市场和投资者面前，是对企业的“全面体检”，有统计称科创板刚开板时平均每家企业收到 53 个问询问题。[①] 第二轮问询开始问题逐渐减少，从一般性提问聚焦到重点关键性问题，注重揭示风险，问询的内容更加精简扼要，更看重信息披露的充分、完整和准确，检视科创公司的高科技含量，从而为投资者决策提供最有价值的

---

① 冲板必备！科创板审核，上交所问询有哪些“考点”？［EB/OL］.（2019－06－14）［2022－08－18］. https：//baijiahao. baidu. com/s？ id＝1636311672988226887&wfr＝spider&for＝pc.

信息。

据统计，在被问询过的500余个项目中，约有60%的项目会被问询是否符合科创板定位，涉及核心技术和知识产权相关问题的个数超过3500个，平均每个项目中大约有6个问题与技术先进性和竞争力情况有关，约有3.5个问题与知识产权风险披露相关。① 知识产权信息披露主要包括专利、商标、软件著作权、集成电路布图设计、作品版权、非专利技术（商业秘密）等类型，其中专利问题的关注度要远高于其他几个类型，约占IPO企业知识产权问题的50%，充分体现了科创板对科技创新相关事项的关注程度。

梳理问询中出现过的知识产权问题，可大致分为知识产权风险、核心技术、核心技术人员三个大方面，每个大方面细分为若干小项，现将主要问询点整理如下。

一是知识产权风险。知识产权与科创属性密切相关，企业如果遭受重大知识产权风险往往也意味着其科创属性的符合度欠缺。特别是实践中不少企业在IPO期间遭到侵权诉讼的阻击，轻则影响企业上市进程，重则直接导致上市失败。对企业而言，应未雨绸缪，降低知识产权风险，避免对自身的科创属性造成负面影响。从上交所问询内容来看，主要涉及如下问题。如表8－4所示。

表8－4　上交所对知识产权风险问询要点

<table>
<tr><td rowspan="5">知识产权风险</td><td rowspan="5">知识产权权属是否清晰</td><td rowspan="5">知识产权原始取得</td><td>知识产权申请数量</td></tr>
<tr><td>涉及核心技术的发明专利占比及其与核心技术、产品的对应关系</td></tr>
<tr><td>现有知识产权法律状态</td></tr>
<tr><td>在一段时间里申请/未申请合理性</td></tr>
<tr><td>知识产权保护期限</td></tr>
</table>

① 马天旗．科创板企业上市知识产权指南［M］．北京：知识产权出版社，2021：17－18，30－36，43－44.

续表

<table>
<tr><td rowspan="21">知识产权风险</td><td rowspan="11">知识产权权属是否清晰</td><td rowspan="11">知识产权外部取得</td><td rowspan="3">继受取得</td><td>知识产权取得的合法合规性</td></tr>
<tr><td>发明人与公司之间的关系</td></tr>
<tr><td>受让取得的风险和价格公允性</td></tr>
<tr><td rowspan="5">共有专利</td><td>知识产权取得的合法合规性</td></tr>
<tr><td>对外许可费用</td></tr>
<tr><td>对外许可期限及影响</td></tr>
<tr><td>合作研发知识产权约定</td></tr>
<tr><td>发明人与公司之间的关系</td></tr>
<tr><td rowspan="3">许可专利</td><td>知识产权取得的合法合规性</td></tr>
<tr><td>对外许可费用</td></tr>
<tr><td>对外许可期限及影响</td></tr>
<tr><td rowspan="5">知识产权权属商业化风险</td><td colspan="3">是否符合公司法等规定</td></tr>
<tr><td colspan="3">是否存在知识产权虚假出资情形</td></tr>
<tr><td colspan="3">知识产权质押融资到期风险</td></tr>
<tr><td colspan="3">知识产权质押融资对经营的风险</td></tr>
<tr><td colspan="3">知识产权价值评估合理性</td></tr>
<tr><td rowspan="5">知识产权纠纷</td><td colspan="3">知识产权纠纷诉讼</td></tr>
<tr><td colspan="3">知识产权无效诉讼</td></tr>
<tr><td colspan="3">知识产权复审</td></tr>
<tr><td colspan="3">知识产权案件败诉风险及影响</td></tr>
<tr><td colspan="3">对核心技术的影响</td></tr>
</table>

二是核心技术。与核心技术相关的问题是关乎企业能否可持续发展的核心本质问题，不仅涉及企业自身实力现状，而且与行业市场息息相关，通常要求拟上市企业从技术先进性认定的客观依据、核心技术的产业融合情况、独立研发能力等几个大方面进行论证，特别是知识产权与核心技术先进性的关系及应用情况是被问询要求说明的重点。如表8－5所示。

表8－5　上交所对核心技术问询要点

<table>
<tr><td rowspan="7">核心技术</td><td rowspan="7">先进性</td><td rowspan="3">知识产权指标</td><td>核心发明专利的数量及法律状态</td></tr>
<tr><td>非专利技术的数量及保护</td></tr>
<tr><td>知识产权来源及权属</td></tr>
<tr><td rowspan="4">行业市场指标</td><td>行业基本情况及发展趋势</td></tr>
<tr><td>企业市场占有率、市场份额</td></tr>
<tr><td>主要竞争格局</td></tr>
<tr><td>产品性能参数、技术实力的关键指标、具体表征</td></tr>
<tr><td rowspan="11">核心技术</td><td rowspan="5">与生产经营关系</td><td colspan="2">核心技术是不是通用技术、专利门槛、技术壁垒</td></tr>
<tr><td colspan="2">核心技术与专利的对应关系，专利对应核心技术在产品中的应用</td></tr>
<tr><td colspan="2">核心技术实现的产品竞争力效果和技术提升效果</td></tr>
<tr><td colspan="2">核心技术与主营业务收入的对应关系</td></tr>
<tr><td colspan="2">核心技术对应的产品是不是企业主营产品或服务</td></tr>
<tr><td rowspan="6">研发能力</td><td colspan="2">研发具体内容和方向</td></tr>
<tr><td rowspan="2">研发项目投入</td><td>研发人员投入</td></tr>
<tr><td>研发设备投入</td></tr>
<tr><td colspan="2">研发成果预计销售情况和市场空间</td></tr>
<tr><td colspan="2">研发失败，核心技术未能产业化或因技术迭代导致失去竞争力的风险</td></tr>
</table>

三是核心技术人员。研发人员的占比是申报科创板的指标之一，核心技术人员是企业竞争力的重要体现和具有自主研发能力的人员保障，其稳定性是衡量企业经营风险的重要影响因素，关于核心技术人员的问询多出现在首轮问询函的第一部分，如表 8－6 所示。

表 8－6　上交所对核心技术人员问询要点

<table>
<tr><td rowspan="3">核心技术人员</td><td colspan="2">核心技术人员认定标准及依据</td></tr>
<tr><td colspan="2">核心技术人员占研发人员比重</td></tr>
<tr><td colspan="2">核心技术人员的信息披露</td></tr>
<tr><td rowspan="5">核心技术人员</td><td colspan="2">核心技术人员与知识产权的对应关系及贡献</td></tr>
<tr><td rowspan="2">近 2 年核心技术人员的稳定性</td><td>核心技术人员约束激励措施</td></tr>
<tr><td>竞业禁止</td></tr>
<tr><td colspan="2">已离职核心技术人员与专利间关系及对核心业务构成的影响</td></tr>
<tr><td colspan="2">核心技术人员是否与其他公司间存在法律纠纷或潜在争议</td></tr>
</table>

8.2.2　科创板上市中的知识产权审核

上交所依法对科创板企业上市提交的招股说明书及发行人、保荐人、证券服务机构提交的问询回复内容、保荐书及其他相关内容进行审核，能否通过审核是企业能否成功上市的核心关键环节。近年来我国不断完善审核规则内容，2020 年 12 月修订《上海证券交易所股票发行上市审核规则》后，2021 年上交所发行《科创板发行上市审核动态》，其从审核实务的角度回应市场主体的关切，解答各类审核具体问题，进一步明确了政策和监管要求，列举分析典型案例为申请上市公司提供参考，其中与知识产权相关的问题包括信息披露豁免（2021 年第 1 期及 2021 年第 8 期）、发明专利认定（2021 年第 2 期）、科创属性核查注意事项（2021 年第 6 期、2022 年第 2 期、2023 年第 1 期）等，进一步解答了科创板审核中发现的问题，也有助于发行人更有针对性地准备招股说明书和回复问询内容。

1. 科创板上市中的审核重点归纳

查阅《上市审核规则》第三章的有关规定，上交所对科创板企业的上市呈报内容的审核有其侧重点，下文将简单梳理。

第一，对科创板定位的审核。符合科创板的定位是发行人申报上市的门槛条件之一，发行人应当根据中国证监会和上交所相关规定，结合科创板定位，就是否符合科创属性要求等事项进行审慎评估，并提交符合科创板定位的专项说明；保荐人应当就发行人是否符合科创属性要求等事项进行专业判断，并出具发行人符合科创板定位的专项意见。上交所在发行上市审核中，将关注发行人的评估是否客观，保荐人的判断是否合理，可以根据需要就发行人科创属性相关事项向上交所设立的科技创新咨询委员会提出咨询。[①] 在实际审核中，将着重对发行人是否符合科创板支持方向、发行人科创行业领域及发行人技术产品商业化应用等方面进行核查。[②]

第二，对发行条件和上市条件的审核。上交所重点关注发行人是否符合《注册办法（试行）》及中国证监会规定的发行条件；保荐人和律师事务所等证券服务机构出具的发行保荐书、法律意见书等文件中是否就发行人符合发行条件逐项发表明确意见，且具备充分的理由和依据。[③] 自2021年2月1日，上交所正式发布实施《上海证券交易所科创板发行上市审核业务指南第2号——常见问题的信息披露和核查要求自查表》（以下简称原《指南》）[④]，要求此后提交申报材料的企业适用原《指南》相关要求，其中部分内容与知识产权密切相关，此处不再赘述，将在下一小节详细列明。

① 《上海证券交易所股票发行上市审核规则》（上证发〔2023〕28号）第十九条。

② 《科创板发行上市审核动态》2022年第2期（总第11期），上海证券交易所，2022年第8—9页。

③ 《上海证券交易所股票发行上市审核规则》（上证发〔2023〕28号）第二十条。

④ 后于2023年3月27日修订为《上海证券交易所发行上市审核业务指南第4号——常见问题的信息披露和核查要求自查表》，原文件失效。

第三，对信息披露的审核。上交所在信息披露审核中，将重点关注发行上市申请文件及信息披露内容是否包含对投资者作出投资决策有重大影响的信息，披露程度是否达到投资者作出投资决策所必需的水平。包括但不限于是否充分、全面披露发行人业务、技术、财务、公司治理、投资者保护等方面的信息以及本次发行的情况，是否充分揭示可能对发行人经营状况、财务状况产生重大不利影响的所有因素。[①] 特别指出的是，上交所对发行人因涉及国家秘密或者商业秘密申请豁免披露信息时，提出了明确具体要求，如依据充分、及时申请、持续核查和保密责任[②]，审核中对如下情形不同意豁免：一是相关商业秘密涉及发行人自身生产、研发、采购、销售等经营信息；二是相关信息已经公开或者泄露，发行人在审核阶段又以商业秘密为由申请豁免的；三是相关信息对投资者作出投资决策和价值判断具有重大性的；四是同行业可比公司均披露了相关信息，发行人以商业秘密为由申请信息披露豁免而未能提供充分依据的。[③]

2.《指南》中的知识产权要点

针对发行人披露不到位、中介机构尽调和核查把关不到位的情况，为了节约审核成本，将审核精力更多聚焦于需要重点关注的审核事项，依据现有发行上市审核标准和要求，上交所全面梳理了科创板股票发行上市信息披露和核查把关中的常见共性问题和薄弱环节，于 2021 年 2 月 1 日发布了原《指南》。2023 年 3 月，上交所对主板和科创板首发、再融资、重大资产重组申报文件中的常见问题进行了梳理，对原《指南》进行了修订，发布了《上海证券交易所发行上市审核业务指南第 4 号——常见问题

---

① 《上海证券交易所股票发行上市审核规则》（上证发〔2023〕28 号）第三十一条。

② 科创板发行上市审核动态［EB/OL］2021(1).（2021 - 02 - 26）［2023 - 06 - 13］. http：//www. innovation4. cn/toutiao/022421 - 4226370804/.

③ 科创板发行上市审核动态［EB/OL］2021(8).（2022 - 04 - 25）［2023 - 06 - 13］. https：//baijiahao. baidu. com/s? id = 1731049355211959556&wfr = spider&for = pc.

的信息披露和核查要求自查表》（以下简称新《指南》）。

新《指南》中所列披露和核查事项，涉及上市公司质量入口关，涉及信息披露质量，是科创板审核的问询重点。新《指南》共分为五个部分，分别为“第一号 首次公开发行”“第二号 上市公司向不特定对象发行证券”“第三号 上市公司向特定对象发行证券”“第四号 上市公司以简易程序向特定对象发行证券”“第五号 上市公司重大资产重组”。总体上看，与原《指南》相比，新《指南》除了对上市公司的披露要求做出了明确的规定，更是增加了核查要求落实情况，要求保荐人、发行人律师、申报会计师、评估师核查情况，做出有关说明并加盖单位公章。通过此次修改，证监会进一步明确了科创板企业申报上市信息系统核查的范围，对信息系统的完整性、可用性和可靠性等方面进行了更加严格的要求，细化了其监管要求。为方便执行使用，每一部分的《自查表》进一步明确了具体的填写要求，列明填写注意事项、披露和核查要求规定及其对应的参考规范。

上交所曾指出，从发布实施原《指南》半年后的执行情况来看，所有申报项目均根据要求填写了对常见问题的核查情况，丰富了保荐工作报告内容，并完善了信息披露。部分项目填写质量较高，对于常见的审核关注问题的事实及核查情况进行了详细说明，在此基础上，首轮审核问询进一步聚焦重大性、针对性问题，显著提高了审核效率。由此可以推测，上市公司能够真实、准确、完整地填写所附的《自查表》，提高信息披露质量，保荐机构和其他证券服务机构核查依据充分，如实反映上市公司真实情况，协助上市公司进一步完善信息披露，有助于减少上交所问询的次数，节约审核时间，加快注册的进度。本章梳理摘取了各部分中与知识产权相关的部分内容，如表8－7～表8－11所示。

表 8－7　上海证券交易所发行上市审核业务指南第 4 号——常见问题的信息披露和核查要求自查表

第一号　首次公开发行

一、关于板块定位相关问题				
序号	问题	披露要求	核查要求	参考规范
1－2	【科创板】科创板申报企业的板块定位	发行人应当以投资者需求为导向，基于板块定位，结合所属行业及发展趋势，充分披露业务模式、公司治理、发展战略、经营政策、会计政策、财务状况分析等相关信息。 科创板申报企业还应当在招股说明书中披露其科研水平、科研人员、科研资金投入等相关信息。	保荐人应当对申报企业符合国家战略，拥有关键核心技术，科技创新能力突出，主要依靠核心技术开展生产经营，具有稳定的商业模式，市场认可度高，社会形象良好，具有较强成长性的科创板板块定位的要求进行充分核查，并出具专项意见。 专项意见应根据《上海证券交易所科创板企业发行上市申报及推荐暂行规定（2022 年 12 月修订）》的规定，对发行人符合科创板支持方向、符合科技创新行业领域、符合科创属性相关指标或情形、需要说明的其他情况（如有）进行充分核查说明，并对发行人符合科创板定位发表明确意见。	《首次公开发行股票注册管理办法》第三条、第三十九条 《上海证券交易所科创板企业发行上市申报及推荐暂行规定（2022 年 12 月修订）》
1－4	【科创板】研发人员	发行人应在招股说明书中披露：核心技术人员、研发人员占员工总数的比例，核心技术人员的学历背景构成，取得的专业资质及重要科研成果和获得奖项情况，对公司研发的具体贡献，发行人对核心	保荐人在核查发行人是否符合研发人员相关科创属性指标要求时，应重点关注以下内容： （1）发行人研发人员占当年员工总数的比例，以发行人最近一年报告期末的比例为准； （2）研发人员的具体认定标准，相关标准是否符合企业日常运营的实际情况和行业惯例； （3）研发人员的工作内容，是否主要从事研发活动，研发活动的认定依据是否合理；存在研发人员兼职情形的，是	《招股书准则》第九十七条 《上海证券交易所科创板企业发行上市申报及推荐暂行规定（2022 年 12 月修订）》第五条（二）

续表

一、关于板块定位相关问题				
序号	问题	披露要求	核查要求	参考规范
1－4	【科创板】研发人员	技术人员实施的约束激励措施，报告期内核心技术人员的主要变动情况及对发行人的影响。	否能够准确区分从事研发活动或其他生产经营活动的工时，将兼职人员认定为研发人员的原因及准确性； （4）发行人是否制定并严格执行研发活动相关内控制度； （5）对于研发人员数量报告期最后一年异常增长（包括临时招募、从其他部门调岗等）、研发人员专业背景和工作经历与公司研发活动不匹配等情形，中介机构应加强核查，重点关注相关人员是否真正从事研发活动及作出实际贡献，是否属于公司研发工作所需的必要人员，是否符合行业特点，并审慎发表核查意见。	
1－6	【科创板】发明专利	科创板申报企业应在招股说明书中披露： （1）核心技术是否取得专利； （2）发行人的专利与所提供产品或服务的内在联系，专利对生产经营的重要程度，是否存在瑕疵及瑕疵资产占比，是否存在纠纷或潜在纠纷，是否对发行人持续经营存在重大不利影响。	保荐人在核查发行人是否符合发明专利相关科创属性指标要求时，应重点关注以下内容： （1）发行人应用于主营业务的发明专利（含国防专利）数量、对发行人生产经营的重要程度，应用于发行人产品或服务的具体体现； （2）发明专利是否均已取得专利证书，发行人的专利权属是否完整、是否存在瑕疵或重大权属纠纷，相关纠纷对发行人生产经营的影响； （3）发明专利的来源，是否系发行人自主研发形成，是否存在合作研发、共同持有专利或授权使用等情形。	《招股书准则》第四十七条、第四十八条 《上海证券交易所科创板企业发行上市申报及推荐暂行规定（2022年12月修订）》第五条（三）、第六条（五）

续表

二、关于合规性相关问题				
序号	问题	披露要求	核查要求	参考规范
2－6	信息披露豁免	发行人有充分依据证明《招股书准则》要求披露的某些信息涉及国家秘密、商业秘密及其他因披露可能导致违反国家有关保密法律法规规定或严重损害公司利益的，可按程序申请豁免披露。 对于豁免披露的信息，发行人应当采取汇总概括、代码或者指数化等替代性方式进行披露，替代方式对投资者作出价值判断及投资决策不应构成重大障碍，并符合《招股书准则》的基本要求。 如豁免申请未获得同意，发行人应当补充披露相关信息。	1. 保荐人、发行人律师应当对发行人将相关信息认定为国家秘密、商业秘密或者因披露可能导致其违反国家有关保密法律法规规定或者严重损害公司利益的依据是否充分进行核查，并对该信息豁免披露符合相关规定、不影响投资者决策判断、不存在泄密风险出具意见明确、依据充分的专项核查报告。 涉及国家秘密或者其他因披露可能导致发行人违反国家有关保密法律法规规定的信息，原则上可以豁免披露；如要求豁免披露的信息内容较多或者较为重要，可能对投资者的投资决策有重大影响，中介机构应当审慎论证是否符合发行上市的信息披露要求。 涉及商业秘密或者其他因披露可能严重损害公司利益的信息，如属于《招股书准则》规定应当予以披露的信息，中介机构应当审慎论证是否符合豁免披露的要求。 2. 申报会计师应当出具对发行人审计范围是否受到限制、审计证据的充分性以及发行人豁免披露的财务信息是否影响投资者决策判断的核查报告。 3. 涉及军工的，中介机构应当说明开展军工涉密业务咨询服务是否符合国防科技工业管理部门等军工涉密业务主管部门的规定。 4. 中介机构应当就其替代披露方式是否合理，是否对投资者作出价值判断及投资决策存在重大障碍，并符合《招股书准则》的基本要求发表明确意见。 5. 中介机构应当督促发行人按要求提交信息豁免披露的申请文件以及其它相关文件。	《招股书准则》第七条 《证券期货法律适用意见第 17 号》第六条

续表

二、关于合规性相关问题				
序号	问题	披露要求	核查要求	参考规范
2-15	诉讼或仲裁	发行人应当根据《招股书准则》第八十四条的要求披露诉讼或仲裁事项。如诉讼或仲裁事项可能对发行人产生重大影响，应当充分披露发行人涉及诉讼或仲裁的有关风险。 发行人诉讼或仲裁的重大进展情况以及新发生的对股权结构、生产经营、财务状况、未来发展等可能产生较大影响的诉讼或仲裁事项，应当及时补充披露。 发行人控股股东、实际控制人、控股子公司、董事、监事、高级管理人员和核心技术人员涉及的重大诉讼或仲裁事项比照上述标准执行。	对于发行人存在诉讼或仲裁情形的，保荐人、发行人律师应就以下事项进行核查并发表明确意见： （1）全面核查报告期内发生或虽在报告期外发生但仍对发行人产生较大影响的诉讼或仲裁的相关情况，包括案件受理情况和基本案情，诉讼或仲裁请求，判决、裁决结果及执行情况，诉讼或仲裁事项对发行人的影响等。 发行人提交首发申请至上市期间，保荐人、发行人律师应当持续关注发行人诉讼或仲裁的进展情况、发行人是否新发生诉讼或仲裁事项。 （2）发行人控股股东、实际控制人、控股子公司、董事、监事、高级管理人员和核心技术人员涉及的重大诉讼或仲裁事项比照上述核查要求执行。 （3）涉及主要产品、核心商标、专利、技术等方面的诉讼或仲裁可能对发行人生产经营造成重大影响，或者诉讼、仲裁有可能导致发行人实际控制人变更，或者其他可能导致发行人不符合发行条件的情形，保荐人和发行人律师应在提出明确依据的基础上，充分论证该等诉讼、仲裁事项是否构成本次发行的法律障碍并审慎发表意见。	《招股书准则》第八十四条 《监管规则适用指引——发行类第4号》第九条

续表

二、关于合规性相关问题				
序号	问题	披露要求	核查要求	参考规范
2－16	资产完整性	发行人应根据《招股书准则》第七十三条的要求进行信息披露。	发行人租赁控股股东、实际控制人房产或者商标、专利来自于控股股东、实际控制人授权使用的，保荐人和发行人律师通常应关注并核查以下方面：相关资产的具体用途、对发行人的重要程度、未投入发行人的原因、租赁或授权使用费用的公允性、是否能确保发行人长期使用、今后的处置方案等，并就该等情况是否对发行人资产完整性和独立性构成重大不利影响发表明确意见。 如发行人存在以下情形之一的，保荐人及发行人律师应当重点关注、充分核查论证并发表意见：一是生产型企业的发行人，其生产经营所必需的主要厂房、机器设备等固定资产系向控股股东、实际控制人租赁使用；二是发行人的核心商标、专利、主要技术等无形资产是由控股股东、实际控制人授权使用。	《招股书准则》第七十三条 《监管规则适用指引——发行类第 4 号》第十条
2－18	董事、高级管理人员、核心技术人员变化	发行人董事、监事、高级管理人员及其他核心人员最近三年内发生变动的，应以列表方式汇总披露变动情况、原因及影响。 变动后新增的董事、高级管理人员来自原股东委派或发行人内部培养产生的，	1. 保荐人和发行人律师对董事、高级管理人员是否发生重大变化的认定，应当本着实质重于形式的原则，综合两方面因素分析，一是最近 36 个月（或 24 个月）内变动人数及比例，在计算人数比例时，以董事和高级管理人员合计总数作为基数；二是上述人员离职或无法正常参与发行人的生产经营是否对发行人生产经营产生重大不利影响。 如果最近 36 个月（或 24 个月）内发行人的董事、高级管理人员变动人数比例较大，或董事、高级管理人员中的核	《招股书准则》第三十九条 《监管规则适用指引——发行类第 4 号》第十二条

续表

二、关于合规性相关问题				
序号	问题	披露要求	核查要求	参考规范
2-18	董事、高级管理人员、核心技术人员变化	原则上不构成人员的重大变化。发行人管理层因退休、调任等原因发生岗位变化的，不轻易认定为重大变化，但发行人应当披露相关人员变动对公司生产经营的影响。 发行人申请在科创板上市的，还应当按照上述要求披露核心技术人员的变动情况。	心人员发生变化，对发行人的生产经营产生重大不利影响的，保荐人及发行人律师应当重点关注、充分核查论证并审慎发表意见。 2. 发行人申请在科创板上市的，保荐人及发行人律师按照上述要求对核心技术人员的变动情况核查论证并发表意见。	
2-26	合作研发	发行人应根据《招股书准则》第四十八条的要求进行信息披露。	保荐人和发行人律师应就以下事项进行核查： （1）合作研发的内容和范围； （2）合作各方的权利和义务； （3）风险责任的承担方式； （4）合作研发的成果分配和收益分成约定； （5）合作研发的保密措施。 保荐人和发行人律师应在上述核查内容的基础上，论证该等合作研发的重要性及其对发行人生产经营的具体影响。	《招股书准则》第四十八条

续表

序号	问题	披露要求	核查要求	参考规范
二、关于合规性相关问题				
2－27	继受取得或与他人共用专利、技术许可	发行人应在招股说明书中披露（1）继受取得专利、共有专利或技术许可的具体方式、条件、期限、费用等；（2）继受或共有专利、技术许可等情形对发行人持续经营及独立性的影响。	保荐人和发行人律师应就以下事项进行核查： （1）继受取得或与他人共有专利、技术许可的重要性，与所提供产品或服务的内在联系； （2）继受取得或与他人共有专利、技术许可的背景、过程，是否存在瑕疵、纠纷和潜在纠纷； （3）原权利人、共有人的基本信息，共有人使用或许可专利的具体情况，是否存在收益分成等约定； （4）发行人存在技术许可情形的，是否明确约定技术使用的范围、期限、费用等内容，是否能够长期稳定使用相关技术，基于技术许可后续改进的技术成果归属是否清晰。 保荐人和发行人律师应在上述核查内容的基础上，分析相关情形是否对发行人持续经营存在重大不利影响，涉及控股股东、实际控制人或其控制的其他企业的，还应分析对独立性的具体影响。	《招股书准则》第四十七条
三、关于财务类相关问题				
序号	事项	披露要求	核查要求	参考规范
3－3	客户资源或客户关系及企业合并涉及无形资产		如发行人存在企业合并中识别并确认无形资产，以及将客户资源或客户关系确认为无形资产等情形，保荐人和申报会计师应就以下事项进行核查并发表明确意见： （1）客户资源或客户关系确认为无形资产的具体情形，依据是否充分，是否源自合同性权利或其他法定权利且确保	《监管规则适用指引——发行类第 5 号》第三条

续表

三、关于财务类相关问题				
序号	问题	披露要求	核查要求	参考规范
3-3	客户资源或客户关系及企业合并涉及无形资产		能在较长时期内获得稳定收益；资产负债表日是否存在可能发生减值的迹象； （2）对于企业合并中确认无形资产的，是否符合《企业会计准则》规定的确认条件和计量要求，是否存在虚构无形资产情形，是否存在估值风险和减值风险。	
3-7	持续经营能力	发行人应根据《招股书准则》第五十七条、第六十条（六）的要求进行信息披露。	发行人存在以下情形的，保荐人及申报会计师应当重点关注是否影响发行人持续经营能力： （1）发行人因宏观环境因素影响存在重大不利变化风险，如法律法规、汇率税收、国际贸易条件、不可抗力事件等。 （2）发行人因行业因素影响存在重大不利变化风险，如： ①发行人所处行业被列为行业监管政策中的限制类、淘汰类范围，或行业监管政策发生重大变化，导致发行人不满足监管要求； ②发行人所处行业出现周期性衰退、产能过剩、市场容量骤减、增长停滞等情况； ③发行人所处行业准入门槛低、竞争激烈，导致市场占有率下滑； ④发行人所处行业上下游供求关系发生重大变化，导致原材料采购价格或产品售价出现重大不利变化。	《招股书准则》第五十七条、第六十条（六） 《监管规则适用指引——发行类第 5 号》第七条

续表

三、关于财务类相关问题				
序号	问题	披露要求	核查要求	参考规范
3－7	持续经营能力		（3）发行人因自身因素影响存在重大不利变化风险，如： ①发行人重要客户或供应商发生重大不利变化，进而对发行人业务稳定性和持续性产生重大不利影响； ②发行人由于工艺过时、产品落后、技术更迭、研发失败等原因导致市场占有率持续下降，主要资产价值大幅下跌、主要业务大幅萎缩； ③发行人多项业务数据和财务指标呈现恶化趋势，由盈利转为重大亏损，且短期内没有好转迹象； ④发行人营运资金不能覆盖持续经营期间，或营运资金不能够满足日常经营、偿还借款等需要； ⑤对发行人业务经营或收入实现有重大影响的商标、专利、专有技术以及特许经营权等重要资产或技术存在重大纠纷或诉讼，已经或者将对发行人财务状况或经营成果产生重大不利影响。 保荐人及申报会计师应当详细分析和评估上述因素的具体情形、影响程度和预期结果，综合判断上述因素是否对发行人持续经营能力构成重大不利影响，审慎发表明确意见，并督促发行人充分披露可能影响持续经营的风险因素。	

表8-8　上海证券交易所发行上市审核业务指南第4号——常见问题的信息披露和核查要求自查表

第二号　上市公司向不特定对象发行证券

一、关于募集资金运用的相关问题				
序号	事项	披露要求	核查要求	参考规范
1-3	募集资金用于拓展新业务、新产品情况	发行人应结合公司发展战略及项目实施前景，披露拓展新业务的考虑以及未来新业务与既有业务的发展安排，新业务在人员、技术、市场等方面的储备及可行性。	保荐人应重点就募投项目是否符合募集资金主要投向主业的相关要求、是否符合国家产业政策，本次募投项目的具体内容，是否具备开展本次募投项目所需的技术、人员、专利储备，建成之后的营运模式、盈利模式，是否需要持续的大额资金投入，是否存在重大不确定性或重大风险，是否存在短期内无法盈利的风险以及对发行人的影响等进行详细核查，并在《发行保荐工作报告》中发表明确意见，同时督促发行人对上述事项进行风险提示。 发行人律师应当对募投项目是否符合国家产业政策进行核查并在《律师工作报告》中发表明确意见。	《上市公司证券发行注册管理办法》第四十条，《募集说明书格式准则》第六十条，《监管规则适用指引——发行类第6号》第七条，《证券期货法律适用意见第18号》第五条
二、关于合规性的相关问题				
序号	事项	披露要求	核查要求	参考规范
2-4	未决诉讼、仲裁等事项	发行人应披露： （1）对生产经营、财务状况、未来发展产生较大影响的诉讼或仲裁事项，包括案件受理情况和基本案情，诉讼或仲裁请求，判	保荐人及发行人律师应： （1）全面核查报告期内发生或虽在报告期外发生但是仍对发行人产生较大影响的诉讼或仲裁的有关情况，如诉讼或仲裁事项对发行人生产经营、财务状况、未来发展产生重大影响的，应当充分说明发行人涉及诉讼或仲裁的风险，并就是否构成对持续经营有重大不利影响的情形，是否构	《募集说明书格式准则》第五十二条，《监管规则适用指引——发行类第6号》第五条

续表

二、关于合规性的相关问题				
序号	事项	披露要求	核查要求	参考规范
2－4	未决诉讼、仲裁等事项	决、裁决结果及执行情况，诉讼或仲裁事项对发行人的影响，如发行人败诉或仲裁不利对发行人的影响等； （2）存在重大仲裁、诉讼的，其对发行人财务状况、盈利能力及持续经营的影响； （3）如诉讼或仲裁有重大进展，发行人新发生对生产经营、财务状况、未来发展产生较大影响的诉讼或仲裁事项，发行人应当及时履行信息披露义务。	成本次再融资障碍在《发行保荐工作报告》和《律师工作报告》中明确发表意见； （2）涉及核心专利、商标、技术、主要产品等方面的诉讼、仲裁事项，可能对发行人生产经营、财务状况、募投项目实施产生重大不利影响的，保荐人及发行人律师应当充分论证是否构成再融资的障碍并在《发行保荐工作报告》和《律师工作报告》中审慎发表意见； （3）持续关注发行人涉及诉讼或仲裁的进展情况、发行人是否存在新发生诉讼或仲裁事项，并督促发行人做好信息披露。 保荐人应督促发行人在募集说明书扉页重大事项提示中，充分披露与发行人自身密切相关的重要风险因素，并按对投资者作出价值判断和投资决策所需信息的重要程度进行梳理排序。	

表8－9　上海证券交易所发行上市审核业务指南第4号——常见问题的信息披露和核查要求自查表

第三号　上市公司向特定对象发行证券

一、关于募集资金运用的相关问题				
序号	事项	披露要求	核查要求	参考规范
1－4	募集资金用于拓展新业务、新产品情况	发行人应结合公司发展战略及项目实施前景，披露拓展新业务的考虑以及未来新业务与既有业务的发展安排，新业务在人员、技术、市场等方面的储备及可行性。	保荐人应重点就募投项目是否符合募集资金主要投向主业的相关要求、是否符合国家产业政策，本次募投项目的具体内容，是否具备开展本次募投项目所需的技术、人员、专利储备，建成之后的营运模式、盈利模式，是否需要持续的大额资金投入，是否存在重大不确定性或重大风险，是否存在短期内无法盈利的风险以及对发行人的影响等进行详细核查，并在《发行保荐工作报告》中发表明确意见，同时督促发行人对上述事项进行风险提示。 发行人律师应当对募投项目是否符合国家产业政策进行核查并在《律师工作报告》中发表明确意见。	《上市公司证券发行注册管理办法》第四十条，《募集说明书格式准则》第十二条，《监管规则适用指引——发行类第6号》第七条，《证券期货法律适用意见第18号》第五条

表 8－10　上海证券交易所发行上市审核业务指南第 4 号——常见问题的信息披露和核查要求自查表

第四号　上市公司以简易程序向特定对象发行证券

一、关于募集资金运用的相关问题				
序号	事项	披露要求	核查要求	参考规范
1－4	募集资金使用规划	发行人应披露： （1）本次募集资金投资项目的基本情况和经营前景，与现有业务或发展战略的关系，项目的实施准备和进展情况，预计实施时间，整体进度安排，发行人的实施能力及资金缺口的解决方式； （2）募集资金投资项目的准备和进展情况、实施募投项目的能力储备情况、预计实施时间、整体进度计划以及募投项目的实施障碍或风险等； （3）科创板上市公司应披露本次募集资金投资于科技创新领域的主营业务的说明，以及募投项目实施促进公司科技创新水平提升的方式。	保荐人应重点就募投项目是否符合募集资金主要投向主业的相关要求、是否符合国家产业政策，本次募投项目的具体内容，是否具备开展本次募投项目所需的技术、人员、专利储备，建成之后的营运模式、盈利模式，是否需要持续的大额资金投入，是否存在重大不确定性或重大风险，是否存在短期内无法盈利的风险以及对发行人的影响等进行详细核查，并在《发行保荐工作报告》中发表明确意见，同时督促发行人对上述事项进行风险提示。 发行人律师应当对募投项目是否符合国家产业政策进行核查并在《律师工作报告》中发表明确意见。	《募集说明书格式准则》第十二条，《监管规则适用指引——发行类第 7 号》第四条

表 8-11　上海证券交易所发行上市审核业务指南第 4 号——常见问题的信息披露和核查要求自查表

第五号　上市公司重大资产重组

二、关于合规性				
序号	事项	披露要求	核查要求	参考规范
2-6	标的资产——权属状况	上市公司应当在重组报告书中披露： 拟购买资产的权属状况、对外担保情况及主要负债、或有负债情况，产权是否清晰，是否存在抵押、质押等权利限制，是否涉及诉讼、仲裁、司法强制执行等重大争议或者存在妨碍权属转移的其他情况。	独立财务顾问应对以下事项进行核查，并在《独立财务顾问报告》中发表明确核查意见： （1）拟购买标的公司的权属是否清晰，是否存在对外担保，主要负债、或有负债情况，是否存在抵押、质押等权利限制，是否涉及诉讼、仲裁、司法强制执行等重大争议或者存在妨碍权属转移的其他情况； （2）拟购买标的公司的主要资产，如核心专利、商标、技术、主要机器设备、土地厂房等对公司持续经营存在重大影响的资产，权属是否清晰，是否存在对外担保，是否存在抵押、质押等权利限制，是否涉及诉讼、仲裁、司法强制执行等重大争议； （3）拟购买非股权资产权属是否清晰，是否存在对外担保，是否存在抵押、质押等权利限制，是否涉及诉讼、仲裁、司法强制执行等重大争议或者存在妨碍权属转移的其他情况； （4）如主要资产、主要产品涉诉，应当审慎判断对标的资产持续经营能力或盈利能力产生的重大不利影响，并就本次交易是否符合《重组办法》第十一条和第四十三条的规定审慎发表核查意见； （5）如败诉涉及赔偿，相关责任的承担主体、相关会计处理、或有负债计提是否充分、超过预计损失部分的补偿安排。 律师应对上述事项进行核查，并发表明确核查意见。会计师应对（5）进行核查，并发表明确核查意见。	《26 号格式准则》第十六条、第十七条

续表

二、关于合规性				
序号	事项	披露要求	核查要求	参考规范
2－10	信息披露要求及信息披露豁免	上市公司重大资产重组信息披露文件应当： 真实、准确、完整；逻辑清晰、简明扼要，具有可读性和可理解性，便于投资者阅读；涉及国家机密、商业秘密（如核心技术的保密资料、商业合同的具体内容等）等特殊原因，无法披露或提供相关信息或文件的，应当在相关章节中详细说明原因。	独立财务顾问应对以下事项进行核查，并在《独立财务顾问报告》中发表明确核查意见： （1）申请文件及问询回复中的相关信息是否真实、准确、完整，包含对投资者作出投资决策有重大影响的信息，披露程度达到投资者作出投资决策所必需的水平； （2）所披露的信息一致、合理且具有内在逻辑性；简明易懂，便于一般投资者阅读和理解； （3）上市公司未进行披露或提供相关信息或文件的原因及合理性，相关信息或文件是否影响投资者决策判断、是否为已公开信息； （4）上市公司信息披露豁免是否符合《上海证券交易所上市公司自律监管指引第 2 号——信息披露事务管理》等规则的规定。 律师应对上述事项进行核查，并发表明确核查意见。 会计师应对标的资产审计范围是否受到限制及审计证据的充分性以及豁免披露的财务信息是否影响投资者决策判断进行核查，并发表明确核查意见。 评估师应对标的资产评估范围是否受到限制及评估证据的充分性以及豁免披露的评估信息是否影响投资者决策判断进行核查，并发表明确核查意见。	《26 号格式准则》第四条、第五条、第六条，《重组审核规则》第二十条

8.3　地方服务案例

在国家知识产权局的指导和支持下，2022年8月，“科创板拟上市企业知识产权服务站”在浦东新区正式挂牌启动。目前，服务站协同工作机制确立、服务保障资源夯实、功能成效逐步显现，形成了服务引领区发展、落实引领区目标的举措。具体措施和进展如下：

1. 强化顶层设计，构建多部门协同工作机制

一是汇聚焦点，形成会商机制。目前已形成上海证券交易所、国家知识产权局审查协作中心、上海市知识产权局、浦东新区知识产权局四部门协同推进机制。以浦东新区知识产权保护中心作为日常协调部门，落实会商研讨推进机制。

二是疏通堵点，形成高层推动机制。2023年4月，上海市高级人民法院发布了《上海市高级人民法院关于支持和保障浦东新区高水平改革开放打造社会主义现代化建设引领区的实施细则（2023年）》，聚焦浦东在集成电路、生物医药、高端装备等领域的创新研发，加强涉关键技术领域产业的知识产权诉讼指引，探索科创板拟上市企业知识产权诉讼的快速处理工作机制。保护中心多次与上海知识产权法院对接，商讨科创企业知识产权纠纷应对指引等工作。

三是围绕热点，形成专题研讨机制。截至2023年7月底，就上市准备期、审核期企业遇到的常见问题、投资人和机构关注的热点问题，已举办4次实质性专题研讨。

2. 强化基础支撑，构建重点数据库

一是建设分层分类、优质储备的企业库。浦东新区知识产权局加强与产业园区联动，对接上海证券交易所、投资机构，根据硬核科技领域、融资监测情况、拟上市企业特征等要素对企业数据进行筛选，截至2023年7

月底，已优化遴选 1000 多家储备企业库。

二是搭建“知识产权 +”系列培训课程体系。设立“科创板拟上市企业服务站”系列培训活动，已组织 8 场“科创板拟上市企业服务站”系列培训，邀请上海证券交易所、国家知识产权局专利局专利审查协作江苏中心、投资机构、律所等机构内的专业导师，开展科创板上市有关政策和制度规则、知识产权风险及防范、知识产权信息披露等专业课程。

3. 优化服务体系

一是研究制订服务站工作制度，夯实服务基础。依托保护中心完成研究编制《科创板拟上市企业知识产权服务的管理规范》《工作指引》，正在开展研究及编制《浦东科创板知识产权白皮书》工作，全面反映浦东科创板上市企业“硬核科技”特点和自主研发创新能力，加强企业工作提示。

二是设立服务专窗和专门通道，提供多类型的分析服务。设立专人专窗，对企业在上市中的知识产权诉求进行咨询辅导。针对拟上市企业的多元化专利分析需求，为拟上市企业开展研发成果技术挖掘、科创属性培育、知识产权侵权风险评估指引、专利快速确权通道等服务，引导支持创新主体识别和规避知识产权风险。

三是深入调研企业，提供多元服务模式。为企业开展上市准备期、上市问询期、注册完成全链条、全生命周期的知识产权服务，通过走访调研、专题座谈、走入园区等形式提供咨询指导，建立跟踪机制和一对一闭门会议机制。

体系建设篇

第9章　知识产权运营服务体系建设重点城市情况分析

2017—2020年，财政部会同国家知识产权局分年度确定了4批共37个知识产权运营服务体系建设重点城市，分别是：第一批，苏州、宁波、成都、长沙、西安、郑州、厦门、青岛共8个城市；第二批，北京海淀、上海浦东、南京、杭州、武汉、广州、海口、深圳共8个城市；第三批，台州、济南、上海徐汇、无锡、东莞、石家庄、天津东丽、重庆江北、大连、泉州共10个城市；第四批，北京朝阳、天津滨海新区、太原、沈阳、长春、合肥、烟台、洛阳、宜昌、昆明、乌鲁木齐共11个城市。

2021年7月，为认真落实中央有关决策部署，国家知识产权局印发了《关于促进和规范知识产权运营工作的通知》（国知发运字〔2021〕22号），提出深化知识产权运营服务体系重点城市建设措施，为进一步推进知识产权向现实生产力转化提供了政策保障。在国家政策支持和各项工作扎实推进下，全国知识产权运营体系建设不断加力提速。37个知识产权运营服务体系建设重点城市均在已有工作基础上，有效发挥财政资金引导带动作用，不断创新知识产权运营模式，在建立健全知识产权运用促进的制度规范，构建规范化、市场化的知识产权运营服务体系，促进知识产权市场价值充分实现，支撑区域经济高质量发展方面取得了显著成效，示范带动作用加速显现。2022年，37个重点城市专利转让许可质押等运营次数达到22.7万次，占全国运营次数的44.8%，专利质押金额达到 1553 亿元，占全国专利质押融资总额的 38.7%，重点城市的质押项目数和专利质押金额继续保持快速增长，同比分别增长 48.3%、46.2%。

本章对 2022 年 37 个重点城市的专利转让、许可、质押等运营情况进行分析，并甄选出浙江杭州和山东烟台两个重点城市的建设经验和典型案例进行展示，以期为更多城市开展知识产权运营相关工作提供参考借鉴。

9.1 2022 年重点城市专利运营分析

9.1.1 重点城市专利转让占全国近五成，深圳、广州、苏州转让活跃

国家知识产权局数据显示，2022 年，37 个重点城市的专利转让次数共计 180464 次，同比下降 8.2%，占全国总量的 47.0%，占比较 2021 年小幅下降约 2 个百分点。转让次数排名前五位的重点城市分别为：深圳、广州、苏州、杭州和北京海淀，转让次数均破万。

与 2021 年相比，共有 16 个重点城市的专利转让次数处于增长状态，增幅最大的 5 个重点城市分别是：天津东丽、洛阳、武汉、广州和无锡，同比分别增长 58.0%、21.0%、19.3%、13.6% 和 11.1%；21 个重点城市的专利转让次数出现不同程度的回落，降幅最大的 5 个重点城市分别是：重庆江北、天津滨海新区、北京海淀、上海浦东和上海徐汇，同比分别下降 86.1%、46.8%、43.4%、37.4% 和 33.2%。

从四批重点城市的转让情况来看，第一批重点城市的专利转让次数共计 47956 次，占全国转让总量的 12.5%，占 37 个重点城市转让总量的 26.6%，其中苏州的专利转让次数居首位，专利转让次数达到 12984 次，同比增长 1.7%；宁波的专利转让次数居第二位，专利转让次数为 7201

次，同比增长10.1%；成都的专利转让次数居第三位，与2021年相比有所下降，同比下降7.3%；青岛、西安、郑州和厦门的专利转让次数也有所下降，郑州降幅最高，达到14.0%。如表9-1所示。

表9-1　2021—2022年第一批重点城市专利转让情况①

重点城市	专利转让次数（次）		同比变化（%）
	2021年	2022年	
苏州	12765	12984	1.7
宁波	6538	7201	10.1
成都	7340	6806	-7.3
青岛	6097	5812	-4.7
西安	5563	5024	-9.7
长沙	3867	4121	6.6
郑州	4006	3447	-14.0
厦门	2590	2561	-1.1

数据来源：国家知识产权局

数据时间：法律状态公告日为2021年1月1日至2022年12月31日

第二批重点城市的专利转让次数共计84549次，占全国转让总量的22.0%，占37个重点城市转让总量的46.9%，其中深圳的专利转让次数最多，居37个重点城市之首，专利转让次数达到26235次，广州和杭州的专利转让次数列深圳之后，专利转让次数分别达到16696次和11632次，深圳、杭州、北京海淀、上海浦东的专利转让次数出现下降，北京海淀和上海浦东分别同比大幅下降43.4%、37.4%，而广州、南京、武汉和海口的专利转让次数呈现增长趋势，武汉增幅最高，达到19.3%。如表9-2所示。

① 按照第一专利权人所在地统计，后同。

表 9－2　2021—2022 年第二批重点城市专利转让情况

重点城市	专利转让次数（次）		同比变化（%）
	2021 年	2022 年	
深圳	28854	26235	－9.1
广州	14702	16696	13.6
杭州	13944	11632	－16.6
北京海淀	18767	10619	－43.4
南京	9091	9475	4.2
武汉	5184	6185	19.3
上海浦东	4896	3066	－37.4
海口	589	641	8.8

数据来源：国家知识产权局

数据时间：法律状态公告日为 2021 年 1 月 1 日至 2022 年 12 月 31 日

第三批重点城市的专利转让次数共计 27303 次，占全国转让总量的 7.1%，占 37 个重点城市转让总量的 15.1%，其中东莞的专利转让次数居首位，专利转让次数达到 6157 次，泉州和无锡的专利转让次数分别达到 5237 次和 4386 次，同比分别增长 7.4% 和 11.1%，天津东丽的增幅最高，同比大幅增长 58.0%，东莞、台州、大连、上海徐汇、重庆江北的专利转让次数有所回落，其中重庆江北降幅最大，同比下降 86.1%。如表 9－3 所示。

表 9－3　2021—2022 年第三批重点城市专利转让情况

重点城市	专利转让次数（次）		同比变化（%）
	2021 年	2022 年	
东莞	6647	6157	－7.4
泉州	4877	5237	7.4
无锡	3947	4386	11.1
济南	3677	3753	2.1
台州	3667	3456	－5.8

续表

重点城市	专利转让次数（次）		同比变化（%）
	2021 年	2022 年	
石家庄	1554	1558	0.3
大连	1429	1315	-8.0
上海徐汇	1245	832	-33.2
天津东丽	357	564	58.0
重庆江北	323	45	-86.1

数据来源：国家知识产权局

数据时间：法律状态公告日为 2021 年 1 月 1 日至 2022 年 12 月 31 日

第四批重点城市的专利转让次数共计 20656 次，占全国转让总量的 5.4%，占 37 个重点城市转让总量的 11.4%，其中合肥的专利转让次数居首位，专利转让次数达到 4979 次，北京朝阳紧随其后，专利转让次数为 4196 次，其他重点城市的专利转让次数与前两位差距明显，均在 2000 次以下，烟台、洛阳、昆明、太原的专利转让次数呈现增长趋势，其中洛阳增幅最大，同比增长 21.0%，其他重点城市均呈现下降趋势，天津滨海新区降幅最大，同比下降 46.8%。如表 9-4 所示。

表 9-4　2021—2022 年第四批重点城市专利转让情况

重点城市	专利转让次数（次）		同比变化（%）
	2021 年	2022 年	
合肥	5560	4979	-10.5
北京朝阳	5518	4196	-24.0
烟台	1759	1891	7.5
天津滨海新区	3164	1683	-46.8
沈阳	2136	1603	-25.0
洛阳	1173	1419	21.0
昆明	1290	1419	10.0

续表

重点城市	专利转让次数（次）		同比变化（%）
	2021 年	2022 年	
太原	1171	1220	4.2
长春	1254	1165	-7.1
乌鲁木齐	563	547	-2.8
宜昌	545	534	-2.0

数据来源：国家知识产权局

数据时间：法律状态公告日为 2021 年 1 月 1 日至 2022 年 12 月 31 日

从各重点城市主要让与人的专利转让次数占本地区转让次数的比例来看，部分重点城市专利转让的集中度比较高。例如：天津东丽区的天津曙光天成科技有限公司专利转让次数占全区专利转让总量的 14.9%，中航锂电（洛阳）有限公司的专利转让次数占洛阳专利转让总量的 13.1%，三峡大学专利转让次数占宜昌专利转让总量的 12.9%。

从各重点城市主要让与人的构成来看，企业仍然是专利转让的主力军，部分城市高校和科研院所的转让活动也很活跃。例如西安、杭州、南京、济南、沈阳、昆明、太原、长春等专利转让次数排名第一的均为高校，北京朝阳区的中国科学院微电子研究所、天津滨海新区的中国电子科技集团公司第十八研究所、沈阳的中国科学院金属研究所、长春的中国科学院长春光学精密机械与物理研究所等科研院所在本地区的专利转让较为活跃。

具体来看，在第一批的 8 个重点城市中，苏州的专利转让次数最多，共涉及 3656 位让与人，排首位的让与人为苏州领湃新能源科技有限公司，共计转让专利 195 次，占苏州转让总次数的 1.5%，受让人涉及湖南领湃达志科技股份有限公司等 6 家企业，主要为苏州领湃新能源科技有限公司与其母公司湖南领湃达志科技股份有限公司以及兄弟公司之间的专利转让。宁波专利转让次数位居第二，2022 年的专利转让次数为 7201 次，共有 1571 位让与人，涉及 1877 位受让人，其中排名前三的让与人均为企业，专利转让次数最多的是宁波奥克斯电气股份有限公司，共计 882 次，约占宁波专利转让总量的 12.2%，是宁波最为活跃的转让主体。专利转让次数位居第三的成都共有 2026 位让与人，其排名前三的让与人包括华为数字技术（成都）有限公司、四川大学和成都新柯力化工科技有限公司，其中华为数字技术（成都）有限公司表现最为活跃，共转让专利 434 次，占成都总转让次数的 6.4%，其受让人为成都华为技术有限公司、华为技术有限公司和华为云计算技术有限公司。2022 年第一批重点城市的主要让与人如表 9－5 所示。

表 9－5　2022 年第一批重点城市的主要让与人分析

重点城市	让与人数量（位）	主要让与人	转让次数（次）	占本地区转让次数比例（%）
苏州	3656	苏州领湃新能源科技有限公司；湖南领湃新能源科技有限公司；四川领湃新能源科技有限公司	195	1.5
		江苏新美星包装机械股份有限公司	169	1.3
		常熟理工学院	165	1.3
宁波	1571	宁波奥克斯电气股份有限公司；宁波奥克斯智能商用空调制造有限公司	882	12.2
		宁波奥克斯智能家用电器制造有限公司；宁波奥克斯电气股份有限公司	597	8.3
		智马达汽车有限公司	206	2.9
成都	2026	华为数字技术（成都）有限公司	434	6.4
		四川大学	111	1.6
		成都新柯力化工科技有限公司	94	1.4

续表

重点城市	让与人数量（位）	主要让与人	转让次数（次）	占本地区转让次数比例（%）
青岛	1447	青岛海尔洗衣机有限公司	382	6.6
		青岛海尔滚筒洗衣机有限公司	244	4.2
		青岛海尔空调器有限总公司	198	3.4
西安	1275	西安交通大学	271	5.4
		西北工业大学	206	4.1
		西安隆基绿能建筑科技有限公司	195	3.9
长沙	1150	三一汽车制造有限公司	243	5.9
		中南大学	178	4.3
		浏阳华睿知识产权运营有限公司	91	2.2
郑州	1453	郑州贝乐文具用品有限公司	171	5.0
		郑州思念食品有限公司	118	3.4
		郑州煤机液压电控有限公司；郑州煤矿机械集团股份有限公司	76	2.2
厦门	673	厦门市得尔美卫浴有限公司	159	6.2
		厦门大学	116	4.5
		芯鑫融资租赁（厦门）有限责任公司	95	3.7

数据来源：知识产权出版社 i 智库

数据时间：法律状态公告日为 2022 年 1 月 1 日至 2022 年 12 月 31 日

在第二批的 8 个重点城市中，深圳的专利转让次数居首位，所涉及的让与人达到了 5706 位，其主要让与人包括华为技术有限公司、大族激光科技产业集团股份有限公司和腾讯科技（深圳）有限公司，均涉及多位受让人，其中华为技术有限公司主要转让给华为云计算技术有限公司、超聚变数字技术有限公司，两家公司约占其转让总量的九成。广州的总让与人数量为8332位，在第二批重点城市中让与人数量增长最多，增幅达83.9%。其主要让与人为广州富港万嘉智能科技有限公司、广州汽车集团股份有限公司、澳芯集成电路技术（广东）有限公司，这三家企业的专利转让次数共约占广州的7.0%。杭州共有3372位让与人，高校转让较为活跃，杭州电子科技大学和浙江机电职业技术学院分别排在第一位、第三位。北京海淀区的让与人数量为1735位，其中北大方正集团有限公司与深圳方正微电子有限公司作为共同权利人的专利涉及专利转让最多，占全区总量的3.9%；其次是曙光信息产业（北京）有限公司，占全区总量的3.2%。南京的让与人数量达到2843位，其中南京林业大学居让与人首位，转让次数占全市总量的10.6%。2022年第二批重点城市的主要让与人如表9－6所示。

表9－6　2022年第二批重点城市的主要让与人分析

重点城市	让与人数量（位）	主要让与人	转让次数（次）	占本地区转让次数比例（%）
深圳	5706	华为技术有限公司	2796	10.7
		大族激光科技产业集团股份有限公司	1353	5.2
		腾讯科技（深圳）有限公司	666	2.5
广州	8332	广州富港万嘉智能科技有限公司	431	2.6
		广州汽车集团股份有限公司	418	2.5
		澳芯集成电路技术（广东）有限公司	328	2.0
杭州	3372	杭州电子科技大学	188	1.6
		杭州派祺空气净化科技有限公司	186	1.6
		浙江机电职业技术学院	149	1.3

续表

重点城市	让与人数量（位）	主要让与人	转让次数（次）	占本地区转让次数比例（%）
北京海淀	1735	北大方正集团有限公司；深圳方正微电子有限公司	415	3.9
		曙光信息产业（北京）有限公司	340	3.2
		北大方正集团有限公司；北京北大方正电子有限公司	321	3.0
南京	2843	南京林业大学	1009	10.6
		江苏塔菲尔新能源科技股份有限公司；东莞塔菲尔新能源科技有限公司；深圳塔菲尔新能源科技有限公司	203	2.1
		江苏塔菲尔动力系统有限公司；江苏塔菲尔新能源科技股份有限公司；东莞塔菲尔新能源科技有限公司	197	2.1
武汉	1608	湖北亿咖通科技有限公司	548	8.9
		武汉大学	210	3.4
		东风设计研究院有限公司	193	3.1
上海浦东	827	凯斯纽荷兰（中国）管理有限公司	175	5.7
		建信金融科技有限责任公司	128	4.2
		上海展扬通信技术有限公司	91	3.0
海口	218	海南新软软件有限公司	55	8.6
		海南圣岛科技有限公司	30	4.7
		海南电网有限责任公司三沙供电局	27	4.2

数据来源：知识产权出版社 i 智库

数据时间：法律状态公告日为 2022 年 1 月 1 日至 2022 年 12 月 31 日

在第三批的10个重点城市中，泉州的让与人数量最多，共计1613位让与人，参与专利转让的主体规模较大，排名前三让与人的专利转让次数仅占全市总量的2.3%，集中度较低。东莞的让与人数量为1230位，排名前三的让与人包括东莞市爱康电子科技有限公司等企业。无锡的让与人数量为1163位，无锡先导智能装备股份有限公司的转让次数超过江南大学居首位，转让次数分别占全市的8.1%、5.1%。济南的让与人数量达到1285位，山东大学的转让次数居首，其转让次数占全市的4.6%。台州的让与人数量也突破千位，达到1127位，排名前三的让与人包括台州市吉吉知识产权运营有限公司、浙江巨力电机成套设备有限公司和台州职业技术学院。2022年第三批重点城市的主要让与人如表9－7所示。

表9－7　2022年第三批重点城市的主要让与人分析

重点城市	让与人数量（位）	主要让与人	转让次数（次）	占本地区转让次数比例（%）
东莞	1230	东莞市爱康电子科技有限公司	200	3.2
		东莞塔菲尔新能源科技有限公司；江苏塔菲尔新能源科技股份有限公司；深圳塔菲尔新能源科技有限公司	191	3.1
		华为终端有限公司	96	1.6
泉州	1613	南安市丽迪家居用品有限公司	49	0.9
		南安市好运来雨具有限公司	37	0.7
		南安萍锋农业科技有限公司	37	0.7
无锡	1163	无锡先导智能装备股份有限公司	354	8.1
		江南大学	224	5.1
		江阴智产汇知识产权运营有限公司	62	1.4

续表

重点城市	让与人数量（位）	主要让与人	转让次数（次）	占本地区转让次数比例（%）
济南	1285	山东大学	172	4. 6
		山东电力研究院；国家电网有限公司	145	3. 9
		齐鲁工业大学	126	3. 4
台州	1127	台州市吉吉知识产权运营有限公司	82	2. 4
		浙江巨力电机成套设备有限公司	53	1. 5
		台州职业技术学院	46	1. 3
石家庄	645	石家庄祥博瑞环保有限公司	53	3. 4
		河北工业职业技术学院	41	2. 6
		河北科技大学	35	2. 2
大连	430	瓦房店轴承集团国家轴承工程技术研究中心有限公司	51	3. 9
		大连理工大学	46	3. 5
		大连工业大学	38	2. 9
上海徐汇	225	复旦大学附属中山医院	41	4. 9
		上海应用技术大学	30	3. 6
		上海福赛特机器人有限公司	30	3. 6
天津东丽	106	天津曙光天成科技有限公司	84	14. 9
		力量知识产权（天津）有限公司	61	10. 8
		中知厚德知识产权投资管理（天津）有限公司	41	7. 3
重庆江北	140	重庆阿尔特汽车技术有限公司	30	66. 7

数据来源：知识产权出版社 i 智库

数据时间：法律状态公告日为 2022 年 1 月 1 日至 2022 年 12 月 31 日

在第四批的11个重点城市中，合肥、北京朝阳、烟台的专利转让活跃度相对较高。企业仍然是各城市专利转让的主力，部分城市的高校和科研院所也比较活跃，如沈阳、昆明、太原、长春和宜昌排在首位的让与人均为高校，沈阳排名前三的让与人均为高校院所，包括东北大学、沈阳建筑大学和中国科学院金属研究所，其中东北大学的专利转让数量占到全市专利转让总量的3.6%。2022年第四批重点城市的主要让与人如表9－8所示。

表9－8　2022年第四批重点城市的主要让与人分析

重点城市	让与人数量（位）	主要让与人	转让次数（次）	占本地区转让次数比例（%）
合肥	1624	合肥九州龙腾科技成果转化有限公司	223	4.5
		合肥工业大学	204	4.1
		哈工大机器人（合肥）国际创新研究院	186	3.7
北京朝阳	836	中国石油化工股份有限公司；中国石油化工股份有限公司青岛安全工程研究院	156	3.7
		中国科学院微电子研究所	106	2.5
		中石化石油工程技术服务有限公司；中石化胜利石油工程有限公司；中石化胜利石油工程有限公司地质录井公司	105	2.5
烟台	554	中节能万润股份有限公司	74	3.9
		国网山东省电力公司烟台供电公司；国家电网有限公司	66	3.5
		鲁东大学	63	3.3

续表

重点城市	让与人数量（位）	主要让与人	转让次数（次）	占本地区转让次数比例（%）
天津滨海新区	447	芯集租赁（天津）有限责任公司	220	13.1
		力神动力电池系统有限公司	180	10.7
		中国电子科技集团公司第十八研究所；中电科能源有限公司	104	6.2
沈阳	651	东北大学	58	3.6
		沈阳建筑大学	36	2.2
		中国科学院金属研究所	28	1.7
洛阳	414	中航锂电（洛阳）有限公司	186	13.1
		中航锂电（洛阳）有限公司；中创新航技术研究院（江苏）有限公司	125	8.8
		洛阳理工学院	62	4.4
昆明	626	昆明理工大学	84	5.9
		云南谷益美农业开发有限公司	26	1.8
		云南维扬机械设备有限公司	24	1.7
太原	504	太原理工大学	75	6.1
		山西鑫立能源科技有限公司	46	3.8
		山西大学	28	2.3
长春	441	吉林大学	102	8.8
		中国科学院长春光学精密机械与物理研究所	42	3.6
		中国科学院长春应用化学研究所	35	3.0

续表

重点城市	让与人数量（位）	主要让与人	转让次数（次）	占本地区转让次数比例（%）
乌鲁木齐	239	新疆额尔齐斯河流域开发工程建设管理局	39	7.1
		新疆远麟阳光幕墙装饰工程有限公司	26	4.8
		新疆众和股份有限公司	25	4.6
宜昌	149	三峡大学	69	12.9
		湖北楚派生物科技有限公司	15	2.8
		栾长珍	15	2.8

数据来源：知识产权出版社 i 智库

数据时间：法律状态公告日为 2022 年 1 月 1 日至 2022 年 12 月 31 日

9.1.2　重点城市为全国专利许可的主力军，第二批重点城市贡献率接近六成

2022 年，37 个重点城市专利许可次数共计 11224 次，较 2021 年小幅增长了 0.6%，占全国专利许可次数的 43.2%，占比较 2021 年有所下降，同比下降 12.3 个百分点。

第一批至第四批重点城市 2022 年专利许可次数占全国专利许可次数的比例分别为 6.4%、25.0%、7.2%、4.5%，第二批重点城市专利许可次数占 37 个重点城市专利许可次数的比重高达 57.9%，专利许可尤为活跃。

从各重点城市的专利许可次数来看，如表 9－9 至表 9－12 所示，深圳居第二批重点城市专利许可次数首位，同时也位居 37 个重点城市之首，专利许可次数为 2193 次，同比大幅增长 166.1%。宁波居第一批重点城市专利许可次数首位，专利许可次数为 842 次，较 2021 年下降 45.3%。台州位居第三批重点城市专利许可次数首位，专利许可次数为 633 次，较 2021 年下降 9.1%。北京朝阳居第四批重点城市专利许可次数首位，专利

许可次数为 255 次，较 2021 年大幅增长 264.3%。各重点城市中，长沙、厦门、重庆江北、烟台等的专利许可次数呈现大幅下降趋势，由于 2021 年基数较小，天津东丽、宜昌、长春、昆明等重点城市 2022 年出现大幅增长。

表 9-9　2021—2022 年第一批重点城市专利许可情况①

重点城市	专利许可次数（次）		同比变化（%）
	2021 年	2022 年	
宁波	1540	842	-45.3
西安	420	295	-29.8
苏州	243	206	-15.2
长沙	894	107	-88.0
成都	196	98	-50.0
青岛	52	52	0
郑州	70	39	-44.3
厦门	313	29	-90.7

数据来源：国家知识产权局

数据时间：备案合格日为 2021 年 1 月 1 日至 2022 年 12 月 31 日

表 9-10　2021—2022 年第二批重点城市专利许可情况

重点城市	专利许可次数（次）		同比变化（%）
	2021 年	2022 年	
深圳	824	2193	166.1
广州	1076	1320	22.7
杭州	1482	945	-36.2
南京	1020	787	-22.8
武汉	124	571	360.5
北京海淀	409	452	10.5

① 按照第一专利权人所在地统计，后同。

续表

重点城市	专利许可次数（次）		同比变化（%）
	2021 年	2022 年	
上海浦东	70	210	200.0
海口	24	16	-33.3

数据来源：国家知识产权局

数据时间：备案合格日为 2021 年 1 月 1 日至 2022 年 12 月 31 日

表 9-11　2021—2022 年第三批重点城市专利许可情况

重点城市	专利许可次数（次）		同比变化（%）
	2021 年	2022 年	
台州	696	633	-9.1
石家庄	457	472	3.3
无锡	68	218	220.6
东莞	57	160	180.7
天津东丽	7	150	2042.9
上海徐汇	50	106	112.0
济南	98	93	-5.1
泉州	36	28	-22.2
大连	27	23	-14.8
重庆江北	240	0	-100.0

数据来源：国家知识产权局

数据时间：备案合格日为 2021 年 1 月 1 日至 2022 年 12 月 31 日

表 9-12　2021—2022 年第四批重点城市专利许可情况

重点城市	专利许可次数（次）		同比变化（%）
	2020 年	2021 年	
北京朝阳	70	255	264.3
合肥	123	232	88.6
沈阳	113	129	14.2
天津滨海新区	41	124	202.4
宜昌	3	102	3300.0

续表

重点城市	专利许可次数（次）		同比变化（%）
	2020 年	2021 年	
乌鲁木齐	62	94	51.6
洛阳	74	88	18.9
长春	10	53	430.0
昆明	10	51	410.0
烟台	144	35	-75.7
太原	14	16	14.3

数据来源：国家知识产权局

数据时间：备案合格日为 2021 年 1 月 1 日至 2022 年 12 月 31 日

从各重点城市主要许可人的专利许可次数占本地区许可次数的比例来看，部分重点城市专利许可的集中度比较高。例如：宜昌的三峡大学专利许可次数占全市专利许可总量的 96.1%，东旭光电科技股份有限公司的专利许可次数占石家庄专利许可总量的 91.7%，河南科技大学专利许可次数占洛阳专利许可总量的 68.2%，广州大学的专利许可次数占广州许可总次数的比重也达到了 63.0%。

从各重点城市主要让与人的构成来看，企业和高校院所的许可活动比较活跃。例如宁波、长沙、成都、青岛、广州、杭州、南京等专利转让次数排名第一的均为高校，并且高校与地方政府共建的研究机构或创新平台已开始为当地的科技成果转化提供有力支撑，浙江大学台州研究院是台州排名首位的许可人，其专利许可次数占全市总量的 27.6%。按照许可次数排名，前三许可人来自深圳和广州，分别为：深圳迈瑞生物医疗电子股份有限公司（925 次）、广州大学（831 次）、深圳大学（777 次）。

具体来看，在第一批重点城市中，宁波的专利许可次数和许可人数量均居榜首（842 次，55 位），主要许可人占本地区许可次数比重为 27.7%，在第一批重点城市中该比例最低。青岛、厦门、成都、苏州主要许可人占本地区许可次数比重较高，分别达到 63.5%、51.7%、49.0%、

47.1%。结合主要许可人类型来看，宁波、长沙、成都、青岛的高校院所表现较为突出，其他重点城市多以企业许可人为主。2022 年第一批重点城市主要许可人如表 9－13 所示。

表 9－13　2022 年第一批重点城市主要许可人分析

重点城市	许可人数量（位）	主要许可人	许可次数（次）	占本地区许可次数比例（%）
宁波	55	宁波大学	89	10.6
		浙江大丰实业股份有限公司	80	9.5
		中国科学院宁波材料技术与工程研究所	64	7.6
西安	29	西安西电捷通无线网络通信股份有限公司	49	16.6
		西安培华学院	41	13.9
		中铁二十局集团有限公司	29	9.8
苏州	34	天翼交通科技有限公司	36	17.5
		昆山盛事达机械有限公司	35	17.0
		张家港宏昌钢板有限公司；江苏沙钢集团有限公司；江苏省沙钢钢铁研究院有限公司	26	12.6
长沙	29	中南林业科技大学	17	15.9
		中国人民解放军国防科技大学	14	13.1
		中南大学	12	11.2
成都	22	西南石油大学	29	29.6
		川开电气有限公司	10	10.2
		四川大学华西医院	9	9.2
青岛	18	中国石油大学（华东）	16	30.8
		中国水产科学研究院黄海水产研究所	11	21.2
		李科修	6	11.5

续表

重点城市	许可人数量（位）	主要许可人	许可次数（次）	占本地区许可次数比例（%）
郑州	17	河南晖睿智能科技有限公司	6	15.4
		希宝实业有限公司	6	15.4
		河南航天液压气动技术有限公司	4	10.3
厦门	17	厦门钨业股份有限公司	10	34.5
		科之杰新材料集团有限公司	5	17.2

数据来源：知识产权出版社 i 智库

数据时间：备案合格日为2022年1月1日至2022年12月31日

在第二批重点城市中，深圳的专利许可次数居榜首（2193次），主要许可人占本地区许可次数比重达到82.2%，在第二批重点城市中比例最高，专利许可活动的集中度较高，主要许可人包括深圳迈瑞生物医疗电子股份有限公司、深圳大学和深圳市合元科技有限公司。广州、杭州、海口、武汉的主要许可人占本地区许可次数比重也较高，均在50%以上。结合主要许可人类型来看，广州、杭州、南京、武汉的高校院所表现较为突出，其他重点城市中企业许可人较为活跃。2022年第二批重点城市主要许可人如表9-14所示。

表9-14　2022年第二批重点城市主要许可人分析

重点城市	许可人数量（位）	主要许可人	许可次数（次）	占本地区许可次数比例（%）
深圳	87	深圳迈瑞生物医疗电子股份有限公司	925	42.2
		深圳大学	777	35.4
		深圳市合元科技有限公司	100	4.6
广州	96	广州大学	831	63.0
		广东省农业科学院植物保护研究所	39	3.0
		中船黄埔文冲船舶有限公司	34	2.6

续表

重点城市	许可人数量（位）	主要许可人	许可次数（次）	占本地区许可次数比例（%）
杭州	67	浙江理工大学	220	23.3
		浙江工业大学	147	15.6
		杭州电子科技大学	139	14.7
南京	73	南京林业大学	145	18.4
		南京信息工程大学	72	9.1
		南京理工大学	63	8.0
武汉	40	湖北省农业科学院粮食作物研究所	181	31.7
		湖北省农业科学院果树茶叶研究所	82	14.4
		中国地质大学（武汉）	63	11.0
北京海淀	84	中科三清科技有限公司	110	24.3
		中国科学院计算技术研究所	41	9.1
		完美世界（北京）软件科技发展有限公司	33	7.3
上海浦东	63	波顿（上海）生物技术有限公司	17	8.1
		上海信鸿实业（集团）有限公司	16	7.6
		中交路桥华东工程有限公司；中交路桥建设有限公司	14	6.7
海口	5	海南北鸥生物能源开发有限公司	6	37.5
		海南赛诺实业有限公司	5	31.3

数据来源：知识产权出版社 i 智库

数据时间：备案合格日为2022年1月1日至2022年12月31日

在第三批重点城市中，台州的专利许可次数和许可人数量均居榜首（633次，33位），主要许可人占本地区许可次数比例之和为61.1%，专利许可活动的集中度较高。石家庄、大连主要许可人占本地区许可次数比例最高，分别达到98.5%、73.9%。结合主要许可人类型来看，台州、无锡、东莞、济南、泉州等的高校表现较为突出，许可次数排名居首位的均为高校，且该高校许可次数占本地区许可次数的比重均在 20% 以上。2022 年第三批重点城市主要许可人如表9－15所示。

表 9－15　2022 年第三批重点城市主要许可人分析

重点城市	许可人数量（位）	主要许可人	许可次数（次）	占本地区许可次数比例（%）
台州	33	浙江大学台州研究院	175	27.6
		台州科技职业学院	112	17.7
		浙江银轮机械股份有限公司	100	15.8
石家庄	24	东旭光电科技股份有限公司	433	91.7
		河北天鸿游乐设备有限责任公司	24	5.1
		河北工业职业技术学院	8	1.7
无锡	24	无锡商业职业技术学院	62	28.4
		无锡吉兴汽车声学部件科技有限公司	39	17.9
		江苏智慧工场技术研究院有限公司	35	16.1
东莞	31	东莞理工学院	47	29.4
		东莞华南设计创新院	18	11.3
		广东健恒环境产业有限公司	13	8.1
天津东丽	13	天津鼎拓恒远知识产权服务有限公司	50	33.3
		科大天工智能装备技术（天津）有限公司	24	16.0
		力量知识产权（天津）有限公司	14	9.3
上海徐汇	20	复旦大学附属中山医院	39	36.8
		上海路傲电子科技有限公司	16	15.1
		中国科学院分子细胞科学卓越创新中心	10	9.4
济南	24	山东大学	28	30.1
		山东建筑大学	12	12.9
		齐鲁工业大学	8	8.6

续表

重点城市	许可人数量（位）	主要许可人	许可次数（次）	占本地区许可次数比例（%）
泉州	11	华侨大学	6	21.4
		泉州市天辰纸品包装有限公司	6	21.4
		晋江博鸿机械有限公司	6	21.4
大连	9	大连东马混凝土构件有限公司	9	39.1
		大连海事大学	4	17.4
		大连理工大学	4	17.4

数据来源：知识产权出版社 i 智库

数据时间：备案合格日为2022年1月1日至2022年12月31日

与前三批重点城市相比，第四批重点城市的专利许可次数和许可人数量普遍偏少。北京朝阳的专利许可次数居榜首（255次），主要许可人占本地区许可次数比例之和为25.1%，专利许可活动的集中度一般。宜昌、昆明、乌鲁木齐、洛阳主要许可人占本地区许可次数比重较高，均超过90%，专利许可活动的集中度很高。结合主要许可人类型来看，宜昌、洛阳、太原的高校表现较为突出，许可次数排名居首位的均为高校，且该高校许可次数占本地区许可次数的比重均在60%以上。2022年第四批重点城市主要许可人如表9－16所示。

表9－16　2022年第四批重点城市主要许可人分析

重点城市	许可人数量（位）	主要许可人	许可次数（次）	占本地区许可次数比例（%）
北京朝阳	31	芯立（北京）科技有限公司	35	13.7
		北京工业大学	16	6.3
		中国石油化工股份有限公司北京化工研究院	13	5.1

续表

重点城市	许可人数量（位）	主要许可人	许可次数（次）	占本地区许可次数比例（%）
合肥	39	北京航空航天大学合肥创新研究院	11	4.7
		合肥矽迈微电子科技有限公司	11	4.7
		合肥的卢深视科技有限公司	10	4.3
		合肥本源量子计算科技有限责任公司	10	4.3
		安徽威尔低碳科技股份有限公司	10	4.3
		合肥英睿系统技术有限公司	10	4.3
		安徽中科光电色选机械有限公司	10	4.3
沈阳	23	东北大学	44	34.1
		中国航空工业集团公司沈阳飞机设计研究所；中航技进出口有限责任公司	25	19.4
		中国科学院金属研究所	13	10.1
天津滨海新区	30	天津市敬业精细化工有限公司	24	19.4
		天津大学滨海工业研究院有限公司	17	13.7
		天津市橡胶工业研究所有限公司	10	8.1
		天津科技大学	10	8.1
宜昌	2	三峡大学	98	96.1
		宜昌杰宝电器制造有限公司	4	3.9
乌鲁木齐	4	新特能源股份有限公司	90	95.7
		新疆农业科学院经济作物研究所；新疆农业科学院核技术生物技术研究所（新疆维吾尔自治区生物技术研究中心）	3	3.2
洛阳	6	河南科技大学	60	68.2
		洛阳理工学院	20	22.7
		三杰节能新材料股份有限公司	5	5.7
长春	8	吉林大学	12	22.6
		中国科学院长春应用化学研究所	12	22.6
		中国农业科学院特产研究所	12	22.6

续表

重点城市	许可人数量（位）	主要许可人	许可次数（次）	占本地区许可次数比例（%）
昆明	3	云南省药物研究所	24	47.1
		中国科学院昆明植物研究所	15	29.4
		昆明理工大学资产经营有限公司	12	23.5
烟台	15	鲁东大学	8	22.9
		烟台华正仪器仪表有限公司	4	11.4
		烟台大学	4	11.4
		烟台橡研材料科技有限公司	4	11.4
太原	4	太原理工大学	10	62.5
		太原科技大学	3	18.8

数据来源：知识产权出版社 i 智库

数据时间：备案合格日为2022年1月1日至2022年12月31日

9.1.3 重点城市专利质押融资总额占全国近四成，杭州质押融资金额保持首位

国家知识产权局公布的数据显示，2022年37个重点城市专利质押融资总额达到1553.2亿元，同比增长46.2%，占全国专利质押融资总额的38.7%。37个重点城市共涉及专利质押项目10565项，同比增长48.3%，占全国总量的42.2%，较2021年有所下降[①]。从各个重点城市质押融资的金额来看，杭州质押融资总额最高，共计235.1亿元，其次为台州、深圳，分别为191.6亿元和167.1亿元。

从专利质押登记合同数来看，排名居前五位的重点城市分别是杭州、西安、广州、台州和南京，专利质押登记合同数量均在500笔以上，其中杭州的专利质押登记合同数量破千，达到1373笔，同时合同数量增长最多，较2021年增长601笔，增幅达到77.8%。

① 2021年该比例为46.1%。

第一批重点城市实现专利质押融资金额共计 329.0 亿元，同比增长 40.5%，增速比 2021 年下降了 23.2 个百分点，涉及的合同总数为 2970 笔，同比增长 47.6%。其中，宁波的专利质押融资金额最高，苏州、成都、宁波等重点城市的专利质押融资金额有较大幅度增长。2022 年，宁波的专利质押融资金额为 114.3 亿元，同比增长 58.5%，签订质押合同 450 笔，增幅达 172.7%；苏州在 2022 年实现专利质押融资金额 83.8 亿元，较 2021 年增加了 42.8 亿元，同比增长 104.4%，签订质押合同 509 笔，增幅为 201.2%；成都实现专利质押融资金额 39.9 亿元，签订质押合同 560 笔，同比增长分别达到 65.0% 和 39.3%；西安的专利质押融资金额为 30.3 亿元，签订质押合同 853 笔，质押合同数位居第一批重点城市之首。如表 9－17 所示。

表 9－17　2021—2022 年第一批重点城市专利质押情况

重点城市	质押融资金额（亿元）		同比变化（%）	质押登记合同数量（笔）		同比变化（%）
	2021 年	2022 年		2021 年	2022 年	
宁波	72.1	114.3	58.5	165	450	172.7
苏州	41	83.8	104.4	169	509	201.2
成都	24.2	39.9	65.0	402	560	39.3
西安	34.2	30.3	－11.4	782	853	9.1
厦门	17.6	23.0	30.7	217	277	27.6
长沙	21.1	19.6	－7.1	115	154	33.9
青岛	20.6	14.4	－30.1	132	137	3.8
郑州	3.4	3.7	8.8	30	30	0

数据来源：国家知识产权局

数据时间：备案合格日为 2021 年 1 月 1 日至 2022 年 12 月 31 日

第二批重点城市实现专利质押融资金额 712.3 亿元，同比增长 60.0%，增速比 2021 年提高了 19 个百分点，涉及的质押合同总数为 4400 笔，同比增长 42.4%，第二批重点城市专利质押融资金额和质押合同数分别占37个重点城市总量的45.9%、41.6%，位居首位。第二批重点城市的专利质押融资金额均处于增长态势，上海浦东新区、武汉、南京等的专利质押融资金额有较大幅度增长。其中，杭州专利质押融资金额为235.1亿元，比2021年增长了97.6亿元，增幅为71.0%，涉及质押合同1373笔，专利质押融资金额以及质押登记合同数量均位居37个重点城市之首；深圳专利质押融资金额为167.1亿元，比2021年增长52.4亿元，增幅为45.7%，涉及质押合同676笔，质押合同数量增幅为24.5%，专利质押融资金额在第二批重点城市中位于第二位。广州专利质押融资金额为141.7亿元，同比增长36.4%，涉及质押合同852笔，质押合同数在第二批重点城市中位列第二名。上海浦东、武汉、南京等的专利质押融资金额增幅较大，分别达到158.20%、111.65%、94.01%。如表9-18所示。

表9-18　2021—2022年第二批重点城市专利质押情况

重点城市	质押融资金额（亿元）		同比变化（%）	质押登记合同数量（笔）		同比变化（%）
	2021年	2022年		2021年	2022年	
杭州	137.5	235.1	71.0	772	1373	77.8
深圳	114.7	167.1	45.7	543	676	24.5
广州	103.9	141.7	36.4	627	852	35.9
南京	31.7	61.5	94.0	717	737	2.8
北京海淀	29	49.0	69.0	222	312	40.5
武汉	16.4	34.7	111.6	143	306	114.0
上海浦东	6.7	17.3	158.2	53	112	111.3
海口	5.2	5.9	13.5	13	32	146.2

数据来源：国家知识产权局

数据时间：法律状态公告日为2021年1月1日至2022年12月31日

第三批重点城市共计实现专利质押融资金额407.2亿元，同比增长34.6%，涉及的合同总数为2363笔，同比增长61.4%。台州专利质押融资金额为191.6亿元，比2021年增长40.5亿元，增幅为26.8%，涉及质押合同765 笔，同比增长42.2%，专利质押融资金额和合同数量均居第三批重点城市之首；东莞专利质押融资金额为96.4 亿元，同比增长78.8%，专利质押融资金额在第三批重点城市中位于第二位；石家庄和天津东丽的专利质押融资金额同比增幅较大，增幅分别为 182.4%、93.3%。如表9－19 所示。

表9－19　2021—2022 年第三批重点城市专利质押情况

重点城市	质押融资金额（亿元）		同比变化（%）	质押登记合同数量（笔）		同比变化（%）
	2021 年	2022 年		2021 年	2022 年	
台州	151.1	191.6	26.8	538	765	42.2
东莞	53.9	96.4	78.8	89	184	106.7
无锡	40.4	55.4	37.1	472	491	4.0
济南	25.1	30.6	21.9	227	517	127.8
大连	12	12.4	3.3	37	270	629.7
上海徐汇	6.8	6.9	1.5	16	26	62.5
泉州	9.7	5.8	－40.2	57	52	－8.8
石家庄	1.7	4.8	182.4	9	23	155.6
天津东丽	1.5	2.9	93.3	18	33	83.3
重庆江北	0.3	0.4	33.3	1	2	100.0

数据来源：国家知识产权局

数据时间：法律状态公告日为2021 年1 月1 日至2022 年12 月31 日

第四批重点城市共计实现专利质押融资金额104.6 亿元，同比增长29.9%，涉及合同总数为832 笔，同比增长48.6%，与前三批重点城市相比，专利质押融资金额和专利质押合同数量都有一定差距。其中，烟台专利质押融资金额为37.5 亿元，同比增长81.2%，涉及专利质押合同288笔，同比增长60.9%，专利质押融资金额和合同数量均位居第四批重点城市之首；合肥的专利质押融资金额增长较快，质押金额从2021 年的9.4亿元增长至25.4 亿元，增幅达到170.2%，涉及专利质押合同173 笔，增幅也达到了53.1%。长春、宜昌、沈阳、太原、天津滨海新区的专利质押融资金额出现不同程度的下降。如表9－20所示。

表9－20　2021—2022年第四批重点城市专利质押情况

重点城市	质押融资金额（亿元）		同比变化（%）	质押登记合同数量（笔）		同比变化（%）
	2021年	2022年		2021年	2022年	
烟台	20.7	37.5	81.2	179	288	60.9
合肥	9.4	25.4	170.2	113	173	53.1
长春	12.2	11.3	－7.4	70	68	－2.9
宜昌	20.3	7.9	－61.1	37	74	100.0
北京朝阳	3.6	6.1	69.4	38	60	57.9
昆明	1	3.8	280.0	15	32	113.3
沈阳	6.3	3.6	－42.9	22	24	9.1
洛阳	1.5	3.3	120.0	17	26	52.9
太原	3.1	2.7	－12.9	36	31	－13.9
天津滨海新区	2.1	1.8	－14.3	26	42	61.5
乌鲁木齐	0.3	1.2	300.0	7	14	100.0

数据来源：国家知识产权局

数据时间：法律状态公告日为2021年1月1日至2022年12月31日

进一步对37个重点城市专利质押的主要质权人进行分析，各重点城市的主要质权人的类型不尽相同，主要涉及银行、融资担保公司和其他金融机构。

质权人方面，第一批重点城市中宁波、苏州的质权人数量有较大幅度增长，苏州的质权人数量由2021年的70位增长至122位，排名居首位，主要质权人分别为浙江泰隆商业银行股份有限公司、苏州银行股份有限公司、江苏银行股份有限公司这3家城市商业银行的分行。宁波的质权人数量由2021年的77位增长至113位，排名第二，主要质权人涉及城市商业银行浙江泰隆商业银行股份有限公司的3家支行。成都的主要质权人涉及融资担保公司、城市商业银行和全国性股份制商业银行，其中排名居首位的成都中小企业融资担保有限责任公司涉及质押合同 240 笔，占成都质押合同总量的 42.9% 。西安、青岛等重点城市的主要质权人中融资担保公司较为活跃，发挥越来越重要的作用，如西安创新融资担保有限公司和西安投融资担保有限公司两家融资担保公司涉及质押合同数占西安市总量的 68.6% 。出质人方面，西安的出质人数量排在第一位，达到 696 位，比 2021 年增加了 156 位，有更多的创新型中小微企业通过专利质押获得融资支持。2022 年第一批重点城市主要质权人如表 9－21 所示。

表 9－21　2022 年第一批重点城市主要质权人情况

重点城市	出质人数量（个）	质权人数量（个）	主要质权人	质押合同数（笔）
宁波	434	113	浙江泰隆商业银行股份有限公司宁波余姚支行	66
			浙江泰隆商业银行股份有限公司宁波海曙支行	35
			浙江泰隆商业银行股份有限公司宁波奉化支行	30
苏州	474	122	浙江泰隆商业银行股份有限公司苏州蠡口支行	40
			苏州银行股份有限公司太仓支行	24
			江苏银行股份有限公司苏州分行	23
成都	505	71	成都中小企业融资担保有限责任公司	240
			成都银行股份有限公司科技支行	61
			兴业银行股份有限公司成都分行	21
西安	696	43	西安创新融资担保有限公司	453
			西安投融资担保有限公司	132
			西安科技金融服务中心有限公司	46

续表

重点城市	出质人数量（个）	质权人数量（个）	主要质权人	质押合同数（笔）
厦门	257	24	中国光大银行股份有限公司厦门分行	46
			厦门金原融资担保有限公司	45
			厦门市中小企业融资担保有限公司	36
长沙	176	61	湖南金信融资担保有限责任公司	21
			湖南湘江中盈投资管理有限公司	12
			交通银行股份有限公司湖南省分行	12
青岛	135	29	青岛高创科技融资担保有限公司	61
			青岛华商汇通融资担保有限公司	25
			兴业银行股份有限公司青岛分行	9
郑州	32	22	中国银行股份有限公司郑州文化支行	5
			中国银行股份有限公司郑州高新技术开发区支行	4

数据来源：知识产权出版社 i 智库

数据时间：法律状态公告日为2022年1月1日至2022年12月31日

在第二批重点城市中，如表9－22所示，杭州的出质人和质权人数量均排在第一位，主要质权人涉及融资担保公司和城市商业银行，其中杭州高科技融资担保有限公司涉及专利质押合同405笔，占杭州总合同数的29.5%。

广州的出质人和质权人数量均位居第二。广州的质权人主要是银行，其主要质权人为中国银行股份有限公司的3家支行，包括广州开发区分行、广州天河支行和广州番禺支行，共涉及专利质押合同220笔，占广州总合同数的25.8%。

南京的出质人和质权人数量均位居第三。南京的主要质权人涉及城市商业银行、小额贷款公司和农村商业银行，主要质权人包括江苏银行股份有限公司南京分行、江苏信保科技小额贷款股份有限公司和江苏紫金农村商业银行股份有限公司鼓楼支行，共涉及专利质押合同173笔，占南京总合同数的 23.5%。

深圳排名前三位的质权人涉及小额贷款公司和融资担保公司，其中深圳市中小担小额贷款有限公司和深圳市高新投小额贷款有限公司共涉及专利质押合同 348 笔，占深圳专利质押合同总量的 51.5%。

北京海淀的质权人主要为融资担保公司。北京海淀质押合同数排名前三位的均为融资担保公司，包括北京海淀科技企业融资担保有限公司、北京中关村科技融资担保有限公司和北京中技知识产权融资担保有限公司，3 家融资担保公司共完成专利质押合同 266 笔，占北京海淀专利质押合同总数的 85.3%，集中度非常高。

上海浦东的主要质权人为融资担保公司、融资租赁公司和城市商业银行，其中上海浦东科技融资担保有限公司和上海临港融资租赁有限公司涉及专利质押合同 34 笔，占上海浦东专利质押合同总量的 30.4%。

武汉的主要质权人为银行，涉及农村商业银行、六大国有商业银行和全国性股份制商业银行，武汉农村商业银行股份有限公司光谷分行排名居首位，涉及专利质押合同 117 笔，占武汉专利质押合同总量的 38.2%。

海口的专利质押合同数量较少，出质人和质权人数量也是第二批重点城市中最少的，主要质权人包括兴业银行股份有限公司海口分行、中国光大银行股份有限公司海口分行和海口市融资担保有限公司。

表 9－22　2022 年第二批重点城市主要质权人情况

重点城市	出质人数量（个）	质权人数量（个）	主要质权人	质押合同数（笔）
杭州	1175	185	杭州高科技融资担保有限公司	405
			浙江泰隆商业银行股份有限公司杭州富阳支行	53
			浙江泰隆商业银行股份有限公司杭州临安支行	50

续表

重点城市	出质人数量（个）	质权人数量（个）	主要质权人	质押合同数（笔）
深圳	573	71	深圳市中小担小额贷款有限公司	210
			深圳市高新投小额贷款有限公司	138
			深圳市中小企业融资担保有限公司	97
广州	744	98	中国银行股份有限公司广州开发区分行	113
			中国银行股份有限公司广州天河支行	55
			中国银行股份有限公司广州番禺支行	52
南京	663	85	江苏银行股份有限公司南京分行	78
			江苏信保科技小额贷款股份有限公司	53
			江苏紫金农村商业银行股份有限公司鼓楼支行	42
北京海淀	297	22	北京海淀科技企业融资担保有限公司	122
			北京中关村科技融资担保有限公司	81
			北京中技知识产权融资担保有限公司	63
武汉	271	43	武汉农村商业银行股份有限公司光谷分行	117
			中国银行股份有限公司湖北自贸试验区武汉片区分行	37
			兴业银行股份有限公司武汉分行	21
上海浦东	130	40	上海浦东科技融资担保有限公司	17
			上海临港融资租赁有限公司	17
			上海银行股份有限公司浦东分行	9
海口	30	19	兴业银行股份有限公司海口分行	6
			中国光大银行股份有限公司海口分行	4
			海口市融资担保有限公司	4

数据来源：知识产权出版社 i 智库

数据时间：法律状态公告日为 2022 年 1 月 1 日至 2022 年 12 月 31 日

第三批重点城市中，如表 9－23 所示，参与专利质押融资业务最多的为银行，主要是城市商业银行、六大国有商业银行以及农村商业银行，参与较多的银行包括浙江泰隆商业银行股份有限公司、中国建设银行股份有限公司、江苏银行股份有限公司、济南农村商业银行股份有限公司等。台州的出质人和质权人数量均居第三批重点城市之首，排在前三位的质权人分别为浙江泰隆商业银行股份有限公司台州温岭支行、浙江温岭农村商业银行股份有限公司和浙江泰隆商业银行股份有限公司台州分行，共涉及专利质押合同 219 笔，占台州专利质押合同总量的 28.6%。

表 9－23　2022 年第三批重点城市主要质权人情况

重点城市	出质人数量（个）	质权人数量（个）	主要质权人	质押合同数（笔）
台州	707	131	浙江泰隆商业银行股份有限公司台州温岭支行	96
			浙江温岭农村商业银行股份有限公司	72
			浙江泰隆商业银行股份有限公司台州分行	51
东莞	166	25	中国建设银行股份有限公司东莞市分行	74
			中国银行股份有限公司东莞分行	25
			东莞市科创融资担保有限公司	24
无锡	402	77	江苏银行股份有限公司无锡分行	44
			中国银行股份有限公司江阴分行	25
			江苏银行股份有限公司无锡惠山支行	22
济南	428	99	济南农村商业银行股份有限公司高新支行	66
			齐鲁银行股份有限公司济南科技创新中心支行	32
			济南农村商业银行股份有限公司历下支行	29

续表

重点城市	出质人数量（个）	质权人数量（个）	主要质权人	质押合同数（笔）
大连	230	45	大连市科技融资担保有限公司	47
			中国工商银行股份有限公司大连高新园区支行	29
			广发银行股份有限公司大连分行	22
上海徐汇	60	9	上海银行股份有限公司漕河泾支行	37
			上海农村商业银行股份有限公司徐汇支行	11
			兴业银行股份有限公司上海徐汇支行	4
泉州	53	41	中国银行股份有限公司晋江分行	5
			福建石狮农村商业银行股份有限公司永宁支行	3
石家庄	31	16	中信银行股份有限公司石家庄分行	3
			中国建设银行股份有限公司辛集支行	3
			兴业银行股份有限公司石家庄分行	3
			中国光大银行股份有限公司石家庄分行	3
天津东丽	3	3	中国银行股份有限公司天津东丽支行	2
重庆江北	25	3	兴业银行股份有限公司重庆分行	19
			中国民生银行股份有限公司重庆分行	4
			中信银行股份有限公司重庆分行	2

数据来源：知识产权出版社 i 智库

数据时间：法律状态公告日为2022年1月1日至2022年12月31日

第四批重点城市中，如表9-24所示，各重点城市主要质权人多为融资担保公司、城市商业银行和六大国有商业银行。其中烟台的出质人和质权人数量均排在第一位，排名前三的质权人均为银行，包括日照银行股份有限公司烟台分行、山东龙口农村商业银行股份有限公司、中国邮政储蓄银行股份有限公司龙口市支行，共涉及专利质押合同50笔，占烟台专利质押合同总量的 17.4%。长春、宜昌、沈阳、天津滨海新区的主要质权人中融资担保公司都发挥了重要作用。

表 9 – 24　2022 年第四批重点城市主要质权人情况

重点城市	出质人数量（个）	质权人数量（个）	主要质权人	质押合同数（笔）
烟台	251	75	日照银行股份有限公司烟台分行	19
			山东龙口农村商业银行股份有限公司	16
			中国邮政储蓄银行股份有限公司龙口市支行	15
合肥	170	66	安徽兴泰融资租赁有限责任公司	22
			徽商银行股份有限公司安徽自贸试验区合肥片区支行	11
			肥东县中小企业融资担保有限公司	10
长春	68	27	吉林省众信科技信用融资担保有限公司	19
			吉林九台农村商业银行股份有限公司长春分行	9
			兴业银行股份有限公司长春分行	8
宜昌	71	16	宜昌市融资担保集团有限公司	32
			中国银行股份有限公司三峡分行	15
			枝江市金桥融资担保有限责任公司	4
北京朝阳	79	11	中关村科技租赁股份有限公司	89
			徽商银行股份有限公司北京分行	2
昆明	25	20	中国邮政储蓄银行股份有限公司昆明市分行	4
			富民县农村信用合作联社	4
			昆明市盘龙区农村信用合作联社茨坝信用社	3
沈阳	24	11	沈阳盛京融资担保有限公司	9
			沈阳市科技融资担保有限公司	3

续表

重点城市	出质人数量（个）	质权人数量（个）	主要质权人	质押合同数（笔）
洛阳	22	9	中国银行股份有限公司洛阳分行	15
			中原银行股份有限公司洛阳分行	2
太原	32	15	中国银行股份有限公司太原并州支行	6
			中国银行股份有限公司太原综改区支行	5
			山西转型综改示范区融资担保有限公司	4
天津滨海新区	40	9	天津中关村科技融资担保有限公司	16
			中国建设银行股份有限公司天津开发分行	8
			天津科融融资担保有限公司	8
乌鲁木齐	18	9	北京银行股份有限公司乌鲁木齐分行	5
			中国银行股份有限公司乌鲁木齐市北京路支行	3
			中国民生银行股份有限公司乌鲁木齐分行	3

数据来源：知识产权出版社 i 智库

数据时间：法律状态公告日为2022年1月1日至2022年12月31日

9.2 相关经验及典型案例

9.2.1 杭州运营服务体系建设经验及典型案例

1. 建设经验

杭州市知识产权运营服务体系建设工作坚持“突出特色、质量引领、市场导向、融合发展”原则，通过集成政策、整合资源、创新机制、强化保护，建设支撑区域特色产业发展的知识产权运营服务体系，充分依托杭州区域和产业优势，完善知识产权政策与产业政策、金融政策的衔接，促进知识产权运营平台、机构、资本和产业等要素融合发展。

（1）强化顶层设计，确保各项任务有效落实。在全国省区市层面率先顶格召开全市知识产权工作大会，举办市政府与省知识产权局局市会商会议，全面落实党中央、国务院和省委、省政府关于知识产权高质量发展的决策部署。将知识产权运营体系建设工作纳入高质量实施意见、“十四五”规划等市委重要文件。中央资金严格按照《杭州市知识产权运营服务体系建设资金管理办法》等各项资金管理办法执行，注重资金的使用安全和绩效。

（2）强化产业引领，支持创新主体高效发展。开展专利密集型产业研究，组织开展杭州市专利密集型产业研究，建立专利密集型产业增加值核算与发布机制。培育高价值专利组合，针对人工智能等重点产业，培育规模较大、布局合理、对产业发展和国际竞争力具有支撑保障作用的高价值专利组合，积极推动专利的产业化。健全专利导航发展机制，围绕新一代信息技术、高端装备制造等重点产业，发布全市专利导航工作指南，建立健全专利导航产业发展工作机制。分类开展企业主体知识产权能力建设，培育上千家知识产权优势、示范企业，以小微企业集聚的众创空间、孵化器、园区为单位开展专利托管工作。加大商标、地理标志区域品牌培育力度，推进品牌指导服务站建设，为涉疫企业商标注册申请绿色通道。

（3）强化机制创新，深化知识产权运营服务。设立 3000 万元杭州市专利权质押融资风险补偿基金，用于补偿金融机构（担保机构）对中小微企业开展专利质押融资服务政策性担保时产生的风险损失。开展数据知识产权质押试点工作，聚焦解决企业数据来源、权属价值、数据存证、质押流程等问题，确定了数据存证流程规范，探索出了数据知识产权质押融资的有效路径。设立重点产业运营引导基金，重点投向高端装备制造、新材料等先导性、战略性新兴产业。开展证券化试点，启动全省首单证券化项目，为区域内成长型科技企业提供成本较低的大额融资。开展企业专利保险工作，出台《杭州市专利保险补贴资金管理办法》，重点对专利试点（示范）企业、专利奖获奖企业、获得专利质押融资贷款企业开展专利保险给予补助，缓解企业维权难、维权贵的问题。建设科创企业上市知识产权加速器，开展科创板拟上市企业知识产权辅导。推动专利标准化建设，建设全球标准必要专利数据库，积极推进专利密集型产业标准化建设，以部分头部企业为试点，构建专利密集型产业“专利＋标准”融合发展路径。

（4）强化平台建设，高水平服务集聚发展。推动产业知识产权运营中心建设。获批中国物联网产业、人工智能产业知识产权运营中心。构建“全市域、全门类、全链条”一网办平台，以市场主体需求为导向，建成集政务服务、数据查询、区域创新分析等9大功能板块的公共服务平台，实现快速专利预审、区域创新监控、统一专利交易、重点产业导航、知识产权综合保护、项目申报等智慧化应用。推进知识产权“一件事”改革，发布《杭州市企业知识产权服务事项工作清单》；设立知识产权综合服务中心。搭建“云端办”网上平台，与市政府“亲清在线”平台实现对接，实现部分知识产权服务事项“跑零次”。建设知识产权大数据中心，聚焦市场主体需求，构建知识产权大数据中台，定制产业导航、行业数据库等高端数据应用系统，为区域经济发展分析、研判和智治提供知识产权大数据支撑。

2. **典型案例**

案例一：探索基于区块链数据知识产权质押新模式

1. 基本情况和成效

习近平总书记在第十九届中共中央政治局第二次集体学习时强调“要制定数据资源确权、开放、流通、交易相关制度，完善数据产权保护制度”。中共中央、国务院印发的《知识产权强国建设纲要（2021—2035年）》《“十四五”国家知识产权保护和运用规划》中均提出“研究构建数据知识产权保护规则”。浙江省人民政府与国家知识产权局签署的《知识产权合作会商议定书》也明确提出“指导浙江研制知识产权保护数字化改革标准，探索制订大数据、数字经济等数字领域知识产权保护管理规则”。数据作为数字经济时代最为核心的生产要素，已经成为科技创新的突破口，正在为经济发展源源不断注入新动能。

杭州以高新区（滨江）为创新试点开展基于区块链数据知识产权质押新模式，探索建立安全可信、管理可控、源头可溯的数据知识产权交易环境，2021 年 9 月 9 日发布《数据知识产权质押服务规程》省级团体标准，发出全国首张数据知识产权公共存证证书，开展全国首批基于区块链存证的数据知识产权质押业务，并于 2022 年落地全国首单数据知识产权质押融资项目。2023 年 4 月杭州发布《数据知识产权交易指南》地方标准，为全国首个地方标准。《数据知识产权质押服务规程》已通过省级地方标准立项，有望成为数据知识产权领域的一项制度性突破，此外还开展了《数据知识产权保护规则》《数据知识产权价值评估》等项目研究。通过积极促进数据知识产权的供需对接和交易流通，引导数据知识产权的市场化定价机制规范化发展，充分挖掘数据知识产权潜在的经济和社会价值，为数据知识产权价值转化提供先行经验。2022 年全市数据存证达 3781 件。截至 2023 年 7 月底，累计有 8 家企业从金融机构获得数据知识质押贷款 3100 万元，并成功将相关数据许可给第三方使用。该案例入选 2021 年度浙江省营商环境改革创新十佳案例和 2022 年第一批中国（浙江）自由贸易试验区最佳制度创新案例，并在《中国知识产权报》头版进行了报道。

2. 具体做法和举措

（1）制定数据规范，避敏感宜公开。为有效避免数据涉密性、敏感性而无法公开的困境，创新制定数据规范“三原则”：知情同意原则、敏感数据排除原则、数据质量保证原则，使数据资产宜公开同时又符合质押的要求。开展数据知识产权保护制度改革试点，依托全省知识产权区块链存证平台，聚焦解决企业数据来源、权属价值、数据存证、质押流程等问题，发布《数据知识产权质押服务规程》省级团体标准。

（2）搭建数据平台，确权属保安全。一是搭建知识产权区块链公共存证平台。参与搭建省知识产权区块链公共存证平台，数据存储在联盟链上，接入省知识产权研究与服务中心、杭州互联网公证处、浙江大数据交易中心等单位，所有存证内容自上链起即通过印刻链同步到省市场监督管理局、互联网法院等机构单位，对数据存证内容多方机构达成存证共识，解决数据公信力问题。二是搭建数据安全存储平台。通过浙江大数据交易中心设立的数据安全存储平台，发生数据知识产权质押时，企业将自行脱敏后的数据存放到数据安全存储平台进行数据资产加密托管储存，平台利用数据资产对应的唯一哈希指纹在省知识产权区块链存证平台进行抵押数据验证，包括数据内容是否存证、数据归属是否统一、数据内容是否篡改等事项。

（3）建立质押路径，辨真伪放贷款。一是数据存证登记。生产数据的企业签订数据知识产权质押承诺书，将其源数据或非源数据脱敏处理后上传至省知识产权区块链公共存证平台进行存证，并在浙江省数据知识产权登记平台进行数据知识产权登记。二是证书出具。企业将相关数据上传至数据安全存储平台并对存储的数据在省知识产权区块链存证平台进行数据验证，验证通过后由省知识产权研究与服务中心颁发《浙江省知识产权区块链存证平台数据资产存证证书》，作为企业数据知识产权质押贷款的准官方认可证书。三是数据质押。金融机构对企业数据知识产权进行有效评估，与企业签订质押协议，授信贷款。

3. 经验启示和亮点

（1）为数据资产实现价值转化提供先行经验。杭州以数据知识产权质押试点为契机，以省区块链公共存证平台为基础，聚焦解决企业数据来源、权属价值、数据存证、质押流程等问题，确定数据存证流程规范，探索出数据知识产权质押融资的有效路径，为数据资产实现价值转化提供先行经验。

（2）出台数据知识产权质押团体标准。数据知识产权质押流程规范化，并形成团体标准，一方面让数据资产转化得到市场的认可，切实帮助中小微企业将数据知识产权成果转化为实打实的企业核心资产，有效畅通企业资金链，另一方面使得数据知识产权质押先行先试的探索成为可复制、可推广的经验办法。

(3) 助力科技型中小企业真正实现轻松融资。科技型中小企业需要将数据质押贷款的，可以将数据上传到浙江省大数据交易中心并进行加密，经省大数据交易中心数据哈希值计算与存证平台哈希值比对一致的，银行依据存证证书与企业签订质押协议并授信贷款。

案例二：体系化探索完善知识产权市场化定价和交易服务机制助力企业高质量发展

1. 基本情况和成效

按照《杭州市国家营商环境创新试点实施方案》有关要求，杭州市完善相关政策，建立目标工作体系，进一步探索完善知识产权市场化定价和交易服务机制，打通知识产权转移转化“全链条”，助力产业、企业高质量发展。

一是实行实体化运作，创设中心。杭州市市场监督管理局联合浙江知识产权交易中心、拱墅区政府和浙大城市学院，在拱墅区智慧网谷设立杭州知识产权交易服务中心，实行市场化运作。制定《知识产权交易规则》为核心的制度体系，规范交易平台运营方以及参与中介机构行为。截至 2023 年 5 月底，已引进知识产权服务机构（含分支机构）5 个；通过知识产权交易、培训、“点对点”等多种方式服务科技型企业 500 余家；转移转化高价值知识产权 1935 项科技成果，其中包括 1747 件专利科技成果，交易金额 41198. 74 万元。

二是强化数字化赋能，搭建平台。建设完成集知识产权挂牌交易、项目推荐、拍卖以及资金结算等功能的线上交易大厅，可为全省、全国提供“全链条”知识产权交易转化服务。开发专利分析评级和企业精准匹配系统，实现高校、企业、专家技术精准“画像”和匹配功能。协调长三角知识产权信息公共服务平台落地杭州，实现知识产权授权开放功能和“三省一市”知识产权数据导入导出更新功能。

三是面向中小微企业，实施专项。搭建知识产权供需对接平台，联合高校院所梳理知识产权成果资源。先后举办知识产权交易培训和产学研对接活动20余场，征集数字经济等战略新型产业领域可转化有效发明专利9000余件，分三次专项行动面向中小科技型企业推广发布。面向中小微企业实施专利转化专项计划，撮合省内中小微企业完成专利交易685件，交易金额1.33亿元；支持金融机构开展知识产权质押融资，2022年，全市办理知识产权质押融资登记企业1779家，质押金额300.66亿元，同比增长62.71%。

四是依托高能级平台，服务运营。依托中国物联网知识产权运营中心、中国（浙江）人工智能知识产权运营中心等高能级平台以及浙江生物医药、医疗器械等知识产权联盟，在钱塘区落地首家科创企业上市知识产权加速器，强化高价值专利培育运营和拟上市企业服务，对上市企业、科创企业开展高价值专利培育布局一对一辅导41场，面向专精特新企业、拟上市企业、国高企业开展专场辅导12场，惠及企业600余家。构建数据驱动的产业知识产权运营平台建设成果入选浙江省自贸区建设首批十大典型案例。

五是一网通办搭建供需桥梁。杭州知识产权交易服务中心为知识产权供需双方提供全方位知识产权服务，打造知识产权交易服务领域“最多跑一次”应用场景。

2. 经验启示和亮点

一是破解专利交易定价难问题。依托杭州知识产权交易服务中心积累的专利交易价格数据和省内外高校院所专利转化价格数据，设计专门算法从所属领域、专利质量、历史价格和市场空间等维度进行智能权重评价，上线专利价格“一键报告”模块，为浙江大学、杭州电子科技大学等高校院所的300余件发明专利提供电子价格评价报告。

二是破解专利供需信息不对称问题。利用大数据和人工智能技术，开发专利分析评级和企业精准匹配系统，建立人工干预机制和匹配“当量”算法。累计面向高校院所和科研机构征集可转化有效发明专利 9000 余件，分三场专项行动面向中小科技型企业推广发布。

三是破解高校专利成果转化难问题。杭州市科技局在市属高校、科研院所推行科技成果赋权改革工作，简化流程、加大激励，激发创新者内在动力。截至 2023 年 7 月底，已在浙大城市学院、杭州市农业科学研究院、北京大学信息技术高等研究院等科研院所试点改革。

9.2.2 烟台运营服务体系建设经验及典型案例

1. 建设经验

烟台充分发挥知识产权在完善要素市场化配置和构建现代化经济体系中的重要作用，坚持贯彻新发展理念、融入新发展格局、推动高质量发展，通过建立三大体系、强化三类监管、整合三类资源、形成三种模式、打造三类创新等建设思路，全面构建起基础完备、体制健全、运行顺畅、链条完整的知识产权运营服务体系。

（1）建立三大体系，支撑建设工作高规格推进。

一是建立组织领导体系，强化顶层设计。成立了由市委副书记、市长担任组长的知识产权运营服务体系建设工作领导小组，发挥联席会议作用，研究部署知识产权运营服务体系建设工作；成立知识产权运营服务体系建设专班，统筹部署知识产权运营服务体系建设具体工作，确保各项工作保质保量完成。二是建立政策支撑体系，强化引导激励。市政府印发《烟台市知识产权运营服务体系建设实施方案》，围绕烟台产业特色，细化 14 项工作任务。市委办、政府办先后印发《烟台市“十四五”知识产权强市战略纲要》《烟台市知识产权高质量发展三年行动方案》《关于强化知识产权保护的实施方案》等一系列政策文件，将知识产权运营服务工作纳入长期发展规划。三是建立资金管理体系，保障资金规范使用。制定并严格执行《烟台市知识产权运营服务体系建设专项资金管理办法》，确保知识产权运营服务体系建设专项资金使用的规范性、安全性和有效性。

（2）强化三类监管，提高重点项目实施成效。

为做好知识产权运营服务体系建设项目，借助第三方评价、知识产权服务、审计财务机构专业力量，以进度、质量、成效为重点，加强对重点项目全过程的管理工作，切实提高各类项目实施质量，保障财政资金安全和效益。一是强化动态监管。充分发挥知识产权运营服务体系建设工作领导小组作用，统筹全市知识产权运营服务体系建设工作。二是强化全流程绩效评价服务。委托经验丰富的第三方业务绩效评价服务机构对重点项目实施进程进行管理和业务指导监督，从而提高知识产权运营服务体系建设质量和实施效率。三是强化审计财务监管。为切实提高财政资金使用效果，委托会计师事务所对知识产权运营服务体系建设项目资金使用情况进行审计。

（3）整合三类资源，推动重点产业领域知识产权市场化运营。

始终坚持改革创新和市场导向，创新运营模式，布局重点产业，构建“资本＋产业＋知识产权”融合发展的市场化运营生态。一是以资本为动力。进一步完善贷款贴息、保险费资助和专利评估费资助等政策，专利权质押保险贷款工作规模不断扩大，效益不断提升。在山东省内率先开展专利实施许可、反向许可等知识产权证券化项目，开辟了轻实物资产、经营风险高的科技型中小企业中长期融资的新路径。二是以产业为目标。由财政资金以股权投资方式支持汽车、海洋、生物医药、新材料、海洋食品、地理标志6大重点产业知识产权运营中心发展。依托产业知识产权运营中心，组织实施专利导航、高价值专利培育和企业托管服务，切实发挥知识产权运营服务体系建设工作的“四梁八柱”作用。三是以知识产权为纽带。围绕供给侧结构性改革这一主线，突出新旧动能转换这一统领，在知识产权强国建设试点示范园区，以龙头企业和科技创新平台的知识产权作为核心资产运营，形成技术研发、市场拓展和品牌运作融合的运营机制。

（4）形成三种模式，提升知识产权运营效益。

一是形成以运用为导向的专利导航工作模式。大力推进专利导航，初步形成“产业创新—专利导航—高价值专利培育—高价值专利运用—产业发展”五位一体的知识产权与产业融合机制。二是形成具有政策加持的知识产权融资工作模式，缓解科技型企业融资难题。三是形成地理标志产业全链服务的工作模式。大力开展地理标志运用促进工程，推动地理标志保护制度成为乡村振兴工作的有力抓手，打造地标全链服务的“烟台模式”。

（5）打造三类创新，推动成果转移转化。

一是建立开放创新的专利与技术标准融合创新机制。选择具有工作基础的行业龙头企业和专业服务平台，实施专利与技术标准融合创新试点，组织建立搭建起以企业为主体、市场为导向、产学研相结合的专利标准融合工作体系及制度。二是创新专利许可模式唤醒“沉睡”专利。积极开展高校院所专利技术快速许可研究，通过系列措施加速专利技术转化为现实生产力。三是知识产权学院创新人才培养模式。加强实务型人才培育工作，依托国家知识产权试点高校、国家知识产权培训（山东）基地，以烟台大学为主体建设知识产权学院。

2. **典型案例**

案例一：多措并举培育高价值专利“国产”关键创新成果蕴含多项“烟台元素”

1. 基本情况

烟台市围绕“9+N”产业群和16条重点产业链，健全高价值专利培育机制，支持企业、创新平台、高校院所发挥各自优势，聚焦“卡脖子”技术攻关开展专利布局，实施专利导航工程加快协同创新步伐，支撑产业发展，大力培育高价值专利，大力推进专利导航，探索形成“产业创新—专利导航—高价值专利培育—高价值专利运用—产业发展”五位一体的知识产权与产业融合机制。激励创新主体开展高价值专利布局，促进专利转化实施，创新成果丰硕，实现了知识产权价值的充分释放，有力促进了全市科技创新和经济高质量发展。

2020年12月，烟台泰和新材料股份有限公司（以下简称泰和新材公司）专利导航成果芳纶高性能纤维材料在登月国旗上被成功应用。2021年10月，位于烟台的山东省工业设计研究院联合省内多家单位研发生产的国内首台具有完整自主知识产权的雪蜡车正式亮相。2022年北京冬奥会期间，中国雪蜡车为越野滑雪成绩取得突破提供了坚实保障。2022年4月，烟台金正环保科技有限公司（以下简称金正环保公司）的“一种高浓盐水的处理方法及系统”发明专利获得“第四届山东省专利一等奖”，依托该企业“高分子膜系统在废水处理中的应用专利导航”研究成果，企业的“高浓盐水处理”关键核心技术在矿井水处理上已得到大规模的推广应用。

2. 具体做法和举措

（1）深入钻研本领域高价值专利技术，促进专利技术应用价值实现。

为确保中国航天史上第一面织物国旗能够在月球上成功展示，泰和新材公司科研团队对精选出的数十种纤维材料，通过做热匹配性、耐高低温、防静电、防月球尘埃等多种物理试验，最终决定研制新型高性能复合材料，以达到抵御月球表面恶劣环境，不褪色、不串色、不变形的效果。科研团队以该公司的高性能芳纶纤维材料为基础，运用武汉纺织大学“高效短流程嵌入式复合纺纱技术”“优质天然高分子材料的超细粉体化及其高附加值的再利用技术”等相关专利技术，历经无数次试验研制，最终成功制备出高品质月球表面展示国旗面料。

（2）重视自主知识产权核心技术成果保护，积极开展专利挖掘与布局。

在冬奥竞技场上，雪板打蜡是提高速度的重要因素，打蜡对工作环境有着极其严苛的要求。据不完全统计，全球正在使用的雪蜡车不到10台，只有少数国家拥有雪蜡车，其核心技术长期被冰雪运动发达国家垄断，我国的冰雪运动队在参加比赛时，大多是租用外国的车辆或是露天作业。小小的雪蜡车背后，是我国冰雪装备制造相对“空白”的严峻现实。为了更好地保护拥有完全自主知识产权的雪蜡车核心技术成果，山东省工业设计研究院作为设计研发类企业，非常重视专利运用及保护，充分发挥知识产权的作用，提高企业的知识产权管理水平，调动设计研发人员的创造主动性。截至 2022 年 9 月底，山东省工业设计研究院共申请雪蜡车技术相关专利 50 件。雪蜡车专利的申请和保护，有利于实现雪蜡车专利技术成果的转化、应用和推广，推动雪蜡车技术进步和发展，也有利于提升企业综合实力和产品竞争力。

（3）以专利导航成果运用为导向，持续开展关键核心技术研究。

泰和新材公司进一步深化升级专利导航成果运用，于 2021 年依托前期研究的差别化对位芳纶专利导航成果，围绕高性能芳纶膜制备关键核心技术开展进一步专利导航研究。通过对芳纶锂离子电池隔膜以及芳纶水处理膜的全球专利分析，摸清芳纶锂离子电池隔膜以及芳纶水处理膜在全球及国内专利申请布局情况、行业、技术发展情况、专利申请人、研发热点、高价值专利布局及运营情况等，研究芳纶锂离子电池隔膜以及芳纶水处理膜新技术开发的专利侵权风险，对其进行整体分析评估，助力企业优化技术创新方向和研发路径，共挖掘布局中国发明专利 13 项，实用新型专利 4 项，PCT 专利申请 3 项，美国发明专利 1 项。这一专利深度运用的方式，把专利运用嵌入产业技术创新、产品创新、组织创新和商业模式创新之中，助力泰和新材公司进一步优化技术创新方向和研发路径。2021 年 6 月，金正环保公司开展“高分子膜系统在废水处理中的应用专利导航”项目，该项目帮助企业利用脱稳结晶与平板膜系统的耦合技术，在处理高盐废水过程中最大限度降低废水零排放处理费用，提高盐资源化利用及水利用效率。

围绕“高分子膜系统在废水处理中的应用专利导航”成果，该企业的“高浓盐水处理”关键核心技术在矿井水处理上已得到大规模的推广应用，拓展至化工园区高盐水、脱硫废水、苦咸水等非常规水源的回用及资源化，促进生态环境持续改善。该企业与烟台大学、青岛科技大学等高校以及哈尔滨工程大学研究院开展了产学研合作，在此过程中针对“高分子膜材料”“平板膜组件及膜系统”“盐资源化及废水零排放”等重点技术，该企业技术人员还和知识产权保护中心预审人员沟通对接，指导企业挖掘布局发明专利8件，实用新型专利36件，实现了专利导航与专利布局联动，强化了企业知识产权保护能力，有效提升了企业核心竞争力。

3. 经验启示和亮点

（1）对比分析关键技术，提出未来研究发展建议。

泰和新材公司立足烟台市行业、企业现状，以专利信息对比分析为基础，揭示本地区行业、企业发展中存在的结构布局、技术发展、人才储备等方面的问题，明确本地区行业、企业的发展定位，有利于在技术挖掘布局中掌握重要信息。

（2）通过人才引进及专利受让模式，提升研发能力和技术水平。

山东省工业设计研究院与大连工业大学、四川大学等大专院校开展了技术合作，聘请了一批化工领域高水平人才作为专家技术顾问，依据导航建议以及山东省人才政策，同青岛大学签订了《山东省“千名博士进企业”行动三方协议书》，引进具有较强研发能力以及具有深厚专利知识的博士。通过专利受让的方式，从大连工业大学、复旦大学等专利权人手中获取了多项相关专利技术。

（3）调整知识产权布局，提高国际知识产权比重。

随着知识产权意识的提高，山东省工业设计研究院开始重视核心专利的保护和外围专利网的构建，在不断提升知识产权保护运用能力的同时，主动做好知识产权海外布局，积极参与国际合作竞争。

案例二：打造地标品牌“烟台模式”助力乡村振兴战略实施

1. 基本情况和成效

（1）基本情况。

烟台市作为农业、渔业大市，具有得天独厚的区位优势和资源禀赋。

为深入实施地理标志商标战略，积极发挥地理标志和商标品牌助推产业发展作用，推动烟台市知识产权运营服务体系建设，烟台市以市场化方式构建“烟台市国际地理标志产业知识产权运营中心”，提供全球范围内的地理标志相关全链条服务，鼓励设立商标品牌工作指导站，推动产业园区、行业协会、产业联盟加快集体商标和证明商标的注册、管理和运用。积极推动成立烟台市知识产权服务联合会，发挥联合会桥梁纽带作用，凝聚各方力量共同推动烟台市特色产业发展。

（2）工作成效。

近年来，烟台市大力提升地理标志产品品牌效应，助力乡村振兴战略实施，形成了“公司＋商标（地理标志）＋农户”“地理标志＋龙头企业＋互联网”的地理标志“烟台模式”。为加快推进烟台市知识产权运营服务体系建设，推动烟台市地理标志产业市场化运营，支撑全市经济高质量发展，烟台市以股权投资方式筹建国内首家混合所有制的地理标志运营中心，签约面向创新主体的专利导航项目 23 个，知识产权贯标 13 单，知识产权托管合同 161 个。2019 年至 2022 年 9 月，烟台市新增 9 个地理标志证明商标。

2. 具体做法和举措

（1）完善政策体系，加大资金支持力度。

烟台市颁布实施全省首个地理标志地方性法规《烟台葡萄酒产区保护条例》，对地理标志和证明商标使用等 12 个方面进行了规范；每年安排 5000 万元烟台苹果产业发展专项资金支持烟台苹果做大做强。设立地理标志保护运用专项资金，对新核准的地理标志保护产品和证明商标每件给予 10 万元补助，对于年度产值增长 10% 以上的地理标志保护产品和地理标志商标的持有人最高给予 50 万元奖励。

（2）市场化运作，提升地理标志全产业链服务。

烟台市政府股权投资 500 万元筹建省内首家混合所有制的地理标志产业知识产权运营中心。中心采取“一标一策”工作方针，从权源挖掘、权利设立、多维度赋能、托管运营、金融创新到销售渠道建设等方面，全方位、多角度地为地理标志企业、协会提供专业服务。一是创新开展地理标志商标动静态监控，营造规范有序、公平竞争的市场环境。二是创新开展地理标志托管工作，提供地理标志证明商标注册代理、地理标志产品标准体系建立、地理标志授权许可审查等工作。三是创新建立低成本地标溯源系统，实现地理标志产品的全供应链溯源。由于地理标志产品经营主体多为中小微企业或农户，不具备建立全供应链溯源能力。为此地理标志中心建立溯源系统，授权地理标志合法使用主体使用，并在产地溯源的基础上，开展产地认定工作，为符合要求的地理标志经营主体提供信用背书，增加地理标志产品的“含金量”和品牌价值。

（3）创新发展，构建地理多元化发展格局。

大力发展地理标志电子商务，打造烟台的自主果品电商平台—烟果网，利用“互联网+”，开展网红直播带货、抖音宣传推介，在京东、天猫、淘宝等电商、微商平台搭建网络销售渠道。

（4）挖掘培育地理标志资源，推进商标品牌建设。

对具有地方特色和独特品质，但尚不符合地理标志特征要求的产品，积极按照地理标志的特征要求进行培育。对符合条件的地理标志产品，及时指导申请地理标志证明商标、集体商标和地理标志保护产品。

3. 经验启示和亮点

（1）搭建防伪溯源平台，实现地理标志产品信息安全。

烟台地理标志防伪溯源系统是根据地理标志产品管理和发展的需求开发的，它以“互联网+农业”为手段，构建服务于企业、消费者两个层面的地理标志产品防伪溯源平台，有效保护消费者和企业的利益。“蓬莱海岸葡萄酒”防伪溯源标签的成功使用为烟台市地理标志产品防伪溯源起到很好的示范推广作用，同时也是烟台市深入贯彻落实地理标志助力乡村振兴行动部署，立足烟台实际，大力助推地理标志产业发展的重要举措。目前正在筹备与莱阳梨产业协会共同在莱阳市推广统一的“莱阳梨”

“莱阳秋月梨”等溯源包装箱，对“莱阳梨”及相关产业进行品牌打造和运营，提高产业整体水平和竞争力。

（2）创新商标监管模式，净化地理标志品牌发展环境。

开展地理标志商标动静态监控，与中粮集团有限公司开展“央地合作”地理标志市场净化行动，及时发现各种恶意商标注册等行为，及时提出商标异议/无效等，适时进行市场净化或司法诉讼等，全方位、多维度打造地理标志保护新模式。

（3）搭建网络营销平台，拓宽地理标志产品销售渠道。

用“互联网+”，开展抖音短视频运营直播带货烟台地理标志产品，并开通了微信商城，京东平台线上已开通“中国特产·烟台地标馆”，增加地理标志产品专业营销平台，同时也是面向国际市场全方位推介烟台优质地理标志产品的重要举措。另外，筹备在烟台地区开设地理标志产品的“源大圣”线下店铺，更多消费者可以亲身体验和购买到正宗的烟台地理标志产品。线下店铺也可以为消费者提供更便捷的购物渠道，这也会大大加强烟台地理标志产品的可见度和知名度。

第10章　知识产权运营基金及机构建设经验及典型案例

10.1　重点产业知识产权运营基金

重点产业知识产权运营基金是基于提高重点产业知识产权竞争力的目标，关注被投企业知识产权状况，并注重在投后管理和服务中推动知识产权运营的一类投资基金。自2015年以来，北京、上海、浙江、广东等地面向战略性产业和区域优势产业，设立重点产业知识产权运营基金，不少社会资本涌入新材料、智能制造、生物医药、新一代信息技术等新兴产业。据统计，相关省市设立的20支重点产业知识产权运营基金，募集资金47.9亿元，投资项目超过150个，已有多个被投企业成功挂牌科创板。同时，一些企业、投资机构和知识产权服务机构自发成立各类知识产权运营基金，探索知识产权运营的有效模式。

10.1.1　上海市重点产业知识产权运营基金投资典型案例

1. 基本情况和成效

上海产业知识产权运营投资管理有限公司（以下简称知识产权基金）是由上海科技创业投资（集团）有限公司（以下简称上海科创投集团）与市场化团队于2016年共同设立的股权私募投资基金管理公司。知识产权基金围绕着上海科创投集团投资的硬科技领域的企业进行相关股权投资。科技的“硬”主要来源于科技创新和发明，来源于各类发明专利、实用新型专利、软件著作权以及商业秘密的技术壁垒和专利保护，也同样是衡量企业先进性的重要指标。

知识产权基金在2019 年开始跟踪被投资企业长沙金维信息技术有限公司（以下简称长沙金维公司），并于2019 年底与长沙金维公司签署了独家的股权投资意向协议，随后由于2020 年疫情的暴发延误了整个投资进程，于2021 年3 月正式完成了对长沙金维公司的股权投资。长沙金维公司成立于2013 年，是广州无线电集团与国防科技大学为研发国产自主化北斗全球定位基带导航芯片而共同设立的。2018 年10 月，长沙金维公司获得了最新一代北斗三系统的基带导航系统研发的重大进展和突破，并从一家附属性企业走向全面市场化的卫导主基带芯片供应商。

2. 具体做法和举措

（1）专利技术及知识产权在投资当中价值锚定的应用。

长沙金维公司是在中国2012 年北斗二号卫星定位系统区域组网完成之后，瞄准北斗二号系统的应用和未来北斗三号系统全球组网后终端设备的需求而设立的。从2013 年到2018 年经历了长达5 年的研发和技术迭代过程，产品并未大批量投入市场应用，企业经营持续亏损。2018 年企业应对北斗三号系统的快速组网，正进入了北斗三号基带芯片的流片阶段和未来大批量出货的准备阶段，需要补充流动资金和增加投资。

通过详细调研企业技术迭代速度以及相关专利申报情况，并对企业所处赛道和未来应用前景充分评估预测后，知识产权基金给予了长沙金维公司高于净资产3 倍以上的估值，并签署了相关的独家定增文件。

（2）强化知识产权保护及专利申请对企业价值的显性化。

在确定投资意向后，知识产权基金对长沙金维公司提出了三点要求：一是将成果快速转换成产品，并且进行权威测试和评比；二是将研发成果的相关技术申请知识产权保护；三是对知识产权当中转换成商品形成销售的部分，进行资产化处理，变为企业本身的无形资产，确认企业的显性价值，对于已经淘汰的技术和无形资产进行费用化处理。

上述的三个要求主要基于三个方面的目的：其一，用专业机构或者市场化方式确认企业产品和技术的先进性，完成知识产权产业化转化的市场认同；其二，对企业的研究成果和创造予以保护，避免被抄袭和剽窃的侵权行为；其三，将企业多年投入形成的产业化成果以企业本身资产的形式呈现，并且提前规范化以满足公开发行上市的要求。

在共同的努力下，长沙金维公司在各方面均进行了扎实的落实，并且得到了长足的发展：一是企业产品在全国测评中名列前茅；二是企业更加重视专利及软件著作权的申请和保护；三是企业无形资产价值的管理更加合规化和科学化；四是企业通过知识产权的保护和申请，受到了下游段客户的广泛认可和关注，公司的经营业绩连年增长，在 2020 年实现了公司成立以来的首次盈利；五是企业保持科技创新和鼓励新技术的不断迭代。

（3）知识产权价值在企业经营性流动资金当中的应用。

长沙金维公司在快速成长过程中，需要大量的研发投入，同时对于客户产品的交付，又会面临调试、质保以及生产周期当中的供应链流动资产需求。考虑到该种情况，企业与银行做了深入探讨和沟通。

长沙金维公司作为一家科技型企业，主要的资产是技术资产，办公场地是租用的，并无较高的固定资产，也没有大量的可交易性金融资产。同时，因为部分客户的特殊性和保密性，只能够确认合同真实性，但不能够签署相关的应收账款保理等文件，因此传统的银行融资存在较大的困难。

知识产权基金配合该企业与银行进行积极的沟通和协调，强调和突出了企业本身的专利价值，并且作为股东，支持股东会通过专利评估的方式，向银行申请了 6000 万元人民币贷款作为流动资金，解决了企业发展过程中定制化和交付周期长的问题，顺利保障了企业的快速成长。

3. 经验启示和亮点

对于硬科技企业的股权投资，知识产权基金在实物的操作中主要遵循以下几点准则：

一是坚持在国家战略的引导下，优先投资和扶持国家未来重要战略产业和新型产业，坚持科教兴国和科技强国的策略，不以短期经济利益为第一目标选择赛道和标的企业；

二是坚持发现轻资产科技类企业的知识产权以及国产自主可控的先进技术，在投资前，采用报表资产与知识产权价值评估相结合的方式，挖掘企业成长价值和未来的社会价值；

三是在投资前和投资后，与企业进行充分的沟通和贯彻对知识产权授权、确权以及维权的思想，避免产生知识产权纠纷，保持知识产权的独立性，构建专利壁垒，持续夯实企业核心竞争力；

四是在科技和研发投入上对企业给予充分的支持和鼓励，不以短期经济利益的实现为股权投资的目标，不在股权投资上设定短期利益的对赌要求，避免影响企业持续创新的原动力。

科创企业发展需要有“耐心”的长期资本，需要社会和政府的持续支持和理解，才能以更加长远的眼光构建企业持续发展的核心竞争力，并且通过具体的工作，树立全社会对知识产权的尊重，实现对企业显性财务报表价值和实际组织价值的差异化认知和锚定。

10. 1. 2　浙江省重点产业知识产权运营基金投资典型案例

1. 基本情况和成效

2017 年，浙江省将中央财政支持的浙江产业知识产权运营基金重点投放物联网产业发展，设立浙江省物联网产业知识产权运营基金（以下简称 IP 基金）。当年 7 月，杭州高新区（滨江）公开招选杭州东翰派富投资管理有限公司作为基金管理公司，募集设立基金总规模 2 亿元。截至 2022 年底，该基金已投资项目 10 个，投资额达 1. 6115 亿元。其中，基金成功扶持本土高新技术企业——杭州景业智能科技股份有限公司（以下简称景业智能公司）实现科创板上市，充分运用资本市场打造知识产权领军企业。

景业智能公司成立于2015年，专注于工业机器人的技术研发，产品覆盖军用市场和民用市场。景业智能公司在乏燃料后处理智能装备领域研发的电随动机械手关键技术已达到国际先进水平。IP基金投资前该公司总体规模较小，急需资金加大研发力量，扩大产能。得到IP基金加持后，企业极大缓解了资金压力并在IP基金帮助下成功引入中核集团战略投资。自IP基金投资以来，景业智能公司营业收入从2018年至2021年增长4倍以上，专利储备和高价值专利组合大幅改善，并于2022年4月在上海证券交易所科创板上市。

2. 具体做法和举措

（1）发挥基金团队专业优势，挖掘潜在行业明星。

自IP基金成立以来，基金以股权投资的方式，重点投向新一代信息技术、生物医药与健康、智能制造等物联网产业领域拥有自主知识产权的企业，盘活知识产权资源，促进产业知识产权运用，通过投资带动物联网产业创新企业发展。

在得知景业智能公司有融资意愿后，浙江三级市场监督管理部门协同推动，IP基金于2017年接触景业智能公司，基金团队逐渐认识到景业智能公司所从事的行业符合国家重大发展战略，创始人长期从事工业机器人及智能装备方面的研究与产业化，具备行业内顶尖的技术能力。基金团队评价景业智能公司具备成长为国内核工业机器人领域龙头企业的潜力，对于填补国内乏燃料后处理的智能装备研发的弱势具有重大意义，于是对该项目开始了长期跟踪。

此后，IP基金积极与景业智能公司开展了一系列的资本领域合作，积极帮助其设计融资结构，对接投资机构，最终在2019年完成了对景业智能公司项目的投资。IP基金投资2000万元支持景业智能公司持续开展创新创造活动，加快知识产权成果转化应用，进一步增强核心竞争优势，基金投资有效提高了该企业对知识产权运营和规范的重视程度。

（2）利用专家团队专业能力，帮助优质企业登陆资本市场。

IP基金投资后积极帮助景业智能公司进行后续资本运作及战略资源

引入，于 2020 年成功对接中核集团旗下基金对景业智能公司进行了近亿元战略投资。中核集团的战略投资不仅增强了景业智能公司的资本实力，还为其业务发展及技术研发提供了强大的产业资源支持。

在此基础上，IP 基金积极引进知识产权专家团队，针对景业智能公司开展全面、客观的科创属性评价，提前诊断发现不足与风险，进一步梳理盘点其知识产权资产，针对企业未来上市过程中可能遇到的技术先进性评价、核心技术人员及专利资产识别等复合领域交叉问题针对性深度辅导。IP 专家团队发现景业智能公司聚焦主营产品与技术，专利与核心技术、主营产品的匹配度较高，对产品市场竞争具有一定的支撑力，但未形成稳定、持续的创新产出；其专利布局主要涉及关节系统、切割系统、运输机构等机械结构类产品专利，无法充分体现公司在智能装备领域的创新属性，专利保护未完全覆盖公司所有业务和产品。经过 IP 专家团队的辅导，景业智能公司及时调整了知识产权布局战略，围绕核心技术及主营业务形成了足够多的发明专利储备量，并每年维持一定量的专利申请，符合科创板要求。

同时，IP 基金团队帮助该公司对接上海证券交易所及券商等金融机构，积极筹备科创板上市，IP 基金投资后其仅用了 3 年便实现科创板上市。

3. **经验启示和亮点**

（1）积极提升财政资金效能，化解新兴市场壁垒，放大知识产权要素在市场资源配置中的优化作用。

充分发挥中央和地方财政引导资金杠杆效应，带动社会资本投入，逐步打造多元化主体共同参与的知识产权风险投资重点产业集群。中央和地方财政出资 8000 万元引导资金，募资设立 2 亿元浙江省物联网知识产权运营基金，重点投向物联网产业，客观加持景业智能公司等企业信用，有效降低新兴产业市场门槛，增强央企采购科技型小微企业产品信心，促进小微企业自主知识产权转化为现实生产力。IP 基金投资有助于引导企业进一步重视在细分行业的知识产权布局，加大知识产权投入，提升浙江省物联网产业知识产权运营水平并带动知识产权服务业发展。

（2）充分发挥基金专业能力，谋划未来企业发展，帮助优质企业获得社会资本主动支持。

充分发挥基金资本运作专业能力，成功带动战略合作方共同投资5000万元，并引入中核集团进行战略投资，帮助景业智能公司快速成长为具备国际领先技术的核工业智能装备领域龙头企业，并实现科创板上市。在基金投资决策过程中，引入专利导航机制，突出知识产权价值作用，专注投资拥有核心自主知识产权的企业。在投资前，IP基金对景业智能公司的技术领域现状、知识产权状况等做了摸底调查，并将此作为重要的投资维度之一。

（3）精准匹配知识产权辅导专家团队，注重高价值专利培育，推动知识产权密集型企业创新发展。

IP基金一直秉承知识产权价值优先的投资理念和知识产权运营的辅导模式，专注投资和培育拥有核心自主知识产权的企业。投资过程中，及时引入了优质的知识产权辅导专家团队，系统梳理企业上市前可能面临的知识产权风险类型，结合典型案例进行问题剖析与经验分享，形成风险应对指引，帮助其全面了解资本市场知识产权审核逻辑；全面客观评价企业科创属性，进一步全面梳理盘点企业知识产权资产，指导企业及早规划和启动包括内控制度完善、专利布局规划、核心专利挖掘、侵权风险评估等相关工作。

10.1.3　苏州市重点产业知识产权运营基金投资典型案例

1. 基本情况和成效

为建立健全知识产权运营服务体系，苏州市市场监督管理局、苏州市财政局、苏州市地方金融监督管理局创新性地设立了“苏州市知识产权运营引导基金”（以下简称引导基金）。引导基金首期设立规模2亿元，主要采取阶段参股创业投资企业或直接投资企业的方式引导社会资金投向以知识产权运营（知识产权转让、许可、参股等）为重要盈利模式的企业，主要方向为苏州市重点发展产业中的知识产权产业化企业或项目、知识产权运营服务机构或知识产权资产包的运营。

根据引导基金运作方案的有关工作要求，基金管理人于 2019—2020 年开展了项目征集遴选，共有 8 支国内一线知识产权密集型行业子基金和 1 个知识产权运营公司通过基金投资管理委员会的最终审议，8 支合作子基金募集关闭总规模超 107 亿元，引导基金杠杆比例达到 63 倍。截至 2023 年 6 月底，引导基金通过子基金投资项目 218 个，投资总额 86.67 亿元，整体投资效率快，投资质量高。子基金所投企业都具备知识产权运营收益，许多中小型科技企业得到了引导基金的支持，坚定了自主研发的信心，知识产权基金社会效应明显。引导基金在投企业科创属性较高，三年内已有 12 家企业成功在科创板和北京证券交易所上市，引导基金既扶持了苏州知识产权产业的良性发展，又能取得良好的投资效益。

2. **具体做法和举措**

（1）明确职责，落实分工。2018 年，苏州市政府召开引导基金专题会议，对相关部门在基金设立过程中各自职责进行了明确，落实了分工，并要求相互配合相互支持，结合苏州市其他政府引导基金的运作方式与经验，明确引导基金一方面要控制风险，突出引导性；另一方面要突出知识产权运营的特点，区别于一般的创业投资基金，还要考虑知识产权产业化的实际情况。

（2）公开遴选，落实管理人。为遴选到既懂知识产权运营，又有较好的项目资源和投资经验的管理人，各主管部门联合向全国发出遴选公告，经初审、立项会、第三方尽职调查、预审会、专家现场评审、公示等环节，最终遴选出知识产权运营基金管理人。

（3）确定运作方案，细化运作流程。主管部门联合相关公司共同起草知识产权运营引导基金《运作方案》，具体细化了引导基金设立运作的相关内容，明确了引导基金经公开征集、项目立项、尽职调查、专家咨询委员会评审、投资决策及公示，最后由基金管理人对外签署有关法律协议，实施投资的运行机制。

3. **经验启示和亮点**

引导基金着眼于拥有以知识产权为核心资产的创新型企业，通过“母－子基金”形式，由母基金指导子基金重点产业挖掘方向，子基金管理团队则利用自身的知识产权孵化能力和产业背景资源，为投资对象提供研发、生产、经营等过程中的专业知识产权和其他增值服务。

（1）产业引导方面。引导基金始终坚持明确的产业扶持导向，重点围绕苏州市重点培育的生物医药、新材料、高端装备制造和新一代信息技术产业，通过市场化的投资手段支持被投企业发展自主可控高新技术，加大对“痛点”“堵点”和“卡脖子”关键环节投资力度，促进了企业自主创新能力的提高。

被投企业苏州昀冢电子科技股份有限公司（以下简称昀冢科技公司）聚焦于手机光学领域精密电子零部件的设计、制造和集成方案，在细分领域的竞争中处于优势地位。长期以来，全球精密零部件制造行业的尖端技术主要集中在日本和欧美发达国家，昀冢科技公司通过多年的研究和实践，掌握了材料改性、模具设计和开发、各类产品工艺技术、设备研制技术等完整的生产工艺技术，已获得实用新型专利69项，发明专利39项，国际专利7项。引导基金进入后，该企业资本得到扩充，将技术转为生产力，大力扩充产线，不断强化产品优势，在竞争激烈的精密电子零部件市场中保持领先的行业地位。

（2）引导基金赋能方面。生物医药产业是苏州四大重点产业发展集群之一，生物医药产业具有高投入、长周期、高风险、高附加值等特征，导致生物医药产业对核心技术研发、高层次人才、创新研发投入等依赖性较强。因此，金融资本的进入和赋能无疑是助推生物医药产业高质量创新发展的加速器。

苏州宜联生物医药有限公司（以下简称宜联生物公司）是拥有新一代 ADC 技术的创新药企业，以治疗实体瘤为主要研发方向。该公司开发的“TMALIN”的毒素－连接子技术平台能有效解决传统 ADC 药物存在的主要问题。该企业处于初创期，引导基金通过两轮的入股，为企业解决了资金短缺问题，同时为宜联生物公司引进介绍相关领域专家和研发人员，该企业经过两年的发展已经完成了毒素－连接子技术平台的国际专利布局，首发项目已于 2023 年初在美国顺利完成临床 I 期试验。

初创期及成长期的创新型企业融资难度较大，更需要金融资本的支持，知识产权产业化发展离不开金融，金融是浇灌产业化发展的活水。苏州知识产权引导基金以“创新＋知识产权＋金融”的知识产权产业化模式，能为创新型企业提供“雪中送炭”式的服务，一方面为企业提供研发和生产资金，另一方面协助企业引入行业专家和培育高价值专利。

10.2　知识产权运营机构

前期，国家知识产权局会同财政部支持在部分知识产权运营机构较为集中的省份开展试点，发挥中央财政资金引导作用，以股权投资的方式培育若干专业化的知识产权运营机构，同时带动一大批知识产权运营机构发展，不断搞活、壮大我国知识产权市场。本节选取江苏汇智知识产权服务有限公司和上海盛知华知识产权服务有限公司，从特钢、生物医药等具体领域的服务事例入手，展示运营机构的服务模式和建设成效。

10.2.1　江苏汇智知识产权服务有限公司典型案例

1. 基本情况和成效

江苏汇智知识产权服务有限公司（以下简称江苏汇智公司）是江苏省政府投资基金、江苏大学资产经营管理有限公司和管理层组建的 PPP

模式的知识产权运营机构。为提升中小企业协同创新能力，加强产学研技术需求对接，促进江阴高新区专利转化大幅提升，江苏汇智公司以特钢产业为核心建设特钢产业知识产权运营中心，围绕“江阴高新区特钢产业下游企业发展较慢，技术创新能力不足，高校院所技术熟化度无法满足企业市场应用需求”等制约特钢产业专利转化瓶颈问题，通过搭建的知识产权大数据平台开展专利导航、专利预警、产业创新等分析，明确特钢产业的技术热点和发展方向，为江阴高新区特钢产业规划、政策措施、招商引智等方面提供引导和支撑。

针对园区技术创新能力不足的企业进行专利布局，并在此基础上开展专利收储及专利池构建，利用江苏汇智公司研发的智小白知识产权云平台，实现专利挖掘、培育、布局、申请、缴费、转让与许可、质押融资、侵权保护和维权等全过程的管理，帮助企业更全面地管理和使用自己的无形资产。

此外，江苏汇智公司还通过导入江苏大学等高校、科研院所的优质科技资源及创新成果，成立江苏大学（江阴）技术转移中心，将已开展布局培育的高价值专利或技术向外发布，吸引高校和企业共同实现专利的储备、授权、转让等服务。通过组建特钢产业知识产权运营中心（见图10－1），为特钢产业提供全方位、一站式的知识产权服务，助推区域创新、成果转化和产业升级。

2. 具体做法和举措

（1）开展专利导航分析，精细化梳理特钢产业数据。

江苏汇智公司围绕江阴高新区特钢产业的知识产权信息服务需求，根据特钢产业上中下游分支，开发特钢产业信息门户，集聚产业专利、企业、政策等全球知识产权数据，依托人工智能、知识图谱等新技术将传统线下知识产权信息服务与线上服务融合，通过大数据平台向江阴特钢产业相关企业推送专利信息，同时基于数据平台人工智能实现技术需求与成果的精准化匹配，推进特钢产业专利技术供需双方的对接精准度和签约率。

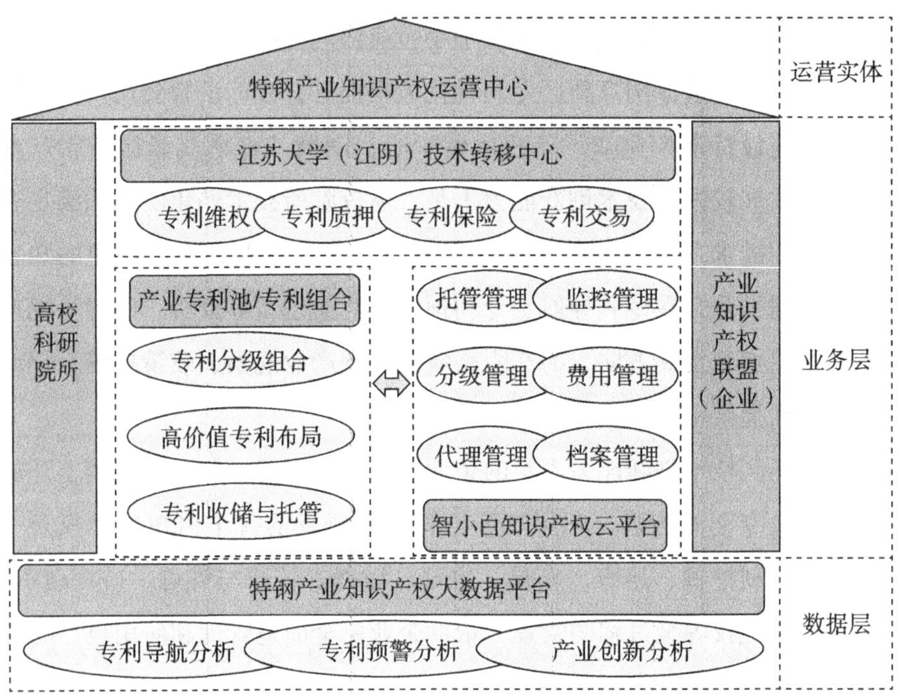

图 10－1　特钢产业知识产权运营中心

为进一步提升江阴高新区特钢企业技术研发实力，优化江阴高新区特钢产业结构布局，江苏汇智公司依托已开发的大数据平台开展特钢产业专利导航分析，通过收集整理特钢产业链相关的行业信息、全球专利信息、重点企业需求、重点项目库等，对专利信息从多维度进行深度加工标引，在此基础上，中心开展专利导航分析，搭建特钢产业专利导航库。专利导航库细分为企业导航库和产品导航库。企业导航库实现对国内外特钢产业重点企业的专利监控与跟踪，包括新日铁、JFE、山阳特钢、宝山钢铁等；产品库聚焦高品质特殊钢，包括高性能齿轮钢、高性能轴承钢、高性能不锈钢等。通过专利导航库，快速实现企业及产品专利跟踪定位。

（2）推动产学研与专利融合发展，开展精准化专利供需匹配。

为集聚高校技术资源，高效对接江阴特钢产业需求，江苏汇智公司导入江苏大学、常州大学、浙江大学等高校、科研院所的优质科技资源及创新成果，协助成立江苏大学（江阴）技术转移中心，围绕江阴市新材料、汽车整车及零部件、微电子集成电路等先进制造业企业需求，每年发布200—300项相关专利，吸引企业共同实现专利的储备、授权、转让等服务，同时征集并推广江苏大学免费开放许可专利；此外中心专职技术经理人按领域开展企业需求成果匹配工作，积极参加科技成果发布及项目路演活动，集中展示高校的最新科技成果，紧密对接地方产业技术需求。截至2023年6月底，可运营专利数量达1274件，对接江苏大学委托运营的专利801件，构建了与材料、光纤、汽车技术领域相关的专利组合。

（3）组建高价值专利培育中心，提升特钢产业创新能力。

江苏汇智公司围绕江阴兴澄特钢有限公司、法尔胜泓昇集团等优势、示范企业、产业龙头企业，组建高价值专利培育中心，通过开展高价值专利培育工作，引导企业开展知识产权运营、知识产权分析评议等工作，推动了江阴市知识产权服务向价值链高端延伸，实现知识产权与产业、科技和经济的深度融合，为江阴经济转型升级和创新发展提供有力支撑，见图10－2。

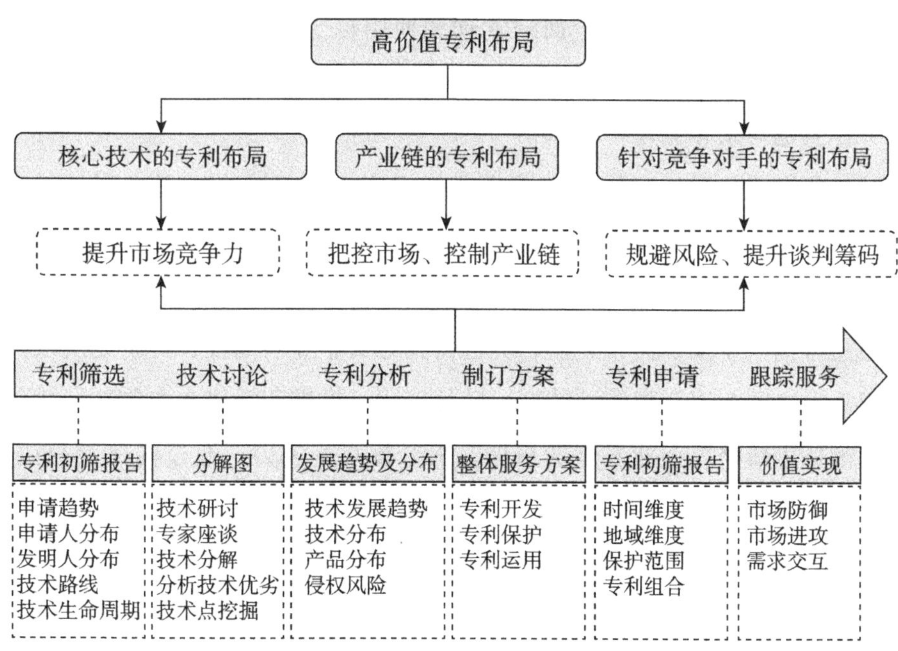

图10－2　高价值专利布局

（4）建立知识产权联盟，将产业数据下沉到企业需求。

为了增强江阴市特钢新材料产业内龙头企业与高校、科研院所及其他相关方之间的沟通联系，以特钢龙头企业为引领，江苏汇智产权服务有限公司作为联盟理事单位，建立了江阴市特钢新材料产业知识产权联盟，联盟成员单位合计 36 家，涵盖高校院所、服务机构、园区重点企业。充分挖掘中小企业创新和知识产权需求，通过走访、电话调研等，挖掘企业产学研、技术转移需求，建立专利池，面向中小企业知识产权管理能力不足等问题，依托平台推动开展知识产权托管服务，向特钢产业重点企业提供知识产权特派员，服务企业及时发现知识产权的风险，了解行业最新的创新发展动态，为精准匹配创新需求提供平台基础。

（5）开发智小白知识产权云平台，完善专利运营服务。

江苏汇智公司立足江阴中小微企业特点，对接企业专利管理及托管需求，开发专利生命周期管理系统，实现专利挖掘、培育、布局、申请、缴费、转让与许可、质押融资、侵权保护和维权等全过程的管理，提高服务质量和效率，帮助企业更全面地管理和使用自己的无形资产。截至 2023 年 6 月底，已向 477 家企业提供知识产权托管服务。

3. 经验启示和亮点

江苏汇智公司通过构建特钢产业知识产权运营平台开展专利导航分析、产业创新分析、知识产权托管、专利运营匹配等，为江阴高新区特钢产业规划、政策措施、招商引智等方面提供引导和支撑，并在此基础上协助建立特钢产业知识产权联盟，促进特钢龙头企业与高校、科研院所及其他相关方之间知识产权资源共享、转移转化，推进产学研合作创新，优化江阴市特钢新材料产业发展的格局，提升核心竞争力；通过构建专利池，开展高价值专利培育，有效提高江阴特钢产业专利集聚度，提升区域中小企业协同创新能力，促进江阴高新区专利转化的提升，成为产业创新发展的有力支撑。

10.2.2　上海盛知华知识产权服务有限公司典型案例

1. 基本情况和成效

作为张江专项“知识产权价值提升与实现”公共服务平台、科技部国家绿色技术银行成果转化平台的建设单位，上海盛知华知识产权服务有限公司（以下简称盛知华公司）从2016年起，一直为上海交通大学医学院（以下简称上海交大医学院）的抗肿瘤激动型抗体项目服务。

盛知华公司将上海交大医学院的一项激动型抗体研究成果成功地进行了知识产权转化全过程管理。在此过程中盛知华公司设计实验、完善数据，在中国、美国、欧盟和日本进行专利布局，精准化市场推广运营寻找合适的产业化企业，与多家企业进行商务谈判等。通过三年多的努力，最终在2019年5月，以8.28亿元的总合同金额，外加销售额提成，将在中国申请的发明专利“增强激动型抗体活性的抗体重链恒定区序列”及其国际同族专利一个靶点的专利权以独占许可方式许可给了江苏一家生物医药企业。在此交易的基础上，盛知华公司于2020年11月将同一个专利另一靶点的专利权独占许可给上海一家生物医药企业，合同总金额达到约3亿元，目前用同一个专利完成的两项独占许可转让交易合同总金额达到11.28亿元，并且外加销售额提成。

这两项同一专利拆分许可的交易在国内引起了广泛的社会关注和媒体报道。

2. 具体做法和举措

（1）为培育高价值专利设计多项试验。

作为一类肿瘤免疫治疗药物，激动型抗体是国际生物医药研究的热点。上海交大医学院一位教授在小鼠实验中发现，激动型抗体的可结晶段在特定条件下能增强抗体活性、消灭肿瘤细胞。这一成果2011年发表在国际顶级学术期刊《科学》上。经过多年研究，他改造获得了能显著增强人体靶点活性的激动型抗体。

如何转化这项基础研究成果？盛知华公司团队在全球专利、科研和市场文献检索基础上做了商业价值和专利性分析评估，结论是：有广阔的商业应用前景，但在技术成熟过程中处于较为早期的阶段。由于五年前这位科学家已发表相关论文，国内外许多同行也在这个领域进行了深入研究。如果以当时的实验数据申请专利，很可能面临难以获得较大保护范围的授权，从而拿不到高价值专利的问题。为此，盛知华公司决定设计多项实验，为专利申请提供新的数据。

当时，这位教授的另一篇论文即将在国际期刊上发表，盛知华公司团队赶在一周内为他写好高质量的专利申请和权利要求书，申请了中国发明专利。随后，这位教授做了多项补充实验，形成新的专利技术交底书，盛知华公司严格把关专利撰写和审查答复的质量，最终专利的权利要求得到拓宽——专利保护的肿瘤种类和抗体数量都大幅增加。此后，他们又申请了美国、欧盟和日本专利。

（2）做好 8 个步骤才能“丰收”。

盛知华公司高度重视发明评估、专利价值培育、专利质量管理、技术熟化增值、全球范围精准化推介、协调受让方内部评估、交易估值定价、合同谈判与合同履行监督 8 个步骤，因为这是做好知识产权转化必须遵循的客观规律和必经之路。只要遵循科技成果转化的客观规律，做好这 8 个步骤，特别是发明评估、专利价值培育、专利质量管理、全球范围精准化推介这几项工作，就能取得科技成果转化的丰收。

（3）专利拆分许可提升转化交易价值。

经过盛知华公司专利价值培育，激动型抗体科研团队申请的中国专利成为“平台型专利”，覆盖多种肿瘤和多个药物靶点。由于是“平台型专利”，盛知华公司决定拆分它，以独占许可方式把各个靶点的专利权授予多家企业实施。企业的财力和能力都是有限的，如果把整个专利许可给一家企业，一些靶点的新药研发就会被搁置，无法最大限度实现成果的商业价值和社会价值，这是对科技成果的浪费。当然，也要拆分合理，避免被许可企业之间的竞争。获得一个靶点专利权的上海企业表示，将利用该专利技术，开发以多种实体瘤和血液肿瘤为适应证的创新药。

3. 经验启示和亮点

知识产权转化与科学研究一样，也有客观规律可循，也需要专业化管理。目前，无论是高校和科研院所的内部还是外部，专业化团队都是稀缺对象。为使科研以实现成果转化为目标，高校和科研院所可积极与第三方服务机构开展广泛合作，让专利的商业价值得到挖掘和体现，促进技术交易。同时，高校和科研院所也应加强内部创新成果转化机构的建设，做好过程管理。这样有利于专业化的操作从研发阶段介入，通过“跨前一步”让高质量发明创造对接市场需求，解决研发部门和服务机构的协调，从源头做好专利的价值培育。

另外，对于有些覆盖范围较广的平台型专利，如果只转化给一家公司，将会导致一部分的专利技术得不到开发，从而无法实现其重大商业和社会价值。将同一个专利的不同部分独占许可给不同公司的转化交易，国际上较常见，但在中国却非常少见。一方面是国内高校和科研院所的知识产权专业化管理普遍较弱，全过程管理体系有待完善；另一方面是高校和科研院所实施专利许可的比例不高，多为专利转让。相较而言，被许可企业如果做得不好或者停止产业化过程，许可方还有收回并再许可的余地。如果专利转让后，无论产业化发展得是好还是坏，都与发明团队再无关系。未来，国内高校和科研院所应提高专利许可比例，这有利于实现专利价值的最大化，也有利于科技成果的后续研发和完善。